信息技术

信创版 | 微课版

徐丽 杨阳◎主编

丁明浩 赵慧 王宝帅◎副主编

Information Technology

人 民 邮 电 出 版 社

北 京

图书在版编目（CIP）数据

信息技术 : 信创版 : 微课版 / 徐丽, 杨阳主编
. -- 北京 : 人民邮电出版社, 2025.9
工业和信息化精品系列教材
ISBN 978-7-115-63883-0

Ⅰ. ①信… Ⅱ. ①徐… ②杨… Ⅲ. ①电子计算机－高等学校－教材 Ⅳ. ①TP3

中国国家版本馆CIP数据核字(2024)第048377号

内 容 提 要

本书从传授信息技术基本知识与基本技能的角度出发，通过通俗易懂的语言、丰富多样的项目任务，详细介绍信息技术及多种信息技术软件的应用。本书分为 6 个项目，主要内容包括计算机基础、操作系统基础与应用、文字文稿软件的应用、电子表格软件的应用、演示文稿软件的应用和其他常用软件的应用。

本书提供丰富的配套资源，主要包括教学大纲、教案、PPT 课件、教学视频、教学案例配套素材、考核评价习题答案和模拟试卷等，可供读者教学或学习时使用。

本书可以作为职业院校信息技术基础课程的教材，也可以作为 WPS 办公应用职业技能等级证书考试、全国计算机等级考试及各类培训的教材，还可以作为提升个人信息素养、提高办公自动化能力的参考书。

◆ 主　　编　徐　丽　杨　阳
　副 主 编　丁明浩　赵　慧　王宝帅
　责任编辑　刘　佳
　责任印制　王　郁　焦志炜

◆ 人民邮电出版社出版发行　　北京市丰台区成寿寺路 11 号
　邮编　100164　　电子邮件　315@ptpress.com.cn
　网址　https://www.ptpress.com.cn
　北京市艺辉印刷有限公司印刷

◆ 开本：787×1092　1/16
　印张：15　　　　2025 年 9 月第 1 版
　字数：365 千字　　2025 年 9 月北京第 1 次印刷

定价：59.80 元

读者服务热线：(010)81055256　印装质量热线：(010)81055316
反盗版热线：(010)81055315

前言

党的二十大报告指出，“统筹职业教育、高等教育、继续教育协同创新，推进职普融通、产教融合、科教融汇，优化职业教育类型定位。”这对职业教育发展提出了新的部署要求。为了更好地服务于国家发展战略，为党育人、为国育才，努力培养更多大国工匠、高技能人才，我们推出了本书。

信息技术是高等职业院校及其他各类高等院校中开设范围较广的一门公共基础课程，也是一门实践性和应用性都很强的课程。编者以实用性、实践性为原则，结合多年的计算机相关课程教学经验编写本书。本书以就业为导向，以实际工作为本位，在提高学生信息素养的同时，培养学生利用计算机技术分析问题、解决问题的能力，为学生的持续发展奠定扎实的基础。

本书将信息技术的知识分解为6个项目，项目1和项目2主要围绕计算机和操作系统的基础知识展开，内容包括计算机基础和操作系统基础与应用；项目3至项目5主要围绕办公软件的应用展开，内容包括文字文稿、电子表格和演示文稿软件的应用；项目6围绕其他常用软件的应用展开，内容包括思维导图、视频编辑、产品原型设计、输入法、网页前端开发和PDF编辑软件。

建议用书教师在教学中采用“理论实践一体化”教学模式，本书参考学时见下面的学时分配表。

学时分配表

项目	课程内容	学时
项目 1	计算机基础	6
项目 2	操作系统基础与应用	8
项目 3	文字文稿软件的应用	8
项目 4	电子表格软件的应用	10
项目 5	演示文稿软件的应用	8
项目 6	其他常用软件的应用	8
学时总计		48

本书的成稿得益于工学结合的编写团队，参与本书编写的成员均为国家示范性高等职业院校的一线骨干教师，具备丰富的专业教学经验及项目实践经历，了解如何将理论知识转化为实际应用能力。本书由徐丽、杨阳任主编并负责全书的统稿与审核，其余参与编写的成员中，丁明浩、赵慧、王宝帅任副主编。本书的项目1（1.1和1.2）由杨阳编写；项目1（1.3、

前言

1.4和1.5）、项目6由丁明浩编写；项目2由王宝帅编写；项目3、项目4由赵慧编写；项目5由徐丽编写。

在本书的编写与出版过程中，有很多专家及相关行业人员提出了宝贵意见。在此，对所有为本书的顺利出版提供帮助的同志表示衷心的感谢！由于编者水平所限，书中难免有不妥之处，敬请各位读者与专家批评指正。如有建议请发送邮件至bysjtz@163.com。

编　者

2024年10月

目 录

项目 1 计算机基础 / 1

【学习目标】/ 1

【知识图谱】/ 1

1.1 计算机的发展史 / 2

1.1.1 计算机的发展 / 2

1.1.2 我国计算机的发展 / 4

1.2 计算机的应用 / 9

1.2.1 科学计算 / 10

1.2.2 数据处理 / 10

1.2.3 实时控制 / 10

1.2.4 计算机辅助系统 / 10

1.2.5 人工智能 / 11

1.2.6 网络应用 / 11

1.3 计算机的组成及性能指标 / 12

1.3.1 计算机硬件系统 / 13

1.3.2 计算机软件系统 / 17

1.3.3 计算机的主要性能指标 / 20

1.4 计算机数据的存储 / 21

1.4.1 进位计数制的概念 / 22

1.4.2 各种数制间的转换 / 23

1.4.3 ASCII码 / 25

1.4.4 汉字编码 / 26

1.5 计算机病毒 / 27

1.5.1 计算机病毒的传播途径 / 27

1.5.2 计算机病毒的特征 / 28

1.5.3 计算机病毒的分类 / 29

1.5.4 计算机感染病毒的症状 / 31

1.5.5 计算机病毒的防范 / 31

【学习笔记】/ 33

【考核评价】/ 35

项目 2 操作系统基础与应用 / 37

【学习目标】/ 37

【知识图谱】/ 37

2.1 操作系统概述 / 38

2.1.1 操作系统的功能和作用 / 38

2.1.2 国产操作系统 / 39

2.1.3 操作系统的启动和关闭 / 40

2.2 操作系统的基本操作 / 42

2.2.1 桌面图标 / 43

2.2.2 任务栏 / 44

2.2.3 开始菜单 / 46

2.2.4 查看当前系统和计算机设备的相关信息 / 47

2.2.5 更换计算机壁纸 / 48

2.2.6 在桌面上创建Firefox网络浏览器的快捷图标 / 49

2.3 操作系统的文件管理器 / 49

2.3.1 文件管理器的操作界面 / 50

2.3.2 文件管理器的功能 / 53

2.3.3 文件和文件夹的常用操作 / 55

2.3.4 格式化和卸载 / 56

目　录

2.3.5　系统目录简要介绍 / 56
2.3.6　创建名为“张明（信息技术作业）”的文件夹并压缩 / 57

2.4　操作系统的控制面板 / 60

2.4.1　系统 / 61
2.4.2　设备 / 63
2.4.3　账户 / 64
2.4.4　时间语言 / 66
2.4.5　安全与更新 / 67
2.4.6　网络 / 68
2.4.7　设置Firefox网络浏览器为默认浏览器 / 69
2.4.8　将计算机连接到宿舍的无线网络 / 70
2.4.9　为计算机添加一个普通用户 / 70

2.5　操作系统的附属工具 / 71

2.5.1　截图工具 / 72
2.5.2　计算器 / 73
2.5.3　便签贴 / 74

【学习笔记】/ 76
【考核评价】/ 78

项目 3　文字文稿软件的应用 / 80

【学习目标】/ 80

【知识图谱】/ 80

3.1　文字文稿软件简介 / 81

3.1.1　文字文稿软件的功能 / 81
3.1.2　文字文稿软件的工作界面 / 82

3.2　文字文稿软件的基本操作 / 83

3.2.1　创建新文档 / 83
3.2.2　打开和保存文档 / 84
3.2.3　退出文档 / 86
3.2.4　创建并保存新文档“文字文稿软件的练习.docx” / 86

3.3　文本和段落的设置 / 87

3.3.1　文本的输入 / 88
3.3.2　文本的编辑 / 88
3.3.3　文本格式的设置 / 90
3.3.4　段落格式的设置 / 92
3.3.5　设置文件中的文本格式 / 95

3.4　表格制作和处理 / 96

3.4.1　表格的插入 / 97
3.4.2　表格的编辑 / 99
3.4.3　表格与文本的转换 / 102
3.4.4　表格的排序 / 103
3.4.5　制作课程表 / 103

3.5　文档排版 / 106

3.5.1　页面的设置 / 106
3.5.2　样式的设置 / 109
3.5.3　目录的插入与更新 / 110
3.5.4　设置文档的版式 / 111

【学习笔记】/ 114
【考核评价】/ 116

目　录

项目 4　电子表格软件的应用 / 118

【学习目标】/ 118

【知识图谱】/ 119

4.1　电子表格软件简介 / 119

4.1.1　电子表格软件的功能 / 119
4.1.2　电子表格软件的工作界面 / 120

4.2　电子表格软件的基本操作 / 122

4.2.1　工作簿的创建 / 122
4.2.2　工作簿的打开 / 123
4.2.3　工作簿的保存 / 123
4.2.4　工作表的添加与删除 / 124
4.2.5　工作表的重命名 / 126
4.2.6　工作表的移动和复制 / 126
4.2.7　工作表的隐藏 / 127
4.2.8　创建并保存工作簿“学生基本信息表.xlsx” / 128

4.3　表格文字的编辑与格式设置 / 128

4.3.1　表格文字的编辑 / 129
4.3.2　单元格格式的设置 / 130
4.3.3　条件格式的设置 / 132
4.3.4　设置“学生成绩汇总表”中的格式 / 133

4.4　公式与函数的使用 / 136

4.4.1　公式的使用 / 137
4.4.2　函数的使用 / 138
4.4.3　计算“学生成绩汇总表”中的各项成绩 / 139

4.5　数据的统计与分析 / 145

4.5.1　数据排序 / 145
4.5.2　数据筛选 / 146
4.5.3　数据分类汇总 / 146
4.5.4　统计并分析学生成绩 / 146

4.6　图表的应用 / 153

4.6.1　图表的组成 / 154
4.6.2　图表的创建 / 155
4.6.3　图表的修改与美化 / 155
4.6.4　图表的导出 / 156
4.6.5　创建学生成绩的图表 / 156

【学习笔记】/ 159
【考核评价】/ 161

项目 5　演示文稿软件的应用 / 163

【学习目标】/ 163

【知识图谱】/ 164

5.1　演示文稿软件简介 / 164

5.1.1　演示文稿软件的工作界面 / 164
5.1.2　新建并保存演示文稿 / 166
5.1.3　根据模板新建演示文稿 / 167
5.1.4　制作“计算机发展简史”演示文稿封面 / 169

5.2　幻灯片的基本操作 / 169

5.2.1　添加幻灯片 / 170
5.2.2　删除幻灯片 / 170
5.2.3　移动和复制幻灯片 / 171
5.2.4　隐藏和显示幻灯片 / 171

目 录

5.2.5 设置幻灯片大小及方向 / 172
5.2.6 放映幻灯片 / 174
5.2.7 制作“计算机发展简史”演示文稿主体内容 / 175

5.3 美化演示文稿 / 177

5.3.1 幻灯片美化原则 / 177
5.3.2 编辑并美化幻灯片文字内容 / 180
5.3.3 美化幻灯片图片内容 / 181
5.3.4 美化“计算机发展简史”演示文稿 / 182

5.4 在幻灯片中插入音频 / 185

5.4.1 插入音频 / 186
5.4.2 播放音频 / 187
5.4.3 设置播放选项 / 187
5.4.4 在“计算机发展简史”演示文稿中插入背景音乐 / 187

5.5 设置动画效果 / 188

5.5.1 幻灯片切换效果 / 189
5.5.2 幻灯片动画效果 / 190
5.5.3 设置“计算机发展简史”演示文稿动画效果 / 192

5.6 播放演示文稿的设置 / 193

5.6.1 设置幻灯片放映方式 / 193
5.6.2 使用排练计时放映 / 195
5.6.3 使用演讲者备注 / 195
5.6.4 播放演示文稿 / 195
5.6.5 在播放时绘制标记 / 196
5.6.6 “计算机发展简史”演示文稿的播放设置 / 197

【学习笔记】/ 198
【考核评价】/ 200

项目 6 其他常用软件的应用 / 203

【学习目标】/ 203

【知识图谱】/ 203

6.1 思维导图 / 204

6.1.1 MindMaster思维导图简介 / 204
6.1.2 制作头脑风暴思维导图 / 205

6.2 视频编辑 / 211

6.2.1 格式工厂简介 / 211
6.2.2 利用格式工厂进行视频转换 / 211

6.3 产品原型设计 / 215

6.3.1 墨刀简介 / 216
6.3.2 利用墨刀完成登录注册模型 / 216

6.4 输入法 / 222

6.4.1 讯飞输入法简介 / 223
6.4.2 讯飞输入法的使用 / 223

6.5 网页前端开发 / 224

6.5.1 HBuilderX简介 / 225
6.5.2 利用HBuilderX制作网页 / 226

6.6 PDF编辑软件 / 228

6.6.1 打开PDFelement / 228
6.6.2 文档格式转换功能 / 229
6.6.3 制作PDF文档的注释 / 229

【学习笔记】/ 231
【考核评价】/ 232

项目1 计算机基础

01

在高速发展的信息社会中，通过计算机，人们足不出户就可以了解国内外的新鲜趣事。打开计算机，我们不但可以打字、收发电子邮件、统计数据等，还可以玩游戏、看电影、进行视频会话等。计算机已经进入千家万户，成为信息社会不可或缺的一部分。计算机的发展和应用对人类的生产活动和社会活动产生了重要的影响。

学习目标

知识目标

（1）了解计算机的发展史

（2）了解计算机的主要应用

（3）了解计算机的组成及性能指标

（4）掌握不同数制的转换

（5）了解计算机中数据的编码方式

（6）了解计算机病毒及其特征

能力目标

（1）能够根据计算机的组成自主组装计算机

（2）能够对计算机病毒进行防范

素养目标

（1）培养学生的爱国主义情怀

（2）培养学生遵纪守法的意识

知识图谱

计算机基础知识图谱如图1-1所示。

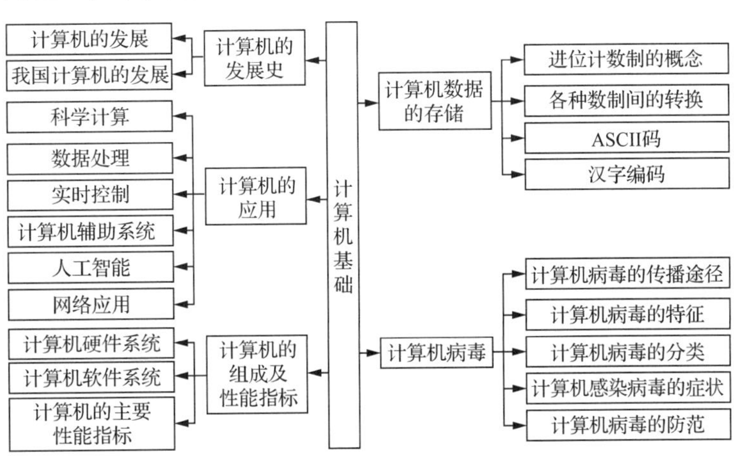

图1-1　计算机基础知识图谱

1.1 计算机的发展史

任务描述

张明同学是一名刚刚步入大学的学生，当进入宿舍时发现舍友用的计算机各式各样，他特别好奇，想要了解一下计算机最初的样子，也想知道计算机是怎么发展到现在这样轻薄的。

任务分析

计算机的发展史需要从以下几个方面了解。

- 计算机的发展。
- 我国计算机的发展。

微课 01

扫码看视频

相关知识

1.1.1 计算机的发展

春秋战国时期的人发明的算筹被认为是世界上最早的计算工具。在汉代，我们的祖先创造了一种非常简便的计算方法——珠算。珠算的计算工具是算盘（见图1-2），因其灵便、计算准确且快速等优点，几千年来一直作为我国人民普遍使用的计算工具。算盘被认为是最早的数字计算机，而珠算口诀则是最早的体系化算法；人们常常将算盘与我国古代四大发明相提并论。

1642年，法国数学家、物理学家和思想家帕斯卡利用齿轮的工作原理发明了加法机（见图1-3）。当拨动代表“加数”的齿轮时，代表“和”的齿轮也会跟着转动，进位的原理和钟表的原理类似。加法机的工作原理对后来的计算机产生了一定的影响，因此它被认为是人类历史上第一台机械式计算机。

图1-2 算盘

图1-3 加法机

1673年，德国数学家莱布尼茨发明的乘法机被认为是第一台可以实现完整四则运算的计算机。

1822年，英国数学家巴贝奇发明的差分机（见图1-4）最早采用寄存器来存储数据，可用于航海数据和天文数据计算。这台机器的成熟版本可以处理3个不同的5位数，计算精度达到6位小数。

巴贝奇差分机具有3个重要特征：具有保存数据的寄存器；可从寄存器取出数据进行运算；具有控制操作顺序、选择需处理的数据以及输出结果的装置。

1888年，美国人赫尔曼·赫勒里特发明了制表机（见图1-5），解决了美国人口普查所需人工时间过长的难题。制表机采用电气控制技术，以穿孔卡片记录数据。

图1-4　差分机

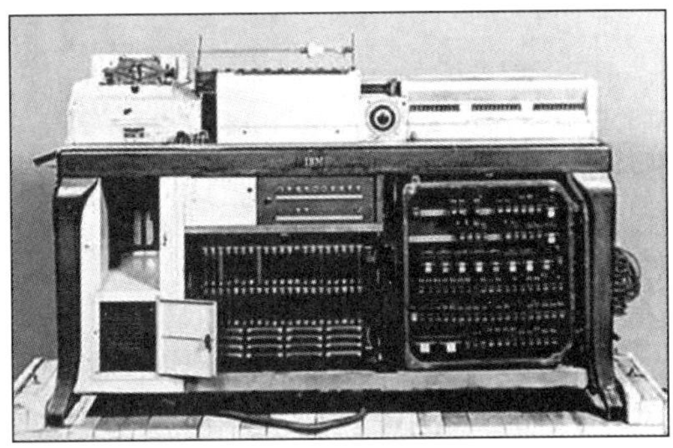

图1-5　制表机

世界上第一台电子计算机于1946年在美国宾夕法尼亚大学诞生，取名为电子数字积分器和计算器（Electronic Numerical Integrator and Calculator，ENIAC），如图1-6所示。ENIAC共用了18 000多个电子管、6000多个开关、70 000多个电阻器、10 000多个电容器和50多万条连线，重约30吨，占地约170平方米，功率约为150千瓦，运算速度可达5000次加法/秒。尽管这台计算机有许多不足，如存储容量小、体积大、耗电多、可靠性差、使用不便等，可是当时人们对它的运算速度是相当满意的。它的诞生宣布了“电子计算机”时代的到来。

图1-6　世界上第一台电子计算机

自第一台电子计算机问世以来，计算机发展就变得极其迅速，虽然不到80年，但已经历了4个阶段。

第一代计算机是指1946—1958年的计算机，其以电子管为逻辑元件，使用延迟线或磁鼓存储器，结构上以中央处理器（Central Processing Unit，CPU）为中心进行组织，一般只能使用机器语言编写程序。第一代计算机运算速度慢、体积大、功耗惊人、价格高，主要用于科学计算和军事领域。

第二代计算机是指1958—1964年的计算机。第二代计算机的主要特征是采用晶体管（见图1-7）作为逻辑元件，具有运算速度快、寿命长、体积小、重量轻、省电等优点，代表产品有国际商业机器公司（International Business Machines，IBM）的IBM 7090、IBM 7094、IBM 7040、IBM 7044等。这个时期出现了高级语言，计算机运算速度大幅提高（可达每秒数十万次至数百万次），重量、体积也显著减小，使用越来越方便，应用也越来越广泛，不仅用于科学计算，还用于数据处理和事务处理，并逐渐用于工业控制。

图1-7　晶体管

第三代计算机是指1964—1970年的计算机。这一时期的计算机使用中小规模集成电路作为逻辑元件，所以它的体积、运算速度和存储容量等指标得到了进一步提高，可靠性进一步加强。这一时期，出现了结构化的程序设计体系、操作系统和网络，计算机也越来越标准化、模块化，应用范围越来越广，已经开始渗透到科学技术的各个领域。

第四代计算机是指1970年至今的计算机，第四代计算机将CPU、存储器及各输入/输出（Input/Output，I/O）接口集成在大规模集成电路和超大规模集成电路上，使计算机在存储容量、运算速度、可靠性及性能价格比等方面均比第三代计算机有较大突破。这一时期，在软件方面，分布式操作系统、数据库、高效可靠的高级语言以及软件工程标准化等出现并形成了软件产业。计算机应用极其广泛，几乎已扩展到所有行业或部门。

为了争夺世界范围内信息技术的制高点，20世纪80年代初期，各国开展了研制第五代计算机的激烈竞争。第五代计算机的研制推动了专家系统、知识工程、语音合成与语音识别、自然语言理解、自动推理和智能机器人等方面的研究，这些研究取得了大量成果。

1.1.2　我国计算机的发展

微课 02

扫码看视频

我国的计算机事业起步于20世纪50年代中期，与国外相比，起步晚了约10年。在计算机的发展过程中，我国经历了各种困难，走过了一段不平凡的历程。随着科研人员艰苦卓绝的奋斗，我国的计算机研制水平从昔日与国外有整整一代的差距，到如今已逐步达到国际前沿水平。我国自主研发的计算机为国防和科研事业作出了重要贡献，并且推动了计算机产业的发展。截至目前，我国研制出了世界上运算速度最快的高性能计算机，也成为国际上最大的微型计算机（简称微机）生产基地和主要市场。与此同时，我国的计算机事业呈现出多元化的发展趋势，与发达国家基本同步地形成了一系列新的学科。这些学科也获得了快速发展，很多领域在技术研发或产业化上，达到甚至超越了同期国外水平。

与国外计算机发展历程相似，国内计算机的发展也经历了从早期的基于电子管、晶体管的计算机，到基于中小规模集成电路的计算机，再到基于超大规模集成电路的计算机的过程。相较于国际上计算机研制的起步时间，国内计算机研制起步较晚，但是经过科研人员的艰苦奋斗。截至目前，我国在计算机很多方向上的研究都走在了世界前沿，且部分研究已达到国际领先水平。

1. 电子管计算机的研制

1956年6月，我国完成了《1956—1967年科学技术发展远景规划》（简称规划）的制定。该规划将计算技术、半导体、电子学和自动化列为紧急措施，并提出立即筹建研究所。中国科学院立刻贯彻落实，抓紧筹建研究所。从1956年6月上旬开始抽调专职人员，从事研究所的筹备工作并组建筹备委员会。1956年6月19日，华罗庚主持召开了第一次筹备委员会会议。1956年8月25日，国务院正式批准成立中国科学院计算技术研究所筹备委员会（简称筹备委员会），主任委员华罗庚（兼），副主任委员何津（兼）、王正（兼）、阎沛霖，委员赵访熊（兼）、闵乃大、蒋士飞（兼）、吴几康、周寿宪（兼）、范新弼、徐献瑜（兼）、夏培肃、张效祥（兼）、张克明。从此，我国第一个计算机科学技术研究所诞生了，它肩负着开创我国计算机事业的重要使命。

当时，国内懂计算机的专业人员很少。筹备委员会按照规划中提出的“先集中，后分散”的组建原则，以中国科学院为主，集中了当时几个在这方面干练的科技力量，全国大协作，共同开拓我国计算技术事业。到1956年底，筹备委员会召集了314人，组建了计算机整机、元件电路、计算数学三个研究室。

创业阶段的紧迫任务是培养我国第一批计算技术专业人才。当时筹备委员会采取了两个培训方案，一个方案是派遣科技人员到国外学习计算机知识和技术；另一方案是面向全国抽调部分优秀学生来北京，开办计算机训练班和计算数学训练班。这两个培训方案从1956年到1962年执行了四次，共培养出计算技术专业人员700多人。通过国内外途径培养的这批技术人才，组成了我国计算机事业初创时期的基本技术队伍。他们不怕困难，刻苦学习，成为发展我国计算机事业极其重要的力量。

筹备委员会在计算机研究方面，确定了先仿制、后自行设计的原则。决定引进两套国外的计算机图纸资料，邀请国外专家来我国指导和帮助，组织国内的力量进行生产和调试。在短短的两年间便仿制出了我国第一台小型电子管数字计算机（103计算机）和第一台大型通用电子管数字计算机（104计算机）。通过仿制工作的实践，培养和建立了我国自己的计算机科研队伍、工业生产队伍、应用队伍和管理队伍。这两种电子管数字计算机的相继推出，为我国解决了大量过去难以计算的经济和国防等领域的难题，填补了我国计算机技术的空白，成为我国计算机事业起步阶段的重要里程碑。

随着103计算机和104计算机的成功研制，我国在自行设计的电子管计算机的研制上也取得了积极进展，陆续研制了107、红旗等电子管计算机。其中107计算机源于1953年4月中国科学院数学所计算机科研小组提出的制造一台电子管串行计算机的设想。它对过去近代物理研究所设计的计算机进行了修改，将示波管存储器改为磁心存储器。107计算机除了为教学服务，还完成了潮汐预报计算、原子反应堆射线能量分布计算等任务。

随着国内计算机研究的发展，我国针对国防需求研制了一批计算机，其中比较典型的有国防科学技术工业委员会（简称国防科工委）下达任务制造的119计算机。119计算机是国防科工委参照美国的半自动地面防空系统（Semi-Automatic Ground Environment，SAGE）提出的我国自己的类似系统。该机是基于晶体管进行设计的，但由于当时国产晶体管还不能立即供应，因此先用电子管完成了109甲机（后来才被称为119计算机）。在119计算机上还配备了我国自行设计的编译系统。119计算机是一台大型通用数字电子管计算机，它完成了我国第一颗氢弹研制的计算任务、全国首次大油田实际资料动态预报的计算任务等。

总体而言，我国第一代电子管计算机研制的主要推动力是军事应用，民用计算机的需求还不是很强烈。这一时期的计算机主要用于科学计算和国防领域。其中104计算机和119计算机分别在原子弹和氢弹研制中发挥了重要作用。在这个阶段，我国研制了几十台计算机，包括高性能通用计算机、各种专用计算机以及各种配套设备，供国防部门使用，证明我国在计算机的国产化上掌握了重要的技术能力。

2. 晶体管计算机的研制

我国在研制第一代电子管计算机的同时，开始研制第二代晶体管计算机。晶体管计算机研制的主要障碍是我国当时的半导体器件不能满足计算机的技术要求，晶体管的工作寿命短和不稳定是两大主要问题。1962年5月，我国研制出了“隔离-阻塞振荡器”，解决了晶体管性能不稳定的问题，为当时晶体管计算机的研制提供了条件。

1964年11月，在当时国际环境非常不稳定的情况下，我国成功研制441-B机。该机是用国产半导体器件成功研制的我国第一台晶体管通用电子计算机，运算速度为8000次/秒，样机连续工作268小时未发生任何故障。

1965年6月，中国科学院成功研制109乙晶体管大型通用数字计算机（简称109乙机），运算速度达到定点运算9万次/秒，浮点运算6万次/秒，所用器件全部为国产。与此前研制的119计算机相比，不仅运算速度提高，器件损坏率和耗电量均降低很多，计算机的平均连续稳定运行时间也有所延长，该机在国民经济和国防领域得到广泛应用。两年后，中国科学院计算所又成功研制109丙晶体管大型通用数字计算机（简称109丙机），这是一台具有分时、中断系统和管理程序的计算机。109丙机是一台专为“两弹一星”服务的计算机，为我国两弹试验提供大量重要数据和决策依据。这台计算机的使用时间长达15年，被誉为“功勋计算机”。109乙机具备高性能且被广泛应用，这也表明我国进入了电子计算机的“第二代”。

在晶体管计算机研制时期，我国计算机研制进入高速追赶国际先进水平的阶段，全国各界都在进行学习、研制。这一时期，我国的计算机制造水平逐渐成熟，计算机的稳定性得到极大提高，器件损坏率和耗电量均大大降低。

3. 集成电路计算机的研制

早期计算机通常由于体积庞大，多在专业领域（如国防领域）使用。小规模集成电路计算机是继电子管计算机、晶体管计算机之后的第三代电子计算机。由于它采用了集成电路，因此具有体积小、存储容量大、运算速度快、性能稳定以及耗电量少等优点。从第一代电子管计算机到第三代小规模集成电路计算机，计算机尺寸在不断缩小、稳定性在不断提高、运算速度在不断加快、价格也在不断降低，日益走进普通市场。

根据我国关于广泛发展电子计算机应用的规划，1973年1月，第四机械工业部在北京召开了“电子计算机首次专业会议”（即7301会议），总结了20世纪60年代我国计算机研制都是为特定工程任务服务，不能完成批量生产的教训，决定放弃单纯追求提高运算速度的技术政策，确定了发展系列机的方针，提出联合研制小、中、大3个系列计算机的任务，以中小型系列机为主，着力普及和运用。7301会议在我国计算机发展史上具有重要意义，确定了发展系列机为当前发展方向。会议结束后，第四机械工业部立即组织DJS-100 系列机和DJS-200系列机的研制工作。这次会议直接导致了20世纪70年代中期到80年代初期我国计算机产业的初步形成。

1973年8月26日，我国成功研制百万次电子数字计算机DJS-11机（即150机），该机每秒可运算100万次，主内存为130 KB，采用集成电路，为我国石油勘探、气象预报、军事研究、科学计算等领域作出很多贡献。围绕该机，北京大学等单位配套研制了BD200语言及编译环境。BD200语言是一项当时全新的程序设计语言，有Fortran、ALGOL和COBOL具有的若干特点。BD200语言及其编译环境还被配置到于1974年交付使用的集成电路中型计算机6912机（当时第四机械工业部将其命名为DJS-18）中。配置BD200 语言及编译环境的150机和6912机在当时得到了广泛使用，代表了当时我国计算机的水平。

1974年8月，DJS-130小型多功能计算机分别在北京、天津通过鉴定，我国DJS-100系列机由此诞生。DJS-100系列机的研制对促进我国计算机事业的发展具有重要的意义，它带动了我国的计算机产业、计算机器件和计算机应用的发展。1975年，清华大学等单位又开始DJS-140计算机的研制，自行设计国产中规模集成电路，重点攻关磁盘等外部设备研制。之后，131、132、135、140、152、153等13个机型先后被研制成功，由近31个厂点生产，截至1989年年底共生产了近千台。这标志着我国系列机产品逐步成熟，使得我国计算机产业走上系列化批量生产的道路。

继DJS-100系列机之后，华北计算所等单位开始研制DJS-180系列机，先后研制生产了183、184、185、186和18045个机型。在研制成功DJS-180系列小型机后，华北计算所又研制、推出了NCI-2780超级小型机、TJ-2000系列机及AP数组处理机等产品。

1977年夏天，同样达到百万次每秒运算速度的集成电路计算机151-3研制成功。1978年10月，200万次集成电路大型通用计算机151-4通过国家验收。1980年，151集成电路计算机装载在“远望”号测量船上，南征太平洋，为完成我国首次洲际导弹飞行测量任务起到很大作用。

之后，我国又研制了655机、151机、1001中型集成电路计算机和每秒可运算500万次的HDS-9机，这标志着我国计算机已完成了从第二代向第三代的过渡。

4. 计算机研制快速发展

经历了20世纪50年代至20世纪70年代的发展，我国建立了从芯片设计、制造到计算机设计等的完整工业体系，为后续我国计算机事业的发展奠定了坚实的基础。从20世纪80年代开始，我国计算机事业进入了快速发展阶段，计算机研制从跟随国外先进技术发展到实现技术超越。

高性能计算机是一个计算机集群系统，通过各种互联技术将多个计算机连接在一起，利用被连接系统的综合计算能力处理大型计算问题。它是衡量一个国家综合国力的重要标志，是国家信息化建设的根本保证。1964年诞生的CDC 6600被公认为国际上第一台高性能计算机。而在1980年前后，我国高性能计算机才起步，主要按照两条路线发展：超级计算机与服务器。

1983年中国科学院计算所研制完成大型向量机——757机，运算速度达到1000 万次/秒。同年，国防科技大学（简称国防科大）成功研制“银河-Ⅰ”巨型计算机（简称巨型机），运算速度达1 亿次/秒。银河-Ⅰ巨型机是我国自行研制的第一台亿次计算机。该计算机的研制成功填补了国内巨型机的空白，同时，银河-Ⅰ巨型机的诞生使我国成为世界上为数不多能研制巨型机的国家之一。在我国计算机研究和制造领域中，银河巨型机的成功研制，为20世纪80

年代我国计算机产业写下了最为辉煌的一页，成为我国计算机产业的骄傲。银河-Ⅰ巨型机的诞生是我国高性能计算机研制过程中的一个重要里程碑，给我国在高性能计算机领域的研发带来了突破，并推动了高性能计算机的快速发展。银河-Ⅰ巨型机配备向量Fortran编译系统，能够有效地支持Fortran 语言程序在机器上编译和执行。

1992年国防科大成功研制"银河-Ⅱ"通用并行巨型机，峰值计算速度达每秒4亿次浮点运算（相当于每秒完成10亿次基本运算操作），总体上达到20世纪80年代中后期国际先进水平。为了配合该机运行，国防科大还研制了并行向量Fortran编译系统，该系统可同时支持宏任务与微任务两种方式的多任务并行编程。"银河-Ⅱ"在我国的中长期天气预报业务中发挥了重要作用。1997年6月19日，由国防科大计算机研究所研制的"银河-Ⅲ"百亿次巨型机，在北京通过了国家技术鉴定。它采用了大规模并行计算技术，运算速度约为130亿次/秒，标志着我国计算机制造技术已进入世界先进行列。

2010年11月14日，国际组织TOP500在其官方网站上公布了最新全球超级计算机500强排行榜，国防科大研制的千万亿次超级计算机"天河一号"排名全球第一。2014年11月17日，全球超级计算机500强排行榜再次公布，国防科大研制的"天河二号"（见图1-8）超级计算机以约33.86千万亿次/秒的浮点运算速度夺冠，比第二名（美国"泰坦"，运算速度约为17.59千万亿次/秒）快近一倍。2016年6月20日，新一期全球超级计算机500强排行榜公布，使用我国自主芯片制造的"神威·太湖之光"取代"天河二号"登上榜首。不仅速度比第二名"天河二号"快出近两倍，其效率也提高近3倍。"神威·太湖之光"由国家并行计算机工程技术研究中心研制，全部采用国产处理器构建，是世界上首台峰值运算速度超过"十亿亿次"的超级计算机，其峰值运算速度达12.54亿亿次/秒。2018年6月，在法兰克福国际超算大会上，美国橡树岭国家实验室（Oak Ridge National Laboratory，ORNL）推出的新超级计算机"Summit"以12.23亿亿次/秒的浮点运算速度，接近18.77亿亿次/秒的峰值运算速度夺冠，"神威·太湖之光"屈居第二。

图1-8 "天河二号"超级计算机

国产超级计算机和服务器产业快速发展的同时，国产计算机核心芯片研制也得到了国家的重视，事实上，在研制国产超级计算机和服务器的一开始，我国就进行了一系列核心芯片的自主设计和制造。随着我国处理器芯片获得重要进展，一批基于国产处理器芯片的超级计算机也研制成功。

在操作系统方面，除了早期针对计算机的定制操作系统，20世纪80年代末，政府和产业界就支持和鼓励国产自主操作系统的开发。国产操作系统是由我国公司或组织开发的操作系统，其目的是减少对国外技术的依赖，保护本土技术产业并提升国家的信息安全。国产操作系统具有很重要的战略意义，发展国产操作系统不仅是国家信息化建设的需要和对国家信息安全的保护，对于促进本土产业发展也具有重要意义。另外，操作系统是计算机的核心，是其他软件和硬件的基础。使用国产操作系统可以更好地保护国家关键信息和数据不被泄露。

5. 微机的研制

与国外一样，我国第四代计算机的研制也是从微机开始的。改革开放的热潮把正在重振雄风的我国计算机产业推向了市场竞争的最前沿。1980年前后，我国高性能计算机开始飞速发展。虽然早在1977年，清华大学等单位就研制出我国早期的微机DJS-050，但由于技术原因一直未能大批量生产。

我国微机的雏形是1983年12月我国电子信息产业集团有限公司第六研究所（即华北计算机系统工程研究所，简称电子六所）研制成功的微机长城100（DJS-0520微机），该机具备了个人计算机的主要特征。1985年我国成功研制出第一台具有字符发生器汉字显示能力、具备完整中文信息处理功能的国产微机长城0520-CH，标志着我国微机产业进入了一个飞速发展的时期。

1985年11月，中国科学院计算所成功研制联想式汉字微机LX-PC 系统。该系统是在IBM-PC（包括XT、AT及其兼容机）微机的基础上，通过安装自行设计的联想式汉卡和汉化操作系统而构成的。随着联想逐渐打响品牌，以销售联想式汉卡为主的计算机公司也因此改名为联想集团。

自20世纪80年代中期以来，我国的个人计算机产业一直紧跟国际步伐。并且随着长城和联想等个人计算机企业的崛起，我国基本上与国际同步推出每一代集成最新技术的个人计算机。在与国外品牌的竞争中，联想成为全球第三大个人计算机制造商，1996年市场占有率位居国内市场第一，这表明我国微机产业已达国际先进水平。

第四代计算机从适用于个人的微机，到适用于大型科学计算的高性能计算机都有了飞速的发展，给我国带来了巨大的社会效益和经济效益。它不仅广泛应用于国防、金融、通信等领域，而且在商业、科技、生产等各种大、中、小型企事业单位得到了推广。另外，国产服务器经过20余年的发展，如今已经成为我国计算机产业的重要力量，以曙光、浪潮为代表的服务器产品被广泛地应用在国内外科研、教育、政府、石化、电信、军队、保险、交通、出版、银行等行业。

1.2 计算机的应用

微课 03

扫码看视频

任务描述

张明发现身边的大部分同学都买了计算机，而且他们花大部分时间用计算机来打游戏、上网、聊天等，于是他就想了解计算机除了可以完成这些娱乐活动，还有哪些其他的作用。

任务分析

计算机的应用可从以下几个方面了解。

- 科学计算。
- 数据处理。
- 实时控制。
- 计算机辅助系统。
- 人工智能。
- 网络应用。

相关知识

随着计算机的发展及软件的发展，计算机已应用于社会的各个领域，大致可归纳为以下几个方面。

1.2.1 科学计算

科学计算是指利用计算机来完成科学研究和工程技术中提出的数学问题的计算。在现代科学技术工作中，科学计算是大量且复杂的。利用计算机具备的高速计算、大存储容量和连续运算能力，可以实现人工难以解决的各种科学计算问题。

例如，建筑设计中为了确定构件尺寸，往往会通过弹性力学导出一系列复杂方程，长期以来由于计算方法跟不上而一直无法求解。而计算机不但能求解这类复杂方程，而且带来了弹性理论上的突破。

1.2.2 数据处理

数据处理已成为计算机应用的一个重要领域，泛指非科技工程方面的所有计算、管理和任何形式数据资料的处理。利用数据库系统软件（如工资管理系统、人事档案系统等）可以进行大量的数据处理。计算机在数据处理领域的应用比例逐年上升。

1.2.3 实时控制

实时控制是计算机在过程控制中的重要应用。通过计算机对工业生产进行实时控制，可以节省劳动力，减轻劳动强度，提高生产效率，实现工业生产自动化。

1.2.4 计算机辅助系统

计算机辅助系统（Computer Aided System，CAS）是利用计算机辅助完成不同任务的系统的总称。比如，利用计算机辅助进行工业设计的系统称为计算机辅助设计（Computer Aided

Design，CAD），利用计算机辅助进行翻译的系统称为计算机辅助翻译（Computer Aided Translation，CAT）等。

（1）计算机辅助设计

计算机辅助设计是利用计算机辅助设计人员进行工程或产品设计，以实现最佳设计效果的一种技术。它已广泛地应用于航空、汽车、机械、电子、建筑和轻工等领域。例如，在电子计算机的设计过程中，可以利用CAD技术进行体系结构模拟、逻辑模拟、插件划分、自动布线等，从而大大提高设计工作的自动化程度。又如，在建筑设计过程中，可以利用CAD技术进行力学计算、结构计算、建筑图纸绘制等，这样不但可以提高设计速度，而且可以大大提高设计质量。

（2）计算机辅助制造

计算机辅助制造（Computer Aided Manufacturing，CAM）是利用计算机进行生产设备的管理、控制和操作。例如，在产品的制造过程中，用计算机控制机器的运行，处理生产过程中所需的数据，控制和处理材料的流动以及对产品进行检测等。使用CAM技术可以提高产品质量，降低成本，缩短生产周期，提高生产率和改善劳动条件。

将CAD和CAM技术集成，实现设计、生产自动化，这种系统被称为计算机集成制造系统（Computer Integrated Manufacturing System，CIMS）。它将有助于真正实现无人化工厂（或车间）。

（3）计算机辅助教学

计算机辅助教学（Computer Aided Instruction，CAI）是在计算机辅助下进行的各种教学活动，以对话方式与学生讨论教学内容、安排教学进程、进行教学训练的方法与技术。CAI可为学生提供一个良好的个性化学习环境。它综合应用多媒体、超文本、人工智能、网络通信和知识库等计算机技术，克服了传统教学情景方式上单一、片面的缺点。它的使用能有效地缩短学习时间、提高教学质量和教学效率，实现最优化的教学目标。

1.2.5 人工智能

如果计算机具有像人一样的推理和学习能力，能够积累工作经验，具有较强的分析问题和解决问题的能力，它就相当于具有了人的大脑功能，也可以说计算机具有了人工智能。人工智能的表现形式多种多样，如利用计算机进行数学定理的证明、实现逻辑推理、理解自然语言、辅助疾病诊断、实现人机对弈和密码破译等。

1.2.6 网络应用

计算机网络是计算机技术和通信技术互相渗透、不断发展的产物，即利用一定的通信线路，将若干台计算机相互连接起来形成一个网络，以达到资源共享和数据通信的目的，是计算机应用的一个重要方面。各种计算机网络（包括局域网和广域网）的应用，加速了社会信息化的进程，目前应用最多的计算机网络就是因特网（Internet）。电子商务就是计算机网络的一个重要应用，它是指在计算机网络上进行商务活动，涉及企业和各种个人形式的、基于数字化信息处理和传输的商业交易。电子商务包括电子邮件、电子数据交换、电子转账、快速响应系统、电子表单和信用卡交易等一系列应用。

1.3 计算机的组成及性能指标

计算机是一个整体概念，不论是大型机、小型机还是微机，都是由计算机硬件系统（简称硬件）和计算机软件系统（简称软件）两大部分组成的。计算机的组成如图1-9所示。

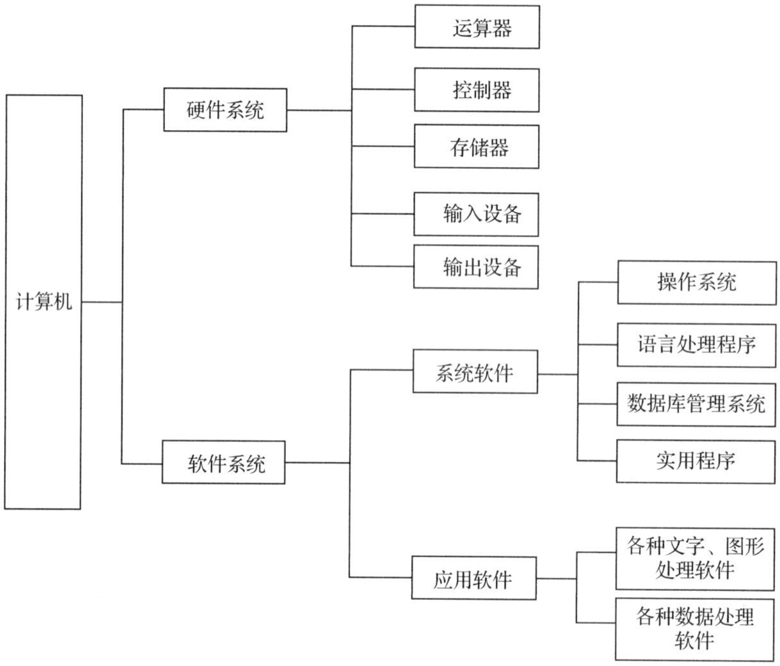

图1-9　计算机的组成

计算机硬件提供了计算机的“物质基础”，没有配备任何软件的计算机通常称为“裸机”。“裸机”无法发挥硬件的计算能力。软件提供了发挥硬件计算能力的方法并扩大了计算机的应用范围。软件可控制硬件，通过硬件实现其功能。因此，计算机硬件是软件运行的基础，软件是硬件得以发挥功能的平台。计算机中硬件与软件可以形象地比喻为：硬件是计算机的“躯体”；软件是计算机的“灵魂”。

计算机的许多功能，既可以在一定的硬件基础之上用软件实现，也可以通过专门的硬件实现。软件与硬件在功能上具有等效性，因此软件与硬件的界限并不绝对。一般来说，用硬件实现的成本高，运算速度快；用软件实现的成本低，运算速度较慢，但比较灵活，更改与升级换代比较方便。

软件与硬件的发展是相互促进的。硬件性能的提高可以为软件创造出更好的开发环境，在此基础上可以开发出功能更强的软件。同时，软件的发展会对硬件提出更高的要求，可以促使硬件性能的提高，甚至产生新的硬件。

任务描述

由于学业越来越繁重，需要使用计算机的情况越来越多，张明也计划入手一台计算机。

可是他在网上、计算机商城里看到了各式各样的计算机，就想知道一台计算机是怎么组成的，它又是怎么工作的。

任务分析

计算机的组成部分需要从以下几个方面了解。

- 计算机硬件系统。
- 计算机软件系统。
- 计算机的主要性能指标。

相关知识

微课 04

扫码看视频

1.3.1 计算机硬件系统

硬件系统是指由电子器件和机电装置组成的实体，是计算机上看得见、摸得着的各种装置。1946年，在第一台电子计算机ENIAC的研制过程中，数学家冯·诺依曼提出存储程序控制原理（又称为冯·诺依曼原理）。存储程序控制原理的提出被誉为计算机发展史上的一个里程碑，它标志着“电子计算机时代”的真正开始，指导着以后的计算机的设计。该原理确立了现代计算机的基本组成及其工作方式，直到现在，计算机的设计与制造依然沿用冯·诺依曼体系结构，采用该体系结构的计算机称为冯·诺依曼机，其基本结构如图1-10所示。

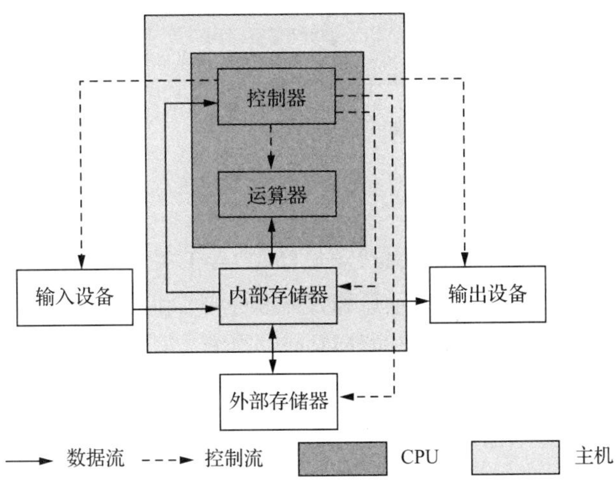

图1-10 冯·诺依曼机基本结构

冯·诺依曼原理要求计算机使用二进制表示指令和数据，这样可以方便计算机处理和存储数据，同时要求计算机按照程序中的指令顺序执行操作。

指令是指示计算机硬件执行某种操作的命令，它由一串二进制码组成，包括操作码和地址码两部分。其中，操作码规定了操作类型，即进行什么样的操作；地址码则规定了要操作的数据（操作对象）存放在什么地址中，以及操作结果存放到哪个地址中。计算机指令和数据都是采用二进制形式进行编码的，二进制码“0”和“1”表示两种状态，系统简单稳定，物理实现容易。

一台计算机所能识别和执行的全部指令的集合，被称为该计算机的指令系统。计算机不同，指令系统也不同，目前常见的指令系统应用有复杂指令系统计算机（Complex Instruction Set Computer，CISC）和精简指令系统计算机（Reduced Instruction Set Computer，RISC）。相比而言，RISC的指令格式统一，种类较少，寻址方式也比CISC的少，处理速度高很多。目前，中高档服务器、工作站等大多数采用RISC CPU。

计算机的各个部件能够有条不紊地工作，都是在控制器的控制下完成的。计算机的工作过程可归结为以下几步。

① 取指令。首先将指令计数器中的内容通过地址总线送到地址寄存器，然后按照程序规定的顺序取得当前执行的一条指令，并送到控制器的指令寄存器中。

② 分析指令。取出指令后，计算机立即进入分析及获取操作数阶段，指令译码器可识别和区分不同的指令类型及各种获取操作数的方法。一般指令寄存器中的操作码部分送入指令译码器，经过指令译码器的分析产生相应的操作控制信号，并发送到各个执行部件。

③ 执行指令。即根据分析的结果，由控制器发出完成该操作所需要的一系列控制信息，去完成该指令所要求的操作，产生运算结果，并将结果存储起来。

④ 上述步骤完成后，指令计数器加1，为执行下一条指令做好准备。

总之，计算机的工作过程可概括为取指令、分析指令、执行指令等，然后取下一条指令，如此周而复始，直到遇到停机指令或中断为止，如图1-11所示。

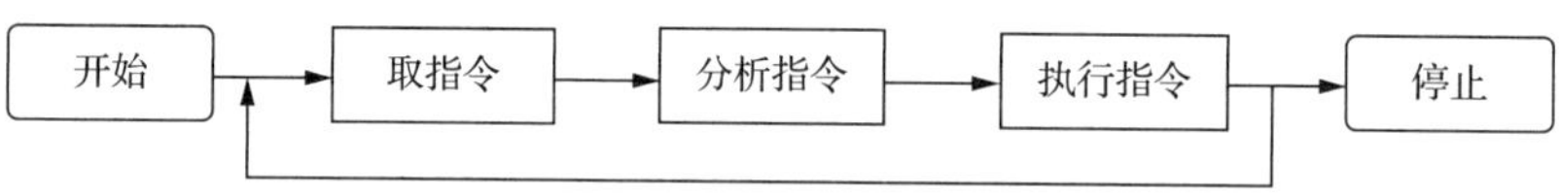

图1-11　计算机的工作过程

计算机硬件5个基本部件中的每一个部件都有相对独立的功能，它们分别完成各自不同的工作。计算机硬件的5个基本部件功能如下。

1. 运算器

运算器又称算术逻辑单元（Arithmetic Logic Unit，ALU），其主要功能是完成算术运算和逻辑运算，是计算机的运算部件，负责对信息和数据进行加工和处理，它的性能的高低直接影响着计算机的运算速度的快慢。运算器由加法器和补码器组成。运算器的核心部分是加法器，因为四则运算都归结为加法与移位操作，所以加法器是算术逻辑线路设计的关键。运算器中的数据取自内存，运算的结果又送回内存。运算器对内存的读/写操作是在控制器的控制下进行的。

2. 控制器

控制器是计算机的“神经中枢”，它按照事先给定的指令统一指挥各部件有条不紊地协调工作。

控制器的工作过程如下：从内存中取出指令，并确定下一条指令在内存中的地址，对所取指令进行译码和分析；然后根据指令的要求向有关部件发出控制命令，部件执行当前指令规定的操作，当前指令执行完成后执行下一条指令。逐一执行一系列指令，计算机就能按照由一系列指令组成的程序的要求自动完成规定操作。控制器的功能决定了计算机的自动化程度。

随着大规模集成电路技术的发展，运算器和控制器通常集成在一块半导体芯片上，称为CPU或微处理器。计算机的性能主要取决于CPU，它是计算机的核心部件，其外观如图1-12所示。

图1-12 微机CPU外观

3. 存储器

计算机的存储器可分成内存储器（简称内存）和外存储器（简称外存）。内存在程序执行期间被计算机频繁地使用，并且在一个指令周期内是可以直接访问的。外存要求计算机从一个外存储装置（例如磁带或磁盘）中读取信息。这与学生在课堂上做笔记相似。如果学生没有看笔记就知道内容，信息就被存储在“内存”中。如果学生必须查阅笔记，那么信息就在“外存”中。

存储容量和存取时间是衡量内存优劣的两个重要指标。通常情况下内存容量越大，程序运行速度相对就越快。存取时间指的是存储器收到有效地址到其输出端出现有效数据的时间间隔，存取时间越短，性能越好。

内存一般按字节分为许多个存储单元，每个存储单元均有一个编号，即地址。CPU通过地址查找所需的存储单元。CPU从存储器中读取数据称为读操作；把数据写入指定的存储单元称为写操作。通常称读、写操作为“访问”“存取”操作。

（1）内存

① 随机存储器。随机存储器（Random Access Memory，RAM）在计算期间被用作高速暂存记忆区。数据可以在RAM中存储、读取和用新的数据代替。当计算机在运行时，RAM是可访问的。它包含放置在计算机此刻所处理的问题处的信息。大多数RAM是“不稳定的”，这意味着关闭计算机时RAM中的信息将会丢失。

② 只读存储器。只读存储器（Read-Only Memory，ROM）是稳定的。它被用于存储计算机在必要时需要的指令集。存储在ROM内的信息不能被计算机改变（因此称为只读）。

③ 高速缓冲存储器。高速缓冲存储器（Cache）主要用来协调CPU和RAM之间的速度，用Cache作为连接CPU和RAM的接口，缓冲速度差距。Cache由静态随机存储器（Static Random Access Memory，SRAM）组成，实现速度协调的方法是，将最近要访问的数据和程序先存放在Cache中，由CPU直接和Cache交换，再由Cache将数据和程序与RAM进行交换。CPU与内存之间设置Cache，如图1-13所示。

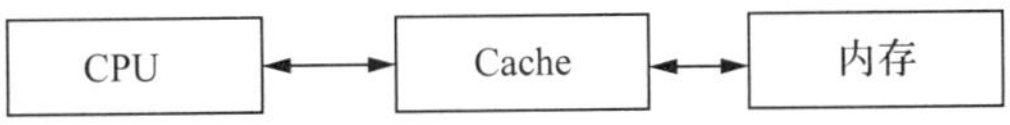

图1-13 CPU与内存之间设置Cache

（2）外存

外存又称辅助存储器（简称辅存），它是内存的扩充。外存的存储容量大、价格低，但存储速度较慢，一般用来存放大量暂时不用的程序、数据和中间结果，在需要时，可批量地和内存进行信息交换。外存只能与内存交换信息，不能被计算机的其他部件直接访问。常用的外存有硬盘和光盘等。

存储器的容量指存储器可存储的字节（B）总数，通常用KB（千字节）、MB（兆字节）、GB（吉字节）来表示。其中：

1 KB= 1024 B

1 MB= 1024 KB

1 GB=1024 MB

外存可分为磁盘存储器、光盘存储器、移动存储设备等。

① 磁盘存储器。磁盘存储器主要包括软盘存储器和硬盘存储器。

软盘存储器主要由软磁盘、软盘驱动器和软盘控制器三部分组成。软磁盘又称软盘（Floppy Disk），是一种存储信息的介质。在聚酯塑料圆盘上涂一层磁薄膜即可制成软盘，涂一面的称为单面盘，涂两面的称为双面盘。软盘外面会罩一个方形的保护套。软盘驱动器简称软驱，由机械传动装置和读写磁头两部分组成，是驱动软盘和磁头做机械运动的装置。软驱也分为5英寸和3英寸两种，每种又分为普通驱动器和高密驱动器，分别与各种软盘相匹配。软盘控制器又称软盘适配器或软盘适配卡，插在主机箱内母板的插槽中，将软驱与CPU连接起来。软盘存储器的机械运动和读写操作，都是在软驱的控制下进行的。

硬盘存储器简称硬盘，硬盘存储器盘片与驱动为一体，外存容量通常指的是硬盘容量，微机中大量的程序、数据和文件通常保存在硬盘上。目前常见的硬盘容量有500 GB、750 GB、1000 GB、1 T、5 TB几种。硬盘容量越大，可存储的信息就越多，可安装的应用软件就越丰富。

② 光盘存储器。光盘存储器简称光盘，是一种大容量的辅助存储器。其特点是体积小、容量大、可靠性高、保存时间长、价格低、便于携带。一般微机中配置DVD-R光盘驱动器，又称光驱。除此以外还有CD-R、CD-RW和DVD-RW，R表示只读光驱，RW表示读写光驱。光驱的读取速度是以倍速来进行标示的，DVD比CD快。光盘的缺点是受灰尘和划痕的影响较大。

③ 移动存储设备。常见的有U盘、移动硬盘，如图1-14所示。存储设备的存储量日益增大，功能也日益强大。要注意正确的使用方法，既要保护好 USB接口，又要安全使用移动存储设备使其不受损坏，坚持使用“安全删除硬件”的方式。

图1-14 移动存储设备

4. 输入设备

输入设备（Input Device）是人或外部与计算机进行交互的一种装置，用于把原始数据和处理这些数据的程序输入计算机中。计算机能够接收各种各样的数据，这些数据既可以是数值型的，也可以是非数值型（如图形、图像、音频等）的，它们都可以通过不同类型的输入设备输入计算机中，进行存储、处理和输出。计算机的输入设备按功能可分为下列几类。

① 字符输入设备：键盘。

② 光学阅读设备：光学标记阅读机、光学字符阅读机。

③ 图形输入设备：鼠标、游戏杆、光笔。

④ 图像输入设备：数码相机、扫描仪、传真机。

⑤ 模拟输入设备：语言模数转换识别系统。

5. 输出设备

输出设备（Output Device）是计算机硬件系统的终端设备，它可以把计算机处理后的数据以人们可以理解的形式展现出来。常见的输出设备有显示器、打印机、绘图仪等。

1.3.2 计算机软件系统

微课 05

扫码看视频

计算机软件系统是指为计算机运行工作服务的全部技术资料和各种程序，它可以保证计算机硬件的功能得以充分发挥，并为用户提供一个宽松的工作环境。计算机软件系统通常被分为系统软件和应用软件两大类。系统软件能保证计算机按照用户的意愿正常运行，满足用户使用计算机的各种需求，帮助用户管理计算机和维护资源、执行用户命令、控制系统调度等。应用软件是由软件公司或用户利用各种系统软件、程序设计语言编制的，用来解决用户各种实际问题的程序。

1. 系统软件

系统软件是指负责控制和协调计算机及其外部设备、支持应用软件的开发和运行的一类计算机软件。系统软件一般包括操作系统、语言处理程序、数据库管理系统和实用程序。

（1）操作系统

操作系统（Operating System，OS）是最基本、最核心的系统软件，是用来控制、管理计算机软、硬件资源，使之协调运行的程序系统，由一系列具有不同控制和管理功能的程序组成。操作系统是计算机发展中的产物，它的主要目的有两个：

一是方便用户使用计算机；

二是统一管理计算机的资源，合理组织计算机工作流程，以便充分、合理地发挥计算机的效率。

操作系统通常应包括下列功能：处理器管理、作业和进程管理、存储器管理、设备管理、文件管理等。

按照所管理的用户和功能可以对操作系统进行分类。

① 按照所管理的用户划分为单用户操作系统和多用户操作系统。

单用户操作系统的主要特征是计算机内只能支持运行一个用户程序。这类系统的最大缺点是计算机的资源不能充分利用，例如微机的磁盘操作系统（Disk Operating System，DOS）、Windows操作系统多用户操作系统允许多个用户共享一台主机，每个用户通过各自的终端运行自己的程序，操作系统负责分配和管理，使每个用户的程序可不受干扰地运行。

② 按照功能划分为批处理操作系统、分时操作系统、实时操作系统、网络操作系统和分

布式操作系统。

批处理操作系统以作业为处理对象，连续处理在系统中运行的作业流。批处理操作系统的特点是：作业的运行完全由系统自动控制，系统的吞吐量大，资源的利用率高。

分时操作系统使多个用户同时在各自的终端上使用一台计算机的资源，CPU按优先级分配各个终端的时间片，轮流为各个终端服务。对用户而言，有“独占”这一台计算机的感觉。分时操作系统侧重于及时性和交互性，使用户的请求可以在较短的时间内得到响应。常用的分时操作系统有UNIX、VMS等。

实时操作系统是对随机发生的外部事件在限定时间范围内做出响应并对其进行处理的系统。外部事件一般指来自与计算机相关联的设备的服务要求和数据采集。实时操作系统广泛用于工业生产过程的控制和事务数据的处理，常用的有RTOS等。

网络操作系统是为计算机网络配置的操作系统，它负责网络管理、网络通信、资源共享和系统安全等工作。常用的网络操作系统有NetWare和Windows NT。NetWare是Novell公司的产品，Windows NT是Microsoft（微软）公司的产品。

分布式操作系统是用于分布式计算机的操作系统。分布式操作系统是由多个并行工作的处理机组成的系统，提供高度的并行性以及有效的同步算法和通信机制，自动实行全系统范围的任务分配并自动调节各处理机的工作负载，如MDS、CDCS等。

常用的操作系统有Windows、Linux等，标识如图1-15所示。Windows是当前微机中广泛使用的操作系统。Linux作为的源码公开的操作系统，已被越来越多的用户采用，是Windows操作系统强有力的竞争对手。

（a）Windows （b）Linux

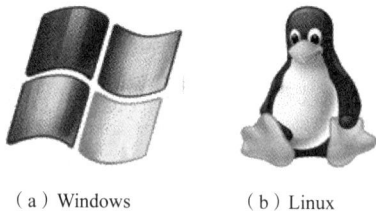

图1-15 常用的操作系统标识

（2）语言处理程序

计算机硬件系统只能够直接识别并执行用二进制码（只含0和1）表示的机器指令所编写的程序（机器语言程序）。但直接用机器指令编写计算机程序要经过专门的训练，而且编写的程序难读、难懂、易出错，后续检错、纠错费时、费力。机器语言限制了计算机的普及与应用。

汇编语言（符号语言）是用直观、形象并且便于记忆的字母、符号代替0、1编码的机器指令，如ADD、SUB等。用汇编语言编写的程序相对简单、可读性强、使用效率高。但是使用汇编语言编写的程序（汇编语言程序）计算机并不能够直接识别，必须通过“翻译”将其转变为机器语言程序后，计算机才能够理解并执行。完成这种“翻译”功能的程序叫作汇编程序，汇编语言是面向机器的低级语言。

机器语言和汇编语言都是低级语言。与高级语言相比，用机器语言和汇编语言编写的程序节省内存、执行速度快，并且可以直接利用和实现计算机的全部功能，完成一般高级语言难以完成的工作；缺点是编程效率低、难度大、维护困难。

高级语言是能够表达解题算法的面向应用问题的语言。高级语言的直观性、通用性都非常好。使用高级语言编程可以不必了解机器的内部结构与机器指令，有利于推广计算机的使用。一般认为，高级语言的发展经历了如下几个阶段。

第一阶段：这一阶段的代表语言是1954年问世的Fortran语言，它主要面向科学计算与工程计算领域。

第二阶段：结构化程序设计阶段，其代表语言是1971年问世的Pascal语言。Pascal定义了一个真正的标准语言，其具有丰富的数据类型，写出的程序易懂、易检错。

第三阶段：面向对象程序设计阶段，其代表语言是C++语言。随着网络技术的不断发展，又出现了更适应网络环境的面向对象的Java语言，而且随着Internet技术的发展和应用，Java语言越来越受人们的欢迎。虽然高级语言拥有众多的优点，但是计算机并不能够直接识别、执行用高级语言编写的程序（高级语言程序）。高级语言程序需要借助编译程序或解释程序进行转换后，计算机才能理解并执行它。

（3）数据库管理系统

信息管理是计算机应用的一个重要领域，信息管理的核心就是数据库管理系统。

数据库管理系统的主要功能是有组织地、动态地存储大量的数据信息，使用户能方便地、高效地使用这些数据信息。数据库软件体系包括数据库、数据库管理系统和数据库系统3个部分。

数据库（DataBase，DB）是为了满足一定范围内许多用户的需要，在计算机里建立的一组互相关联的数据集合。

数据库管理系统（DataBase Management System，DBMS）是指对数据库进行组织、管理、查询并提供一定处理能力的系统软件。它是数据库系统的核心组成部分，为用户或应用程序提供了访问数据库的方法，数据库中的一切操作都是通过DBMS进行的。

数据库系统（DataBase System，DBS）是由数据库、数据库管理系统、应用程序、数据库管理员、用户等组成的人机系统。数据库管理员是专门从事数据库建立、管理和维护的工作人员。

（4）实用程序

实用程序完成一些与管理计算机资源及文件有关的任务，包括诊断程序、反病毒程序、卸载程序、备份程序、文件解压缩程序等工具类软件。实用程序提供让计算机用户控制、分配和使用计算机资源的方法，尽管这类工作也可以在操作系统中实现，但实用程序的功能更强，针对性也就更强。

2. 应用软件

应用软件是为解决某些具体问题而开发、研制的各种计算机程序，它是建立在系统软件之上的。应用软件的内容非常广泛，由于计算机的应用已经渗透到各个领域，所以应用软件也是多种多样的，包括科学计算、工程设计、文字处理、辅导教学、游戏等领域的软件。

应用软件按用途可以分为字处理软件、电子表格软件、作图软件、网络软件、教育软件、娱乐性软件；按性质可以分为套装软件、专用软件、共享软件、免费软件。

随着社会发展对计算机技术要求的不断提高，应用软件不断推陈出新，不仅在性能和易用性上提高得很快，而且在种类上也越来越丰富。可以说，丰富多彩的应用软件使微机应用迅速普及，在家用计算机上创作乐曲、制作电子相册等已成为许多人工作或生活的常事。下面列出几种常用的应用软件。

① 字处理软件。字处理软件是用来帮助用户完成文字编辑等工作的软件工具。

② 电子表格软件。电子表格软件可以快速、动态地对二维表格中的数据进行各类统计、汇总，也可以用图表表示数据及计算结果。

③ 教育软件。随着教育信息化的发展，教育与网络平台进行了有机的结合，新的教育软件可将教育资源在网上进行共享。目前，教育软件已发展到教育云平台阶段，众多教育资源已融入整体的教育云平台当中，供广大用户分享使用。

④ 作图软件。作图软件可根据创作者的意图在屏幕上作出各种图表，并能根据需要进行恰当的修饰和编辑处理。

⑤ 网络软件。随着网络的发展，当今个人计算机上配置了大量的网络软件，如电子邮件软件、浏览器软件、下载软件、QQ、微信、远程控制软件等。通过它们，分散在各地的人们可以相互交流、学习。

⑥ 娱乐性软件。目前主要是指各种游戏软件，可分成多个类别，如角色扮演类游戏、模拟类游戏、即时战略类游戏、益智类游戏等。游戏不仅可单人玩，也可多人通过网络一起玩，甚至可在Internet上和世界各地的网络用户联机对战。

3. 软件系统的层次

通过上面对系统软件和应用软件的说明，可以看出计算机软件系统是有层次关系的。这种层次关系是指处在内层的软件要向外层的软件提供服务，处在外层的软件要在内存软件的支持下才能运行。软件、硬件之间的层次关系如图1-16所示。

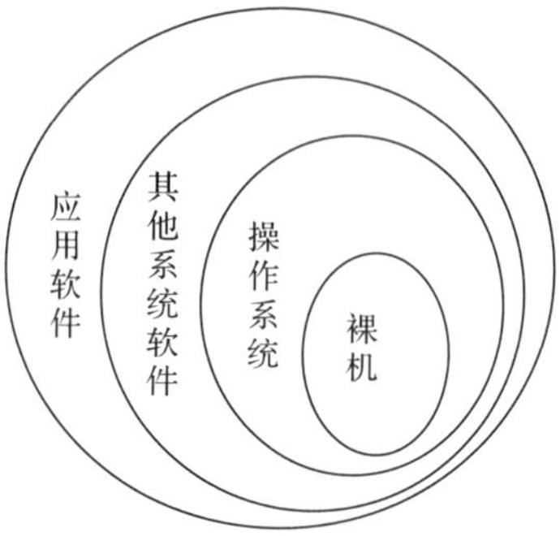

图1-16 软件、硬件之间的层次关系

1.3.3 计算机的主要性能指标

1. 运算速度

运算速度是衡量计算机性能的一项重要指标。通常所说的计算机运算速度，是指每秒所能执行的指令条数，一般用百万条指令每秒（Million Instructions Per Second，MIPS）来描述。同一台计算机，执行不同的运算所需时间可能不同，因而对运算速度的描述通常采用不同的方法。常用的有CPU时钟频率（主频）、MIPS等。微机一般采用主频来描述运算速度，主频越高，运算速度就越快。通常我们购买CPU时会将主频作为一个重要的参数来考虑。

2. 字长

字长是指计算机能直接处理的二进制信息的位数。字长是由CPU内部的寄存器、加法器和数据总线的位数决定的。它的大小直接关系到计算机的计算精度，字长越长，计算机的精度越高，速度越快，但价格也越高。当前主流的CPU字长有32位和64位。例如，奔腾、奔腾Ⅱ以及奔腾Ⅲ的字长为32位，酷睿i5、i7的字长为64位。

3. 存取周期

存储器完成一次读/写操作所需的时间称为存储器的存取时间或访问时间，存储器连续进行读/写操作的最短时间间隔称为存取周期。存取周期越短，存取速度越快。存取周期是反映存储器性能的一个重要参数。通常，存取速度的快慢决定了运算速度的快慢。半导体存储器的存取周期为几十到几百微秒。

4. 转速

转速是硬盘内电机主轴的旋转速度，也就是硬盘盘片在一分钟内所能完成的最大转数。转速的快慢是标示硬盘性能的重要参数之一。

5. 内存容量

内存是CPU可以直接访问的存储器，需要执行的程序与需要处理的数据就是存放在内存中的。内存容量反映了计算机即时存储信息的能力。随着操作系统的升级，应用软件的不断丰富及其功能的不断扩展，人们对计算机内存容量的需求也不断提高。内存容量的单位为GB或TB，内存容量越大，其可处理的数据就越多，并且运算速度也就越快。

6. 外存容量

外存容量通常是指硬盘容量，外存容量越大，可存储的信息越多，可安装的应用软件就越丰富。

以上只是一些主要性能指标，在评价一台计算机时应当综合考虑，以能满足实际应用要求为主要目的。

微课 06

扫码看视频

1.4 计算机数据的存储

目前计算机的基本元件是超大规模集成电路。不管集成电路如何发展，它无非是把成千上万的晶体管集成到一小片半导体芯片上。

对晶体管来说，有导通和截止两种稳定的状态。计算机就是利用晶体管的这个特性来进行运算的。而这两种状态分别可以表示数据“1”和“0”，所以在计算机中采用二进制数来表示信息最直接也最方便。

任务描述

张明利用购买来的计算机完成了第一篇文章的录入工作，当他关闭计算机的那一刻，他突然想知道他刚才写的那篇文章是如何存在计算机里的，它又是以什么方式存在于计算机的硬盘上的呢。

任务分析

计算机要处理的信息很多，除了要处理一些数值数据之外，还要处理大量的非数值数据（如英文字母、汉字等）。要了解计算机怎样处理数值数据，就要知道有关数制的概念；要了解计算机怎样处理非数值数据，就要知道有关编码的概念。

- 进位计数制的概念。
- 各种数制间的转换。
- ASCII码。
- 汉字编码。

相关知识

1.4.1 进位计数制的概念

按进位的原则进行计数称为进位计数制，简称“数制”。

数学运算中一般采用十进制。而在日常生活中，除了采用十进制计数外，有时也采用其他的进制来计数。例如：时间的计数采用的是六十进制。60分为1小时，60秒为1分钟，计数特点为“逢六十进一”；年份的计数采用的是十二进制，12个月为一年，计数特点为“逢十二进一”。

在进位计数制中，可使用的数字的个数叫作“基数”，十进制是现实生活中最常用的一种进位计数制，由0,1,2,3,4,…,9这10个不同的数字组成，也就是说，十进制的基数是10。除此还有八进制和十六进制，但是八进制和十六进制都是以二进制为基础的。

在进位计数制中还有一个重要的概念就是位权，数码表示的数值等于该数码本身乘以一个与它所在数位有关的常数，这个常数称为“位权”。例如十进制数123，其中1的位权就是100，2的位权就是10，3的位权是1。

1. 二进制数

二进制数（如110B）只有0、1两个数字，二进制与十进制的运算原理一致，只是在二进制运算时，逢二进一，借一当二。10.01B的位权表示法为：$1\times2^1+0\times2^0+0\times2^{-1}+1\times2^{-2}$。

2. 八进制数

八进制数（如0347）含有0、1、2、3、4、5、6、7这8个基本数字，进位规律是“逢八进一”，任意八进制数都可以由这8个数字组合而成。056.4的位权表示法为：$5\times8^1+6\times8^0+4\times8^{-1}$。

3. 十六进制数

十六进制数是用0～9以及A、B、C、D、E、F的组合代表不同的数，以16为基数，进位规律是“逢十六进一”。其中，A～F（或a～f）分别表示十进制数中的10～15。十六进制数的位权是以16为基数的幂。

为区分这几种进制数，规定在数的后面加字母D表示十进制数，加字母B表示二进制数，加字母O表示八进制数，加字母H表示十六进制数，十进制数也可省略不加。

1.4.2 各种数制间的转换

计算机中数的存储与运算都采用二进制数，如果要处理其他进制数，就必须将其转换成二进制数再进行处理。在输出处理结果时，还需要把二进制数转换成其他进制数。转换依据的原则是：不同数制间进行转换时，整数部分和小数部分分别进行转换。

1. 其他进制数转换为十进制数

将二进制数、八进制数和十六进制数转换为十进制数，通常采用按权展开求和的方法，即把二进制数（或八进制数、十六进制数）写成各数位上的数码乘上其位权之和的形式，然后按十进制计算结果。

例1-1　$(101101.101)_2 =1\times 2^5+0\times 2^4+1\times 2^3+1\times 2^2+0\times 2^1+1\times 2^0+1\times 2^{-1}+0\times 2^{-2}+1\times 2^{-3}=45.625$

例1-2　$(107.25)_8 = 1\times 8^2+0\times 8^1+7\times 8^0+2\times 8^{-1}+5\times 8^{-2}= 71.328125$

例1-3　$(A2C.BE)_{16}=10\times 16^2+2\times 16^1+12\times 16^0+11\times 16^{-1}+14\times 16^{-2}= 2604.7421875$

在上面的表达式中，左侧数据的下角标2、8和16，分别表示二进制、八进制和十六进制。

2. 十进制数转换为其他进制数

（1）十进制整数转换为r进制整数——除r取余法

将十进制整数不断除以r取余数，直到商为0，余数从右到左排列，首次取得的余数放在最右边。

例1-4　将十进制数98转换为二进制数。

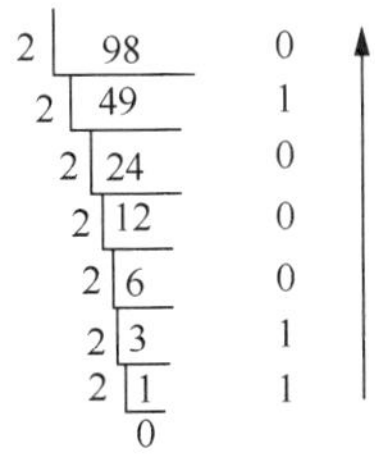

所以$(98)_{10}=(1100010)_2$

（2）十进制小数转换为r进制小数——乘r取整法

将十进制小数不断乘r取整数，直到小数部分为0或达到所求的精度为止，所得整数从小数点自左向右排列，首次取得的整数在最左边。

例1-5 将十进制数0.6875转换为二进制数。

0.6875 × 2=1.375　　　取整1

0.375 × 2=0.75　　　取整0

0.75 × 2=1.5　　　取整1

0.5 × 2=1　　　取整1 ↓

从高到低排列得到0.1011，所以$(0.6875)_{10}=(0.1011)_2$

（3）如果一个数既有整数又有小数，可以分别转换后再合并。

3. 二进制数与八进制数、十六进制数的相互转换

二进制数转化成八进制数是将二进制数从小数点开始分别向左（对二进制整数）或向右（对二进制小数）每3位组成一组，不足3位则补0。然后将3位二进制数写成对应的八进制数即可。

例1-6 将二进制数10110001.111转换为八进制数。

010 110 001 . 111

2 6 1 . 7

即二进制数10110001.111转换成八进制数的结果为261.7。反过来，将每位八进制数分别用3位二进制数表示，就可完成八进制数到二进制数的转换。

例1-7 将八进制数317. 321转换为二进制数。

3　1　7.　3　2　1

011　001　111.　011　010　001

所以，$(317.321)_8 = (011001111.011010001)_2$。

二进制转换数为十六进制数，只需将四位二进制数用一位十六进制数表示。

例1-8 将二进制数 111 11101101.01011010转换为十六进制数。

0111　1110　1101. 0101　1010

7　E　D.　5　A

所以，$(11111101101.0101101)_2 = (7ED.5A)_{16}$。

十六进制数转换为二进制数，只需将一位十六进制数用四位二进制数表示。

例1-9 将十六进制数3AB.3D转换为二进制数。

3　A　B.　3　D

0011　1010　1011. 0011　1101

所以，$(3AB.3D)_{16}=(1110101011.00111101)_2$

结合以上所介绍的内容，下面列出常用数字之间的转换，如表1-1所示。

表1-1　常用数字之间的转换

十进制	二进制	八进制	十六进制	十进制	二进制	八进制	十六进制
0	0000	0	0	9	1001	11	9
1	0001	1	1	10	1010	12	A
2	0010	2	2	11	1011	13	B
3	0011	3	3	12	1100	14	C
4	0100	4	4	13	1101	15	D
5	0101	5	5	14	1110	16	E
6	0110	6	6	15	1111	17	F

1.4.3 ASCII码

我们已经知道，计算机只能以二进制的形式来处理各种信息。对于数值数据，可以方便地将它们转换成二进制数以便计算机处理。但是对于字母（或符号）等非数值数据，在计算机中也必须用二进制来表示，那么该如何表示呢？可以将字母（或符号）用一组顺序的二进制数代表，也就是对字母（或符号）进行编码。目前，国际通用且使用最广泛的字符有数字（0～9）、字母（大小写，52个）、符号（34个）及其他控制字符（32个），共128个。为表示这些字符，可采用7位二进制代码（2^7=128）进行编码。美国信息交换标准代码（American Standard Code for Information Interchange，ASCII）就是一种编码方式。用ASCII编码的字符称为ASCII字符。由于计算机内存是以8位（1个字节）作为基本存储单位的，因此ASCII字符除7位二进制代码外，其最高位规定为0。常用ASCII字符如表1-2所示。

表1-2 常用ASCII字符

二进制	十进制	字符	二进制	十进制	字符	二进制	十进制	字符
00100000	32	空格	01000000	64	@	01100000	96	`
00100001	33	!	01000001	65	A	01100001	97	a
00100010	34	"	01000010	66	B	01100010	98	b
00100011	35	#	01000011	67	C	01100011	99	c
00100100	36	$	01000100	68	D	01100100	100	d
00100101	37	%	01000101	69	E	01100101	101	e
00100110	38	&	01000110	70	F	01100110	102	f
00100111	39	'	01000111	71	G	01100111	103	g
00101000	40	(	01001000	72	H	01101000	104	h
00101001	41	)	01001001	73	I	01101001	105	i
00101010	42	*	01001010	74	J	01101010	106	j
00101011	43	+	01001011	75	K	01101011	107	k
00101100	44	,	01001100	76	L	01101100	108	l
00101101	45	-	01001101	77	M	01101101	109	m
00101110	46	.	01001110	78	N	01101110	110	n
00101111	47	/	01001111	79	O	01101111	111	o
00110000	48	0	01010000	80	P	01110000	112	p
00110001	49	1	01010001	81	Q	01110001	113	q
00110010	50	2	01010010	82	R	01110010	114	r
00110011	51	3	01010011	83	S	01110011	115	s
00110100	52	4	01010100	84	T	01110100	116	t
00110101	53	5	01010101	85	U	01110101	117	u
00110110	54	6	01010110	86	V	01110110	118	v
00110111	55	7	01010111	87	W	01110111	119	w
00111000	56	8	01011000	88	X	01111000	120	x
00111001	57	9	01011001	89	Y	01111001	121	y
00111010	58	:	01011010	90	Z	01111010	122	z
00111011	59	;	01011011	91	[	01111011	123	{
00111100	60	<	01011100	92	\	01111100	124	|
00111101	61	=	01011101	93	]	01111101	125	}
00111110	62	>	01011110	94	^	01111110	126	~
00111111	63	?	01011111	95	_	01111111	127	DEL

1.4.4 汉字编码

与西文字符相比，汉字是象形文字，数量多、字形复杂，不像西文字符那样通过不多的字符进行组词。为了与ASCII字符区别，避免计算机处理时产生二义性，汉字在计算机里表示时用两个字节，且两个字节的最高位都是1。

汉字编码目前有国标码、机内码、外码、字形码和混合编码等。

1981年我国实施了有关汉字编码的国家标准，即《信息交换用汉字编码字符集——基本集》（GB/T 2312—1980），简称国标码。该标准共收集汉字、数字和符号等字符7445个，其中常用汉字6763个，使用较多的3755个汉字为一级字符，使用稍少的3008个汉字为二级字符；非汉字字符682个，如拉丁字母、俄文字母、日语、希腊语、汉语拼音字母、数字常用字符等。该标准为每个字符规定了代码（即国标码），以便在不同的计算机之间进行汉字文本的交换。

将GB/T 2312—1980中的全部字符组成一个94×94的方阵，在此方阵中，每一行称为一个“区”，编号为01～94；每一列称为一个“位”，编号也为01～94，这样就得到GB/T 2312—1980中标准汉字的区位图。用区位图的位置来表示的汉字编码，称为区位码。

汉字机内码，也叫内部码，简称内码，是计算机内部存储数据和处理汉字字符时使用的代码，机内码也用两个字节来表示一个汉字，两个字节的最高位均为1。

区位码、国标码与机内码的转换方法如下：

① 区位码先转换成用十六进制数表示；

②（区位码的十六进制表示）+2020H=国标码；

③ 国标码+8080H=机内码。

例1-10 以汉字“大”为例，“大”字的区位码为2083。

① 区号为20，位号为83；

② 将区位号2083转换为十六进制表示为1453H；

③ 1453H+2020H=3473H，得到国标码3473H；

④ 3473H+8080H=B4F3H，得到机内码为B4F3H。

汉字的输入码又称外码，是为了将汉字通过键盘输入计算机而设计的。汉字输入码方案很多，其表示形式大多为字母、数字或符号；输入码的长度也不同，多数包含4个字母。外码可分为数字编码、拼音编码、字形编码和音形编码等，其中拼音编码根据汉字读音输入汉字，如智能ABC、全拼等都使用拼音编码；字形编码根据汉字笔画输入汉字，五笔字型是最典型的字形编码。

汉字字形码又称汉字字模，用于汉字的显示或输出。汉字字形码通常有两种表示方式：点阵和矢量。

用点阵表示字形时，汉字字形码指的是这个汉字字形点阵的代码。根据输出汉字的要求不同，点阵的大小也不同。简易型汉字使用16×16点阵，提高型汉字使用24×24点阵、32×32点阵、48×48点阵等。点阵规模越大，字形越清晰美观，所需存储空间也越大。

矢量表示方式存储的是描述汉字字形的轮廓特征，当要输出汉字时，通过计算机的计算，由汉字字形描述生成所需大小和形状的汉字点阵。矢量字形描述与最终文字显示的大小、分辨率无关，因此可以产生高质量的汉字输出。Windows中使用的TrueType技术就采用矢量表示方式。

全部汉字字形码的集合叫作汉字库，汉字地址库是指汉字库中存储汉字字形信息的逻辑地址。在汉字库中，字形信息都是按一定顺序连续存放在存储介质上的，所以汉字地址码大多是连续有序的，而且与汉字内码间有简单的对应关系，以简化汉字内码到汉字地址码的转换。

微课 07

扫码看视频

1.5 计算机病毒

计算机病毒是人为制造的，有破坏性、传染性和潜伏性的，对计算机信息或系统起破坏作用的程序。它不是独立存在的，而是隐蔽在其他可执行的程序之中的。计算机感染病毒后，轻则影响运行速度，重则系统破坏；因此病毒会给用户带来很大的损失。

计算机病毒被公认为数据安全的头号大敌，从1987年起，计算机病毒受到世界范围内的普遍重视，我国于1989年首次发现计算机病毒。目前，新型病毒正向更具破坏性、更加隐秘、感染率更高、传播速度更快的方向发展。因此，必须深入学习计算机病毒的基本知识，加强对计算机病毒的防范。

任务描述

张明在使用计算机一段时间之后，发现自己的计算机速度变慢了很多，而且U盘中的很多文件都打不开。在同学的提醒下，他怀疑自己的计算机是不是被病毒入侵了。他很疑惑，这些病毒是怎么入侵到他的计算机里的呢？这些病毒和我们平常所说的导致人生病的病毒一样吗？

任务分析

要想了解自己的计算机是否被病毒入侵，就要知道有关计算机病毒的一些知识。

- 计算机病毒的传播途径。
- 计算机病毒的特征。
- 计算机病毒的分类。
- 计算机感染病毒的症状。

相关知识

1.5.1 计算机病毒的传播途径

计算机病毒有自己的传播模式和不同的传播途径。计算机病毒的主要功能是它自己可以进行复制和传播，这意味着计算机病毒的传播非常容易，通常可以交换数据的环境都可以进行病毒传播。主要有以下3种计算机病毒传播途径。

1. 通过移动存储设备传播

如通过可移动式磁盘（包括软盘、CD-ROM、ZIP盘等）进行传播。其中软盘是使用广泛、移动频繁的存储介质，因此成了计算机病毒寄生的“温床”。盗版光盘上的软件和游戏及非法复制也是计算机病毒主要传播途径。随着大容量可移动存储设备（如ZIP盘、可擦写光盘、磁光盘等）的普遍使用，这些存储介质也将成为计算机病毒寄生的场所。

硬盘是主要的数据存储介质，因此也是计算机病毒感染的“重灾区”。硬盘传播计算机病毒的途径包括：通过硬盘向软盘上复制病毒文件，感染病毒情况下格式化软盘，向光盘上刻录病毒文件，硬盘之间的数据复制，以及将病毒文件发送至其他地方等。

2. 通过网络传播

现代信息技术的巨大进步已经使得空间距离不再遥远，“相隔天涯，如在咫尺”，但也为计算机病毒的传播提供了“高速公路”。计算机病毒可以附着在正常文件中通过网络进入一个又一个系统，计算机感染“进口”病毒已不再是什么新奇的事了。在我们信息国际化时，我们的病毒也在国际化。网络这种途径可能会成为病毒的第一传播途径。

3. 通过计算机和应用软件的弱点传播

近年来，越来越多的计算机病毒利用计算机和应用软件的弱点传播，因此这种途径也被划分在计算机病毒主要传播途径中。

1.5.2 计算机病毒的特征

计算机病毒只有在满足特定条件时，才会对计算机产生致命的破坏，计算机或者系统感染病毒后不会马上反应，病毒会长期隐藏在系统中，比如 “黑色星期五”病毒在每逢13号的星期五进行破坏。病毒一般情况下都附在正常硬盘或者程序中，计算机用户在它激活之前很难发现它们，其使用特定的编程技巧编写，是一种“短小精悍”的可执行程序，对计算机有着毁灭性的破坏作用；一般没有用户主动执行病毒程序，但是病毒会在条件成熟后产生作用，或者破坏程序、扰乱系统的工作等。非授权可执行性是计算机病毒的典型特征，其可在未经操作者的许可的情况下自动运行。

计算机病毒的特征主要包括以下几个。

1. 非授权可执行性

用户通常调用执行一个程序时，把系统控制权交给这个程序，并给它分配相应系统资源（如内存），从而使之能够完成用户的需求。因此程序执行的过程对用户是透明的。计算机病毒是非法程序，正常用户是不会明知是病毒程序，还故意调用执行的。但由于计算机病毒具有正常程序的众多特性，如可存储性、可执行性等，它会隐藏在合法的程序或数据中。当用户运行正常程序时，计算机病毒伺机窃取到系统的控制权，得以抢先运行，然而此时用户还认为在执行正常程序。

2. 传染性

传染性是病毒的基本特征，是判断一段程序代码是否为计算机病毒的依据。计算机病毒可以通过各种渠道从已经被感染的计算机扩散到未被感染的计算机，使被感染的计算机工作失常甚至瘫痪。病毒程序一旦侵入计算机就开始寻找可以感染的程序或者存储介质，然后通过自我复制迅速传播。由于目前计算机网络日益发达，计算机病毒的传播更为迅速，破坏性更强。

3. 破坏性

计算机病毒不仅占用系统资源，还删除或者修改文件或数据，加密磁盘中的一些数据、格式化磁盘、降低运行效率或者中断系统运行，甚至使整个计算机网络瘫痪，造成灾难性的后果。计算机病毒的破坏性直接体现了病毒设计者的真正的意图。

4. 潜伏性

一个编制精巧的计算机病毒程序侵入系统之后不会立即进行破坏，可以隐藏在合法文件中几周甚至几年，对其他文件进行传染，而不被人发现，只有条件满足时才被激活，开始进行破坏性活动。计算机病毒潜伏性越好，它在系统中隐藏的时间就会越长，传染范围就会越大，危害也就越大。

5. 可触发性

因某个事件或者数值的出现，诱使病毒实施感染或进行攻击的特性称为可触发性。病毒的触发机制用来控制感染和破坏动作的频率。病毒具有预定的触发条件，这些条件可能是时间、日期、文件类型或者某些特定数据等。病毒运行时，触发机制检查预定条件是否满足，如果满足，则开始感染或破坏动作；如果不满足，病毒则继续潜伏。

6. 衍生性

病毒的传染性和破坏性体现了病毒设计者的目的和意图。而且，如果被其他一些恶作剧者或者恶意攻击者所模仿，就会衍生出不同于原版本的新的计算机病毒（又称为变种），这就是计算机病毒的衍生性。这种变种造成的后果可能要比原版病毒要严重很多。

除了以上这些特征外，计算机病毒还有其他的一些特征，比如攻击的主动性、欺骗性、持久性、检测的不可预见性、对不同操作系统的针对性等。计算机病毒的这些特征，意味着难以被发现，难以被清除，危害持久。

1.5.3 计算机病毒的分类

1. 按照破坏性分类

（1）良性计算机病毒

良性计算机病毒是指不包含可以立即对计算机产生直接破坏作用的代码。这类病毒为了证明其存在，会不停地进行扩散，从一台计算机扩散到另一台，但是并不破坏计算机内的数据。有些人对这类计算机病毒不以为意，认为其扩散行为只是恶作剧，没什么影响。其实良性、恶性都是相对而言的，良性计算机病毒取得系统控制权后，系统会和应用程序争抢CPU的控制权，导致系统死锁，影响用户正常操作。有时系统内还会出现几种病毒交叉感染的现象，如一个文件因为反复被几种病毒感染而不能正常使用。因此也不能轻视所谓良性计算机病毒对计算机造成的影响。

（2）恶性计算机病毒

恶性计算机病毒的代码可以损伤和破坏计算机，在其传染或发作时会对计算机产生直接的破坏作用。这类恶性计算机病毒是很危险的，应当注意防范。防病毒系统可以通过监控计算机内的异常动作识别出计算机病毒是否存在，并发出警报提醒用户注意。

2. 按照传染方式分类

（1）引导区型病毒。引导区型病毒的传播是通过在操作系统的软盘感染引导区，从而蔓延到硬盘进而感染主引导记录实现的。

（2）文件型病毒。文件型病毒又称为寄生型病毒。它运行在计算机的内存和外存（U盘、移动硬盘等）中，一般对扩展名为.com、.exe、.sys等的文件进行感染。

（3）混合型病毒。混合型病毒因具有引导区型病毒和文件型病毒两者的特点而得名。

（4）宏病毒。文字文稿软件Word、电子表格软件Excel等这些文档中使用的命令序列或者小程序称为宏，这些应用软件中的计算机病毒称为宏病毒。由于办公软件的普及，使用Word、Excel等软件的人非常多，而宏病毒的编制只需使用简单的Basic语言，导致现在宏病毒较多。

宏病毒最大的特点是它不同于传统的病毒需依赖于操作系统，只要有应用程序的支持，无须任何改动就可以在许多平台上运行。例如，Microsoft Word宏病毒能在任何安装过Microsoft Word的系统中运行，并破坏计算机。

3. 按照属性分类

（1）网络病毒。网络病毒的传播是在网络中进行的，一般感染一些可执行文件。

（2）文件型病毒。文件型病毒能够感染计算机中的文件，例如扩展名为.dll、.exe、.doc等的文件。

（3）引导区型病毒。引导区型病毒能够感染启动扇区和硬盘系统引导扇区。

除此之外，还有以上3种情况的混合型，通常这些类型具有复杂的算法，且使用了加密和变形算法。

4. 按照算法分类

（1）伴随型病毒。伴随型病毒根据算法产生.exe文件的伴随体，不改变文件本身，具有同样的文件名和不同的扩展名，例如，files.exe的伴随体是files-com。

（2）蠕虫型病毒。蠕虫型病毒的传播是在计算机网络中进行的，借助计算机网络从一台计算机的内存传播到其他计算机的内存，计算机的文件和资料信息将不被改变。蠕虫型病毒可以在操作系统中出现，只占用内存而并不占用其他资源。

（3）寄生型病毒。除伴随型病毒和蠕虫型病毒之外，其他病毒均可称为寄生型病毒。其通过系统的功能进行传播，一般依附在系统的引导扇区或文件之中，按其算法不同还可以细分为练习型病毒、诡秘型病毒、变形病毒等多种类型。

1.5.4 计算机感染病毒的症状

计算机被病毒感染后，会出现不同的“症状”。

1. 不能正常启动

通电后计算机不能启动，或者可以启动，但所需要的启动时间比原来的启动时间长了。有时会突然出现黑屏现象。

2. 运行速度降低

如果发现在运行某个程序时，读取数据的时间比原来长，保存文件或读取文件的时间都增加了，那就可能是病毒造成的。

3. 内存空间变小

由于病毒程序可进驻内存，而且又能复制，因此它可使内存空间变小（甚至变为“0”），用户什么信息也存不进去。

4. 文件长度和内容有所改变

一个文件存入磁盘后，它的长度和内容一般都不会改变，可是由于病毒的干扰，文件长度可能改变，文件内容中也可能出现乱码。有时文件内容无法显示或显示后又消失了。

5. 经常出现“死机”现象

正常的操作是不会出现死机现象的，即使是初学者，命令输入错误也不会造成死机。如果计算机经常死机，那可能是系统被病毒感染了。

6. 外部设备工作异常

因为外部设备受系统的控制，如果机器感染病毒，外部设备在工作时可能会出现一些异常情况，甚至出现一些用理论或经验说不清、道不明的现象。

以上仅列出一些比较常见的感染病毒的症状，如果遇到一些其他的特殊现象，就需要由用户自己判断了。

1.5.5 计算机病毒的防范

随着网络的发展，信息的传播越来越快捷，也给病毒的传播带来便利，互联网的普及使病毒在一夜之间传遍全球成为可能。现在，几乎每一位计算机用户都有过被病毒侵扰的经历。经历过病毒入侵、文件丢失、系统损坏的用户，都会意识到病毒的危害，也会产生防范病毒的意识，可究竟怎么防范病毒呢?

首先，防病毒软件不是万能的。很多人认为，只要装上了防病毒软件，就可以高枕无忧了，其实这是错误的观点。现在的病毒普遍利用系统的漏洞进行攻击，通过大范围的网络地址扫描，将自己传播出去。那么，如何才能有效地保护系统不受病毒感染呢？关键是要及时给系统安装补丁。系统的补丁会将病毒利用的漏洞堵死，将病毒拒绝在系统之外，有效地保护系统。

有了系统补丁和安全的密码，这样系统基本上是安全的，但还不是100%的安全。还需要安装杀毒软件，它可以帮助你防范邮件和网页中的病毒，以及从网上下载的文件或和朋友交流的文件中的病毒。同时，杀毒软件还能够及早地发现病毒，保护文件不被病毒感染。

要想有效地防范病毒，要做到以下几方面。

① 及时给系统安装补丁，设置安全的密码。如果你的计算机上没有安装防病毒软件，最好安装一个。下载防病毒软件相当容易，下载后可以按照安装向导进行操作。

② 定期扫描你的系统。如果你是第一次启动防病毒软件，最好让它扫描一下你的系统。干净并且无病毒地启动你的计算机是很好的一件事情。通常，防病毒软件都能够设置成在计算机每次启动时扫描系统或者定期扫描系统。一些软件还可以在你连接到互联网时在后台扫描系统。定期扫描系统是否感染病毒，最好成为习惯。

③ 更新你的防病毒软件，既然你安装了防病毒软件，就应该确保它是最新的。一些防病毒软件带有自动连接互联网，并且只要软件厂商发现了一种新的威胁就会添加新的病毒探测代码的功能。你还可以在防病毒软件的扫描系统中查找最新的安全更新文件。

④ 不要乱单击链接和下载软件，特别是那些网站中含有明显错误的网页。如需要下载软件，请到官方网站上下载。不要访问无名和不熟悉的网站，防止受到恶意代码攻击或是恶意篡改注册表和主页。

⑤ 安装软件时，不要安装其携带软件，一旦安装了流氓软件，就很难删除，一般都需要重装系统才能清除。

⑥ 不要轻易执行附件中的.exe和.com等可执行程序，这些附件极有可能带有计算机病毒，轻易运行，很可能带来不可预测的结果。对于认识的朋友和陌生人发过来的电子邮件中的可执行程序附件都必须检查，确定无异常后才可使用。

⑦ 不要轻易打开附件中的文档文件，对方发送过来的电子邮件及相关附件的文档，首先要用“另存为”命令保存到本地硬盘，待用杀毒软件检查无毒后才可以打开使用。如果双击.doc、.xls等附件文档，会自动启用Word或 Excel，如有附件中有计算机病毒则会立刻感染；如有是否启用宏的提示，那绝对不要轻易打开，否则极有可能传染上计算机病毒。

⑧ 不要直接运行附件，对于文件扩展名很奇怪的附件，或者是带有脚本文件（如.vbs文件、.shs文件等）的附件，千万不要直接打开，可以删除包含这些附件的电子邮件。

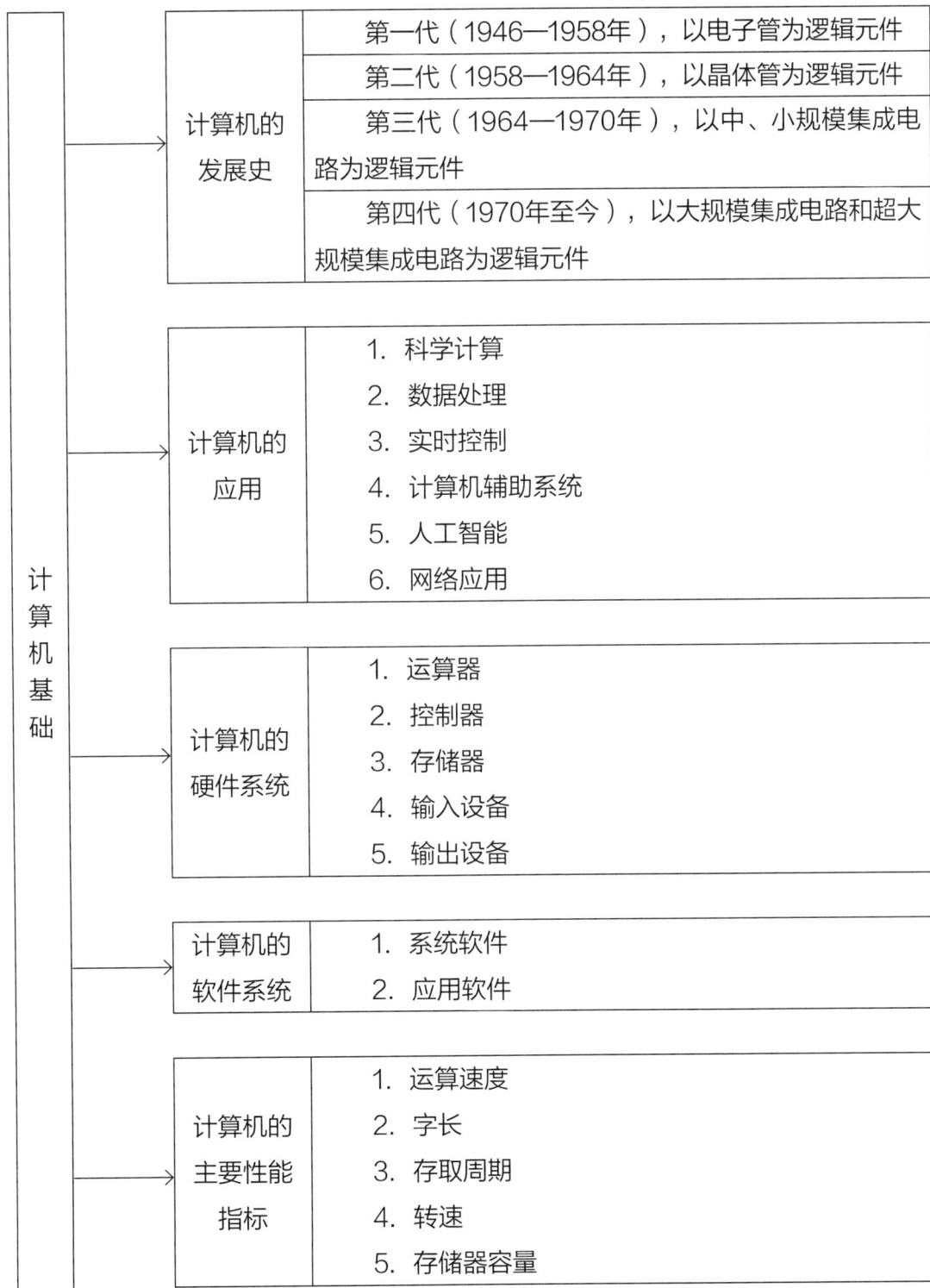

【学习笔记】

- 计算机基础
  - 计算机的发展史
    - 第一代（1946—1958年），以电子管为逻辑元件
    - 第二代（1958—1964年），以晶体管为逻辑元件
    - 第三代（1964—1970年），以中、小规模集成电路为逻辑元件
    - 第四代（1970年至今），以大规模集成电路和超大规模集成电路为逻辑元件
  - 计算机的应用
    1. 科学计算
    2. 数据处理
    3. 实时控制
    4. 计算机辅助系统
    5. 人工智能
    6. 网络应用
  - 计算机的硬件系统
    1. 运算器
    2. 控制器
    3. 存储器
    4. 输入设备
    5. 输出设备
  - 计算机的软件系统
    1. 系统软件
    2. 应用软件
  - 计算机的主要性能指标
    1. 运算速度
    2. 字长
    3. 存取周期
    4. 转速
    5. 存储器容量

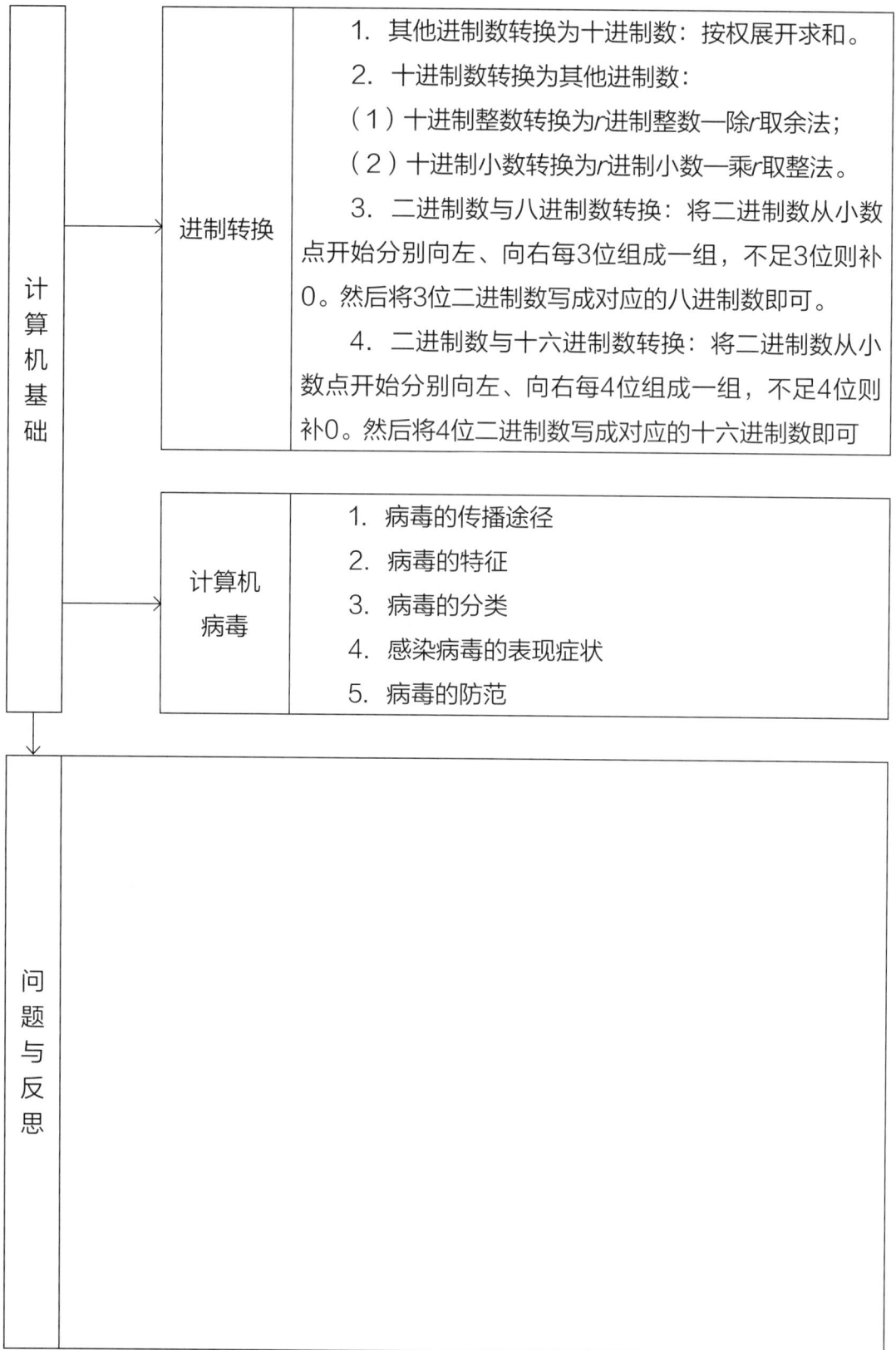

<table>
<tr><td rowspan="2">计算机基础</td><td>进制转换</td><td>1. 其他进制数转换为十进制数：按权展开求和。
2. 十进制数转换为其他进制数：
（1）十进制整数转换为r进制整数—除r取余法；
（2）十进制小数转换为r进制小数—乘r取整法。
3. 二进制数与八进制数转换：将二进制数从小数点开始分别向左、向右每3位组成一组，不足3位则补0。然后将3位二进制数写成对应的八进制数即可。
4. 二进制数与十六进制数转换：将二进制数从小数点开始分别向左、向右每4位组成一组，不足4位则补0。然后将4位二进制数写成对应的十六进制数即可</td></tr>
<tr><td>计算机病毒</td><td>1. 病毒的传播途径
2. 病毒的特征
3. 病毒的分类
4. 感染病毒的表现症状
5. 病毒的防范</td></tr>
<tr><td>问题与反思</td><td colspan="2"></td></tr>
</table>

考核评价

年级：______ 专业：______ 班级：______ 学号：______ 成绩：______

一、单选题（每题3分，共48分）

1. 完整的计算机由（　　）组成。
   A. 运算器、控制器、存储器、输入设备和输出设备
   B. 主机和外部设备
   C. 硬件系统和软件系统
   D. 主机、显示器、键盘、鼠标、打印机
2. 以下软件中，（　　）不是操作系统软件。
   A. Windows XP　　B. UNIX
   C. Linux　　D. Microsoft Office
3. 任何程序都必须加载到（　　）中才能被CPU执行。
   A. 磁盘　　B. 硬盘　　C. 内存　　D. 外存
4. 下列设备中，属于输出设备的是（　　）。
   A. 显示器　　B. 键盘　　C. 鼠标　　D. 手写板
5. 计算机信息计量单位中的K代表（　　）。
   A. 10^2　　B. 2^{10}　　C. 10^3　　D. 2^8
6. RAM代表的是（　　）。
   A. 只读存储器　　B. 高速缓冲存储器
   C. 随机存储器　　D. 软盘存储器
7. 组成计算机的CPU的两大部件是（　　）。
   A. 运算器和控制器　　B. 控制器和寄存器
   C. 运算器和内存　　D. 控制器和内存
8. 微机的内存容量主要指（　　）的容量。
   A. RAM　　B. ROM　　C. COM　　D. Cache
9. 十进制数27对应的二进制数为（　　）。
   A. 1011　　B. 1100　　C. 10111　　D. 11011
10. 汉字的拼音输入码属于汉字的（　　）。
   A. 外码　　B. 内码　　C. ASCII码　　D. 标准码
11. 可被计算机直接执行的程序是由（　　）语言编写的。
   A. 机器　　B. 汇编　　C. 高级　　D. 网络
12. 从本质上讲，计算机病毒是一种（　　）。
   A. 细菌　　B. 文本　　C. 程序　　D. 微生物
13. 世界上第一台电子计算机诞生于（　　）。
   A. 1941年　　B. 1946年　　C. 1949年　　D. 1950年

14. 世界上首次提出存储程序控制原理的是（　　）
   A. 莫奇来　　B. 艾伦·图灵
   C. 乔治·布尔　　D. 冯·诺依曼
15. 世界上第一台电子数字计算机采用的主要逻辑元件是（　　）。
   A. 电子管　　B. 晶体管　　C. 继电器　　D. 光电管
16. 下列叙述正确的是（　　）
   A. 世界上第一台电子计算机ENIAC首次实现了“存储程序”方案
   B. 按照计算机的规模，人们把计算机的发展过程分为4个阶段
   C. 微机最早出现于第三代计算机中
   D. 冯·诺依曼提出的计算机体系结构奠定了现代计算机的结构理论基础

二、判断题（每题3分，共18分）

1. 计算机软件系统分为系统软件和应用软件两大部分。（　　）
2. 三位二进制数对应一位八进制数。（　　）
3. WPS是一种系统软件。（　　）
4. 汇编程序就是用多种语言汇合编写的程序。（　　）
5. 计算机中安装防火墙软件后就可以防止计算机着火。（　　）
6. 只要是网上提供的音乐，都可以随便下载使用。（　　）

三、填空题（每题3分，共12分）

1. 计算机的指令由（　　）和操作数或地址码组成。
2. 十六进制数3D8用十进制数表示为（　　）。
3. （　　）是安装在计算机显示器或任何监视器表面的一种输入设备。
4. 通常人们把计算机信息系统的非法入侵者称为（　　）。

四、简答题（前两道题每题5分，后2道题每题6分，共22分）

1. 简述如何防御计算机病毒。
2. 简述计算机发展的4个阶段和计算机时代的开始时间。
3. 简述计算机的主要性能指标。
4. 简述计算机中为什么要采用二进制及二进制的基本运算规则。

项目2 操作系统基础与应用

02

在计算机中，操作系统是最基本、最重要的基础性系统软件之一。操作系统是管理计算机硬件与软件资源的计算机程序。操作系统可管理与配置内存、决定系统资源供需的优先次序、控制输入设备与输出设备、操作网络与管理文件系统等。此外，操作系统提供一个让用户与系统交互的操作界面。

本项目首先介绍了操作系统的背景知识，然后以银河麒麟操作系统为例来讲解操作系统基本操作、文件管理器、控制面板及附属工具等内容，以帮助读者快速掌握操作系统的使用方法。

学习目标

知识目标

（1）了解操作系统在计算机中的功能和作用

（2）了解国产操作系统

（3）掌握桌面图标、任务栏和开始菜单的相关知识

（4）了解文件管理器在操作系统中的功能

（5）了解操作系统文件目录

（6）理解操作系统中控制面板对完成系统设置的作用

能力目标

（1）掌握操作系统中关于桌面图标、任务栏和开始菜单的基本操作

（2）掌握文件及文件夹的创建和常用操作

（3）掌握控制面板中计算机常用的设置

（4）了解操作系统提供的部分常用附属工具的使用

素养目标

（1）培养学生的爱国主义精神和民族自豪感，建立专业自信心

（2）树立学生勇于创新和敢于挑战的担当意识

知识图谱

操作系统知识图谱如图2-1所示。

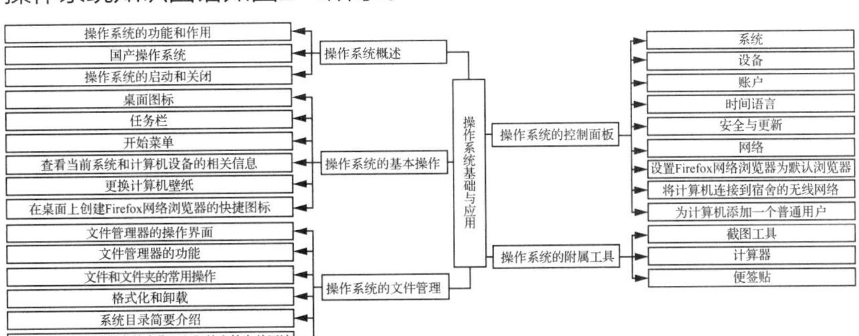

图2-1　操作系统知识图谱

2.1 操作系统概述

微课 08

扫码看视频

最初的计算机没有操作系统，人们通过各种按钮来控制计算机，后来出现了汇编语言，操作人员通过有孔的纸带将程序输入计算机进行编译。这些将语言内置的计算机只能由操作人员自己编写程序来运行，不利于程序、设备的共用。为了解决这种问题，出现了操作系统，很好地实现了程序、设备的共用，以及对计算机硬件资源的管理。

任务描述

刚刚步入大学的张明同学打算购买一台计算机。为了购买适合自己的计算机，张明同学除了需要了解计算机的硬件配置参数外，还需要了解计算机操作系统的相关知识。例如，了解目前常见的几款国产操作系统及目前主流的商用操作系统。

任务分析

作为刚上大学的新生，计算机是学习过程中不可或缺的工具。操作系统是计算机中较为重要的基础性系统软件，所以张明需要先了解国产操作系统的以下知识。

- 操作系统的功能和作用。
- 常见的国产操作系统。
- 操作系统的启动和关闭等基础功能。

相关知识

2.1.1 操作系统的功能和作用

操作系统是管理和控制计算机硬件与软件资源的计算机程序，是直接运行在“裸机”上的最基本的系统软件，任何其他软件都必须在操作系统的支持下才能运行。

计算机的操作系统就像一座桥梁，连接着用户与计算机的硬件部分，使得用户可以通过简易的操作对计算机进行控制。操作系统的具体功能和作用可通过以下两方面理解。

一方面，操作系统可以改造裸机，使其功能更强大，使用更方便。操作系统可以对计算机的各项资源板块（包括软硬件设备、数据信息等）进行调度，运用计算机操作系统可以减少人工分配资源的工作强度。同时操作系统在计算机程序的辅助下，可以抽象处理计算机提供的各项基础资源，以可视化的手段来向用户展示功能，降低计算机的使用难度。

另一方面，操作系统可以有效管理系统中的软硬件资源，使其得到充分利用。在资源管理方面，如果由多个用户共同来管理一个计算机，那么可能就会有冲突存在于用户的信息共享当中。为了更加合理地分配计算机的各个资源板块，协调计算机的各个组成部分，就需要充分发挥计算机操作系统的职能，对各个资源板块的使用效率和使用程度进行最优的调整，使各个用户的需求都能够得到满足。

操作系统并不是与计算机硬件一起诞生的。它是在人们使用计算机的过程中，为了满足提高资源利用率、增强计算机系统性能这两大需求，伴随着计算机技术本身及其应用的日益发展，而逐步地形成和完善的。

2.1.2 国产操作系统

国产操作系统多为以Linux为基础二次开发的操作系统。2014年4月8日起，美国微软公司停止了对Windows XP SP3操作系统提供服务支持，这引起了社会和用户的广泛关注和对信息安全的担忧。2020年，Windows 7服务支持的终止再一次推动了国产操作系统的发展。

1. 优麒麟操作系统

优麒麟（Ubuntu Kylin）是由CCN开源创新联合实验室（CSIP、Canonical、国防科大）与麒麟软件有限公司主导开发的全球开源项目，作为Ubuntu的官方衍生版本。该实验室专注于研发“友好易用，简单轻松”的桌面环境，致力于为全球用户带来更智能的用户体验，优麒麟也成为Linux开源桌面操作系统新领航。优麒麟开源操作系统自2013年创建至今，已累计发行16个版本，下载量超过3200万次，向开源社区贡献代码数百万行，在全球范围内拥有众多活跃用户。图2-2所示为优麒麟操作系统Logo。

图2-2 优麒麟操作系统Logo

2. 中标麒麟操作系统

中标麒麟操作系统是一款面向桌面应用的图形化操作系统，针对x86及龙芯、申威、众志、飞腾等国产CPU进行自主开发，率先实现了对x86及国产CPU的支持，提供性能优越的操作系统产品。通过进一步对硬件外部设备的适配支持、对桌面应用的移植优化和对应用场景解决方案的构建，可完全满足项目支撑、应用开发和系统定制的需求。该系统除了具备基本功能外，还可以根据客户的具体要求，针对特定软、硬件环境，提供定制化解决方案，实现性能优化和个性化功能定制。图2-3所示为中标麒麟操作系统Logo。

图2-3 中标麒麟操作系统Logo

3. 深度操作系统

深度操作系统（deepin）是基于Linux内核，以桌面应用为主的开源GNU/Linux操作系统，支持笔记本计算机、台式机和一体机。深度操作系统包含深度桌面环境、深度原创应用及数款来自开源社区的应用软件，足以支撑广大用户日常的学习和工作。深度操作系统是我国第一个具备国际影响力的Linux发行版，支持30多种语言，用户遍布除了南极洲的其他六大洲。图2-4所示为深度操作系统Logo。

图2-4　深度操作系统Logo

4. 银河麒麟操作系统

银河麒麟操作系统是由国防科大、中软公司、联想公司、浪潮集团和民族恒星公司合作研制的闭源服务器操作系统。研发此操作系统的目的是打破国外操作系统的垄断，即研发一套我国自主知识产权的服务器操作系统。银河麒麟高级服务器操作系统V10是一款简单易用、稳定高效、安全创新的新一代图形化操作系统，现已适配国产主流软硬件产品，同源支持飞腾、鲲鹏、海思麒麟、龙芯、申威、海光、兆芯等国产CPU和Intel、AMD平台，通过对功耗管理、内核锁及页拷贝、网络、虚拟文件系统（Virtual File System，VFS）、接口规范等进行针对性的深入优化，大幅提升系统的稳定性和性能。图2-5所示为银河麒麟操作系统Logo。

图2-5　银河麒麟操作系统Logo

银河麒麟操作系统及相关衍生产品已成功应用于电力、金融、能源、教育等行业，基于银河麒麟操作系统和飞腾CPU的自主可控产品及方案已经成为我国自主安全可控信息系统的核心技术应用。2020年，银河麒麟操作系统V10被中央电视台等4家媒体联合评选为“2020年国内十大科技新闻”，同时被国务院国有资产监督管理委员会评选为“2020年十大央企国之重器”，这也大大提升了国人的民族自豪感。

2.1.3　操作系统的启动和关闭

开启计算机主机箱和显示器的电源开关，银河麒麟操作系统将载入内存，接着开始对计算机的主板和内存等进行检测，启动完成后将进入银河麒麟操作系统欢迎界面。若只有一个用户且没有设置用户密码，则直接打开系统桌面。如果系统存在多个用户且设置了用户密码，则需要选择用户并输入正确的密码才能进入系统，启动界面如图2-6所示。

计算机操作结束后，可通过单击“开始菜单”→“电源”选择关闭计算机从而关闭操作系统。除“关机”操作外，还可通过“切换用户”“睡眠”“锁屏”“注销”和“重启”等操作来退出操作系统，关闭界面如图2-7所示。

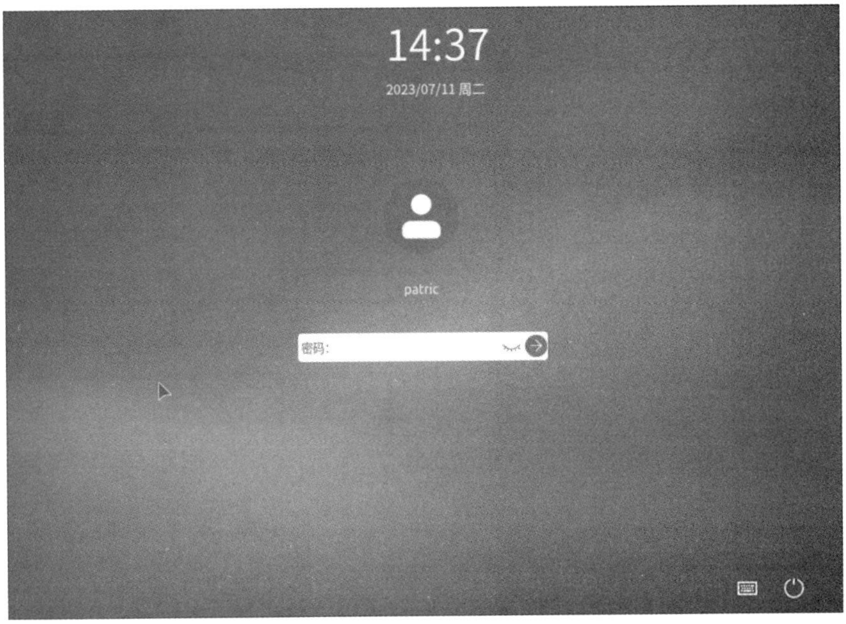

图2-6　启动界面

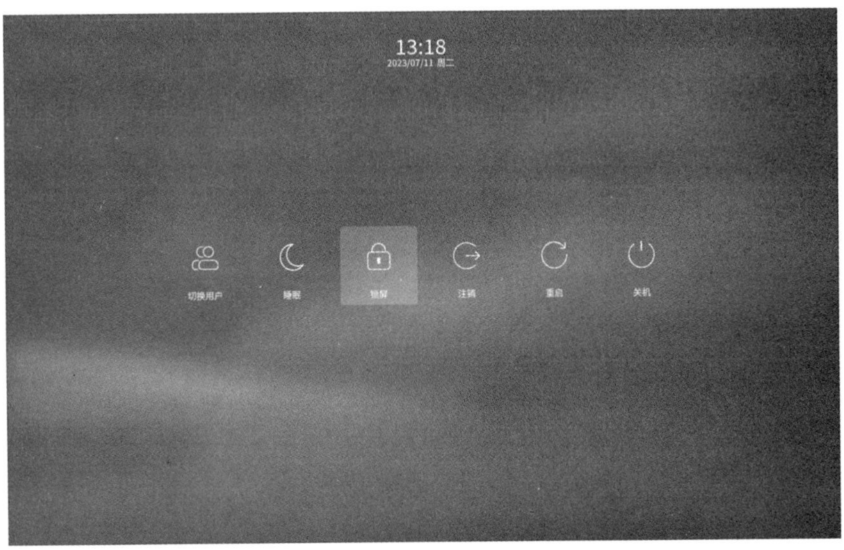

图2-7　关闭界面

- **锁屏：**当用户需要暂时离开，为防止误操作，同时不希望其他用户操作计算机时，可以选择“锁屏”。需要恢复时，输入密码即可。
- **切换用户：**用户可以通过“切换用户”选择登录另外一个账户，选择后会跳转到登录界面。此时，系统会关闭当前用户所有正在运行的应用。
- **睡眠：**选择后，当前系统被保存到内存中，计算机转入低功耗状态。通过在桌面上移动鼠标可唤醒系统，恢复到睡眠前的状态。
- **注销：**选择后，退出当前用户，回到登录界面，此时，系统会关闭当前用户所有正在运行的应用。
- **重启：**选择后，关闭当前用户和运行的程序，重新启动计算机。

2.2 操作系统的基本操作

微课 09

扫码看视频

图形界面几乎被现在所有的主流操作系统及应用程序使用，这是因为它提供了极好的人机交互接口，降低了利用计算机资源和使用操作系统的难度。随着科技的发展，操作系统图形界面越来越符合“移动互联”时代人们的使用习惯。不同操作系统的基本操作大致相同，但仍存在着细微的差异。

任务描述

张明同学已经对操作系统有了基本的了解，最终购买了一台搭载银河麒麟操作系统的计算机，他现在非常想知道计算机的基本操作，也就是在操作系统中该如何进行基本操作。首先，他打算进入操作系统后，看看桌面上都有哪些内容，功能分别是什么。同时，他打算查看购买的计算机的硬盘、内存和系统版本等的相关配置信息，并且将计算机壁纸更换为自己喜欢的图片。

任务分析

操作系统提供了一个让用户与系统交互的操作界面。因此学习计算机的基本操作，其实就是学习操作系统的基本操作，操作系统中最先体验到的就是系统桌面和开始菜单的信息，所以本任务分为以下两点。

- 了解银河麒麟操作系统的桌面元素。
- 了解银河麒麟操作系统的开始菜单。

相关知识

张明启动计算机后，一下就被银河麒麟操作系统的外观吸引了。映入他眼帘的是银河麒麟操作系统的桌面，它包含两个主要部分，分别是桌面图标、任务栏，如图2-8所示。

图2-8 银河麒麟操作系统的桌面

左上角默认有3个桌面图标，竖向排列，后续增加的图标会遵循“由上到下，由左到右”的顺序进行排列；任务栏是最下面的深色长条，最左侧的按钮即开始菜单。

2.2.1 桌面图标

1. 图标含义

一个桌面图标由图标、名字和说明文字3部分组成。图标和名字上下排列，将鼠标指针移动到图标或者名字上并停留，会弹出说明文字。

银河麒麟操作系统桌面默认有3个桌面图标，如图2-9所示分别是计算机、回收站和个人文件夹。其中，个人文件夹显示的名字为个人用户名，如图2-9所示的“patric”。

这3个默认的桌面图标的功能如表2-1所示。

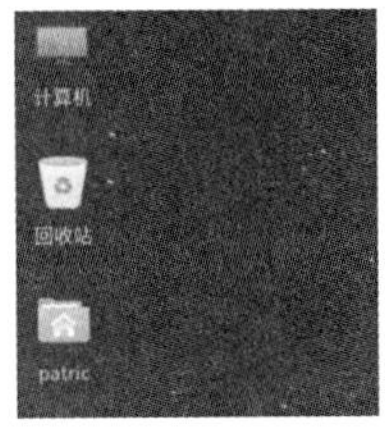

图2-9 桌面图标

表2-1 默认的桌面图标的功能

图标	说明
	计算机：显示连接到本机的驱动和硬件
	回收站：显示被删除的文件
	个人文件夹：显示个人主目录

2. 鼠标操作

双击桌面图标可打开图标对应的程序或者文件。

右击桌面图标可打开对应的属性菜单，如图2-10所示。

在桌面空白处右击，出现的快捷菜单如图2-11所示，其中为用户提供了一些快捷功能。

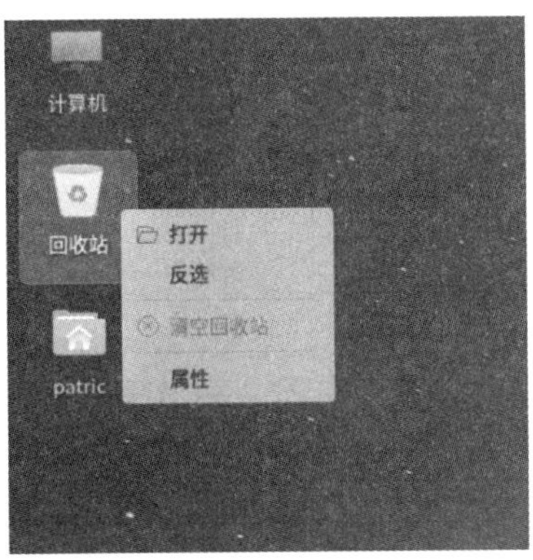

图2-10 属性菜单

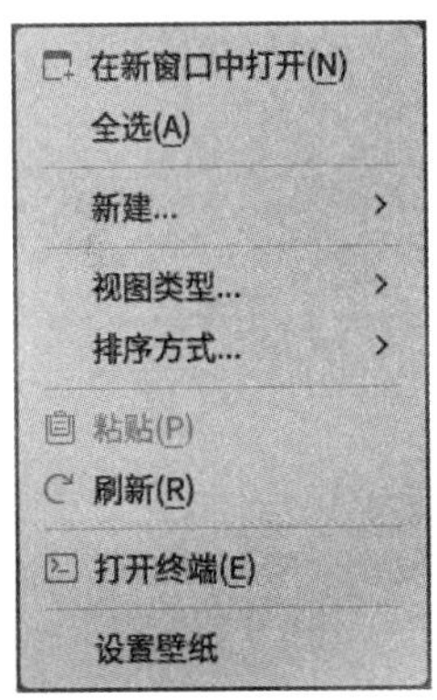

图2-11 快捷菜单

图2-11所示的快捷菜单中的部分命令说明如表2-2所示。

表2-2　图2-11所示的快捷菜单中的部分命令说明

命令	说明
新建	可新建文件夹、文本文档、WPS 文件等
视图类型	提供 4 种视图类型：小图标、中图标、大图标、超大图标
排序方式	提供多种排列图标的方式
设置壁纸	供用户更换桌面背景

3. 桌面背景

桌面背景是系统桌面显示的背景图案，也称为壁纸。系统安装后会有默认的桌面背景。用户可以根据自己的喜好对桌面背景进行更改。除了选择系统预置的图片，用户还可以选择自定义的图片作为桌面背景。

2.2.2　任务栏

任务栏默认位于桌面的最下方，是一个水平长条。与桌面有所不同，桌面可以被打开的窗口覆盖，而任务栏几乎始终可见，用户也可以在控制面板中自定义任务栏的显示位置、隐藏方式等。

任务栏主要包括开始菜单、多窗口切换、文件管理器、快速启动栏、窗口显示区、托盘菜单和显示桌面几部分，如图2-12所示。

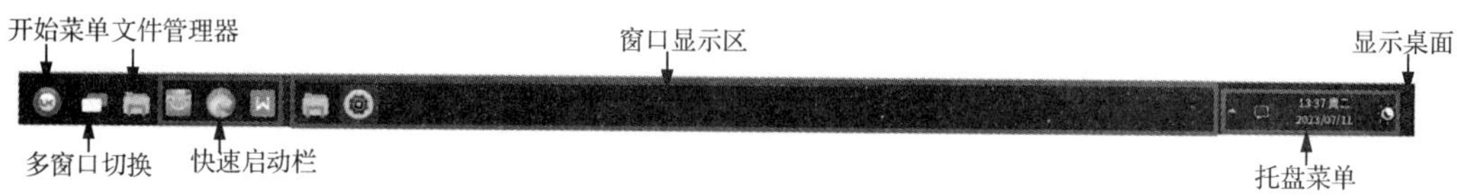

图2-12　任务栏

任务栏中各部分的说明描述如下。

开始菜单：用于弹出系统菜单，可查找应用和文件，打开大部分安装的软件和系统内置的工具，如控制面板等。

多窗口切换：可使多个工作区互不干扰地进行操作。

文件管理器：可浏览和管理系统中的文件。

快速启动栏：里面存放的是常用程序的快捷方式，用户可以自定义该区域，把自己喜欢和常用的程序固定在这里。

窗口显示区：是多任务工作时的主要区域之一，这里会显示所有已经打开的任务。用户在该区域中，可进行关闭窗口、窗口置顶操作。

托盘菜单：通过各种小图标形象地显示计算机软硬件的重要信息，如网络连接状态、音量、电池电量、键盘和输入方式、显示器亮度、时间等。

显示桌面：该部分的按钮位于任务栏最右侧，单击后，可以最小化桌面的所有窗口，再次单击则可以恢复窗口。

1. 工作区

我们的计算机可以同时打开多个任务，但桌面上无法同时容纳这么多的任务，单击任务栏的■图标，即可打开图2-13所示的工作区界面，在界面中可以选择当下需要在屏幕上显示的工作区。

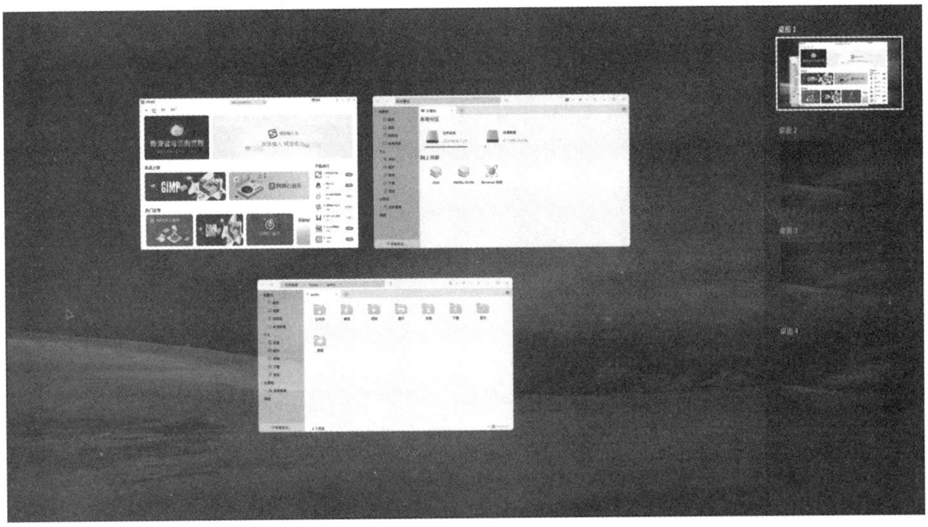

图2-13 工作区界面

2. 预览窗口

当用户想要预览未在桌面上显示的任务时，将鼠标指针移动到任务栏的应用图标上，即可对该应用进行小窗口预览。如图2-14所示，鼠标指针悬停在指定窗口，该窗口会呈现磨砂玻璃效果，其余窗口为默认状态。

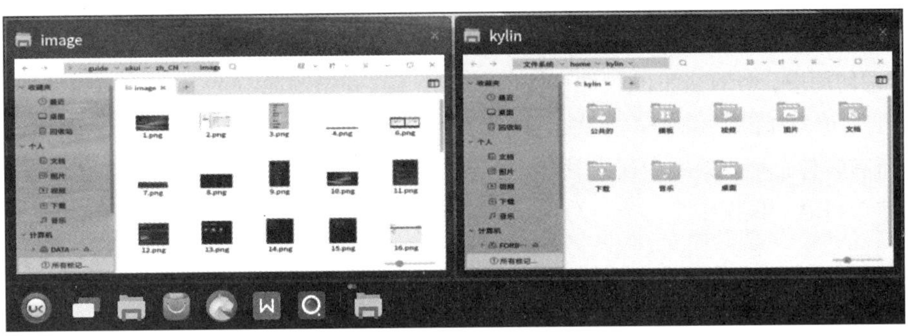

图2-14 预览窗口界面

右击任务栏的应用图标，可关闭该应用当前打开的所有窗口。

3. 设置任务栏

任务栏不是一成不变的。右击任务栏，用户可对任务栏进行设置，如图2-15所示。对于具体的各种设置选项，读者可以自行选择并查看变化。

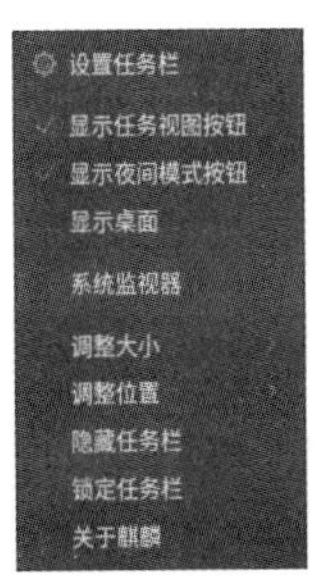

图2-15 设置任务栏

2.2.3　开始菜单

开始菜单功能非常强大，具有丰富的交互体验、简洁的交互界面、完善的交互功能。单击开始菜单，会按字母排序显示系统应用，如图2-16所示。

图2-16　开始菜单

1. 分类菜单

在日常使用中，计算机里的软件日益增多。为了在开始菜单中快速找到某软件，计算机在开始菜单的右上角提供了3种分类方式，分别为所有软件、字母排序、功能分类，说明如下。

- **所有软件**：列出系统中所有软件，并支持将软件固定至前端。
- **字母排序**：根据中文首字母分类显示系统所有软件，并支持通过字母导航。
- **功能分类**：根据功能分类显示系统所有软件，分类包括移动应用、网络、社交、影音、开发、图像、游戏、办公、教育、系统和其他。

如果感觉开始菜单界面较小，不方便查看和操作时，可以放大。单击右上角的全屏图标，进入全屏菜单界面，如图2-17所示。

图2-17　全屏菜单界面

2. 应用

当计算机上安装的应用太多，无法直接从开始菜单快速找到时，用户可以在搜索框中，通过关键字搜索应用。搜索功能支持中英文与首字母实时搜索，搜索结果会随着输入自动显示出来，如图2-18所示。

右击开始菜单中的某个应用，可将选中应用固定到所有软件或任务栏，让该应用能在开始菜单或任务栏里快速找到；也可选中“添加到桌面快捷方式”，在桌面上生成一个图标，通过在桌面上双击图标快速打开该应用；还可卸载该应用，把该应用从自己的计算机里永久删除，如图2-19所示。

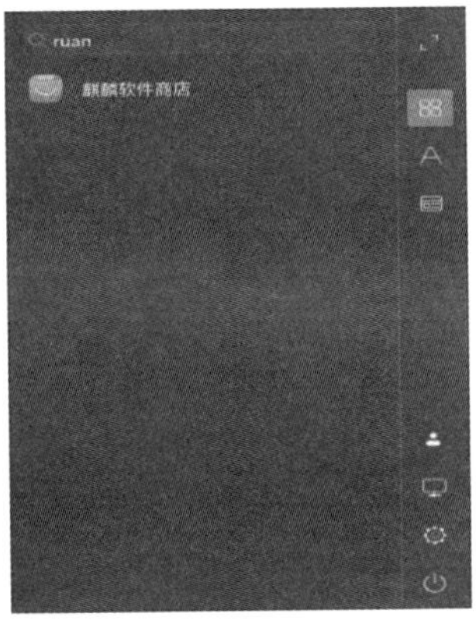

图2-18　搜索界面

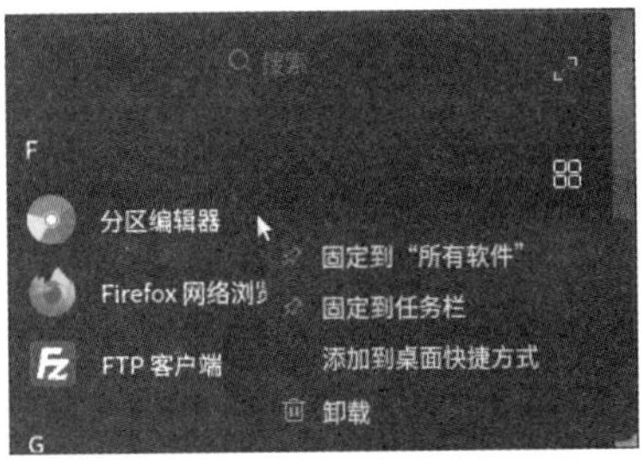

图2-19　右击应用

3. 快捷功能

单击，可查看用户信息。

单击，可进入计算机目录。

单击，可进入控制面板。

单击，可进入关闭界面。

大家可自行查看内部界面所呈现的相关信息。

任务实现

2.2.4　查看当前系统和计算机设备的相关信息

（1）右击桌面的“计算机”图标，弹出的快捷菜单如图2-20所示。

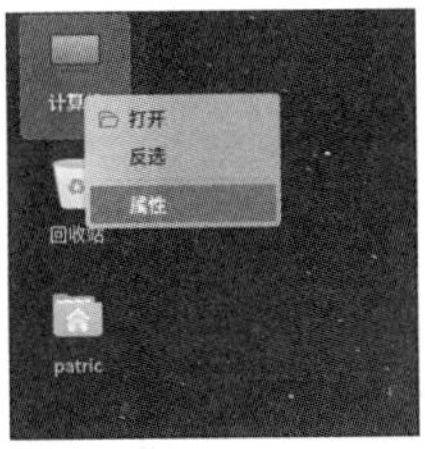

图2-20　弹出的快捷菜单

（2）选择“属性”命令，即可查看当前操作系统版本、内核版本、CPU型号、内存大小、硬盘大小、用户名和激活状态等信息，如图2-21所示。

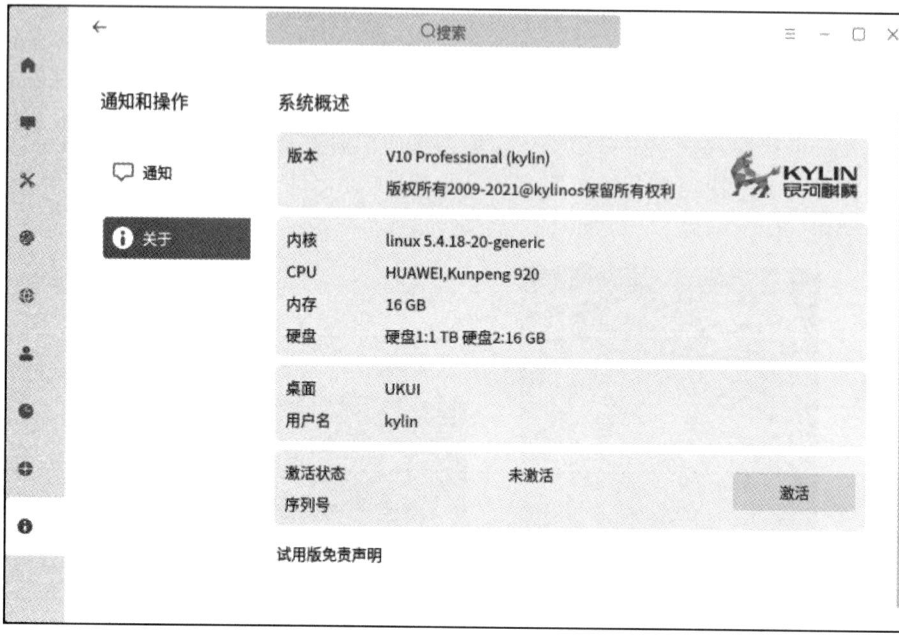

图2-21　系统概述界面

2.2.5　更换计算机壁纸

（1）在桌面空白处右击，弹出快捷菜单，如图2-22所示。

（2）选择“设置壁纸”命令，即可在打开的“个性化”窗口中通过选择图片来对系统桌面背景进行更换，如图2-23所示。更换壁纸后的系统桌面如图2-24所示。

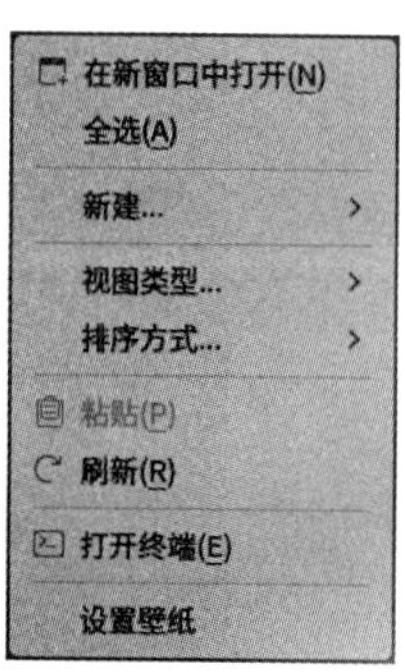

图2-22　快捷菜单

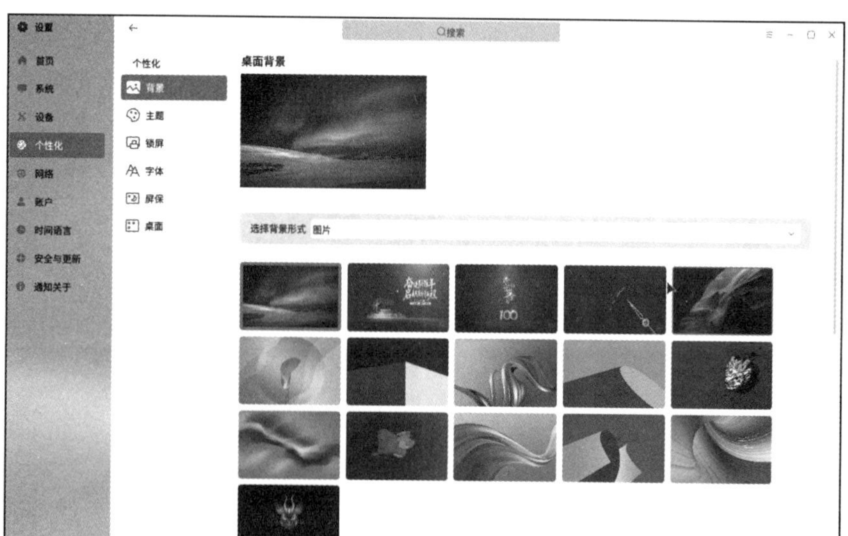

图2-23　“个性化”窗口

图2-24 更换壁纸后的系统桌面

2.2.6 在桌面上创建 Firefox 网络浏览器的快捷图标

（1）单击开始菜单，打开的界面按字母排序显示系统应用。

（2）在搜索框输入拼音“liulanqi”搜索计算机里都有哪些浏览器。

（3）右击“Firefox网络浏览器”，在弹出的快捷菜单中选择“添加到桌面快捷方式”，如图2-25所示。桌面上成功添加Firefox网络浏览器的快捷图标，如图2-26所示，双击该图标可打开浏览器浏览网页。

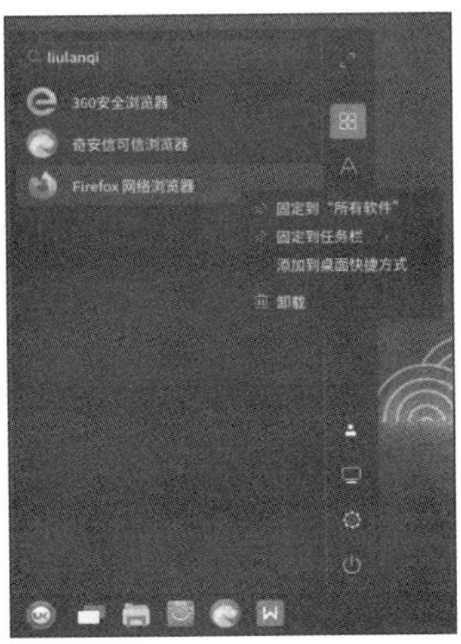

图2-25 开始菜单操作界面

图2-26 Firefox网络浏览器的快捷图标

2.3 操作系统的文件管理器

微课 10

扫码看视频

在现代计算机中，我们要用到大量的程序和数据，但因内存容量有限，且不能长期保存，故而平时总是把它们以文件的形式存放在外存中，需要时再随时将它们调入内存。如果由用户直接管理外存上的文件，不仅要熟悉外存特性、了解各种文件的属性以及它们在外存上的位置，而且在多用户环境下，还必须要保持数据的安全性和一致性。显然，这是用户难以胜任、也不愿意承担的工作。于是在操作系统中又增加了文件管理功能，即构建一个文件管理器，负责管理在外存上的文件，并把对文件的存取、共享和保护等手段提供给用户。这不仅方便了用户，保证了文件的安全性，还可有效地提高系统资源的利用率。文件管理器的使用正是化繁为简、化难为易的体现。

任务描述

张明学会了操作系统的基本操作后，发现大学的很多课程需要提交电子版作业，所以需要进一步了解并练习操作系统的文件管理，知道如何创建文件夹和文件，为以后在计算机上完成作业做好准备。作为练习，张明需要建立一个文件夹，以自己的学号和姓名为文件夹命名，在文件夹中建立一个空文本文件，最后将该文件夹压缩。

任务分析

张明对银河麒麟操作系统的基本操作已经有了初步的了解，为了完成练习，接下来需要了解以下几方面的知识。

- 银河麒麟操作系统的文件管理器。
- 文件和文件夹的常用操作。
- 文件存储设备的管理。
- 系统目录。

相关知识

2.3.1 文件管理器的操作界面

文件管理器是用来对文件和文件夹进行管理的主要工具，它支持对文件、文件夹进行新建、删除、修改、搜索等基本的管理操作。文件管理器窗口如图2-27所示。

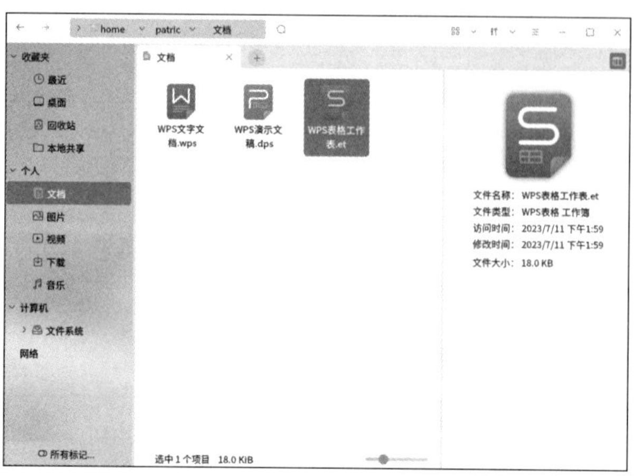

图2-27　文件管理器窗口

文件管理器窗口包含6个主要部分，分别是工具栏和地址栏、文件夹标签预览区、侧边栏、窗口区、状态栏、预览窗口。

1. 工具栏和地址栏

工具栏和地址栏是主界面最上方的部分，涉及操作的图标都属于工具栏，中间显示路径的部分是地址栏。

工具栏上图标的功能如表2-3所示。

表2-3　工具栏上图标的功能

图标	说明	图标	说明
←	返回上一级	→	前进
Q	搜索文件夹、文件等，提供高级搜索功能	⊞	选择文件视图模式（图标视图、列表视图）
⇅	选择排序方式（按文件名称、修改日期等）	≡	高级功能
—	最小化	□	最大化
×	关闭		

2. 文件夹标签预览区

文件夹标签预览区类似于浏览器的标签页，用户可通过文件夹标签预览区查看已打开的文件夹，并能够通过单击＋图标添加其他文件夹，如图2-28所示。通过文件夹标签预览区，用户可以非常快速地在不同的文件夹执行文件的移动、复制等操作，不需要为每个文件夹都打开一个窗口，极大地简化了操作的流程，提高了文件管理的效率。

3. 侧边栏

侧边栏用来显示常用的文件夹，提供操作系统中不同位置的快捷入口。同时，外接的移动设备、光驱、已连接的网络设备等也会在这里显示，如图2-29所示。

图2-28　文件管理器的文件夹标签预览区

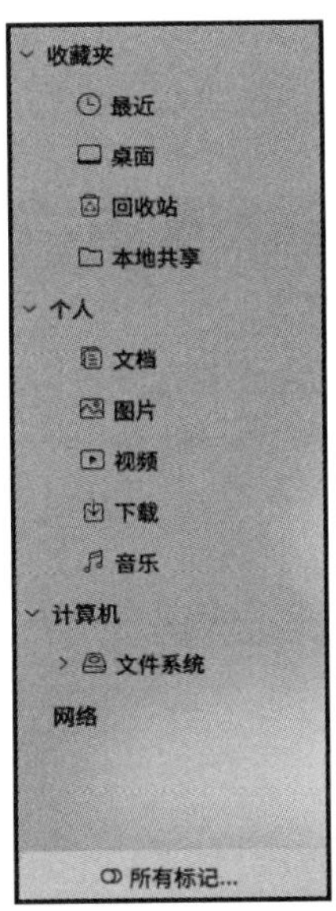

图2-29　文件管理器的侧边栏

4. 窗口区

窗口区列出了当前目录节点下的子目录和当前目录下的所有文件，如图2-30所示。在侧边栏中单击一个目录，其中的内容就会在此处显示。文件图标高亮表示该文件被选中，用户可以按键盘上的方向键对高亮的文件进行选择，也可以使用【Enter】键打开选中的文件或者【Space】键来预览高亮的文件。

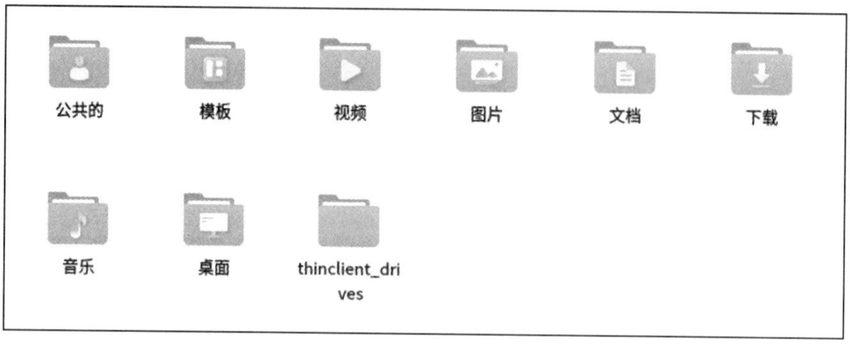

图2-30　文件管理器的窗口区

5. 状态栏

状态栏在文件管理器窗口最下方，用来描述当前的状态，如图2-31所示。具体来说，状态分为以下3种情况。

（1）选中文件夹，显示选中的文件夹的个数。

（2）选中文件，显示选中的文件的总大小。

（3）选中多个文件或文件夹，显示选中的项目总数（包括分区、移动设备等）。

图2-31　文件管理器的状态栏

状态栏右侧的滑动条用来控制缩放，拖动它可以对文件图标的大小进行调节。

6. 预览窗口

单击预览窗口右上角的预览图标 即可对文件详情进行预览。以表格文件为例，在预览窗口可查看文件名称、文件类型、访问时间、修改时间、文件大小等信息，如图2-32所示。

图2-32　文件管理器的预览窗口

2.3.2 文件管理器的功能

1. 查看文件和文件夹

用户可以使用文件管理器查看和管理本机以及本地存储设备（如外置硬盘、光驱等）、文件服务器和网络共享上的文件。在文件管理器中，双击任何文件夹，可以查看其内容（使用文件的默认应用程序打开它）；也可以右击文件夹，在新标签页或新窗口中打开它。

2. 切换视图模式

默认情况下，系统以图标形式显示出所有的文件和目录。

用户可通过单击图标来切换文件视图模式，如图2-33所示。

使用图标视图，文件管理器中的文件将以“大图标+文件名”的形式显示，如图2-34所示。

图2-33 文件视图模式

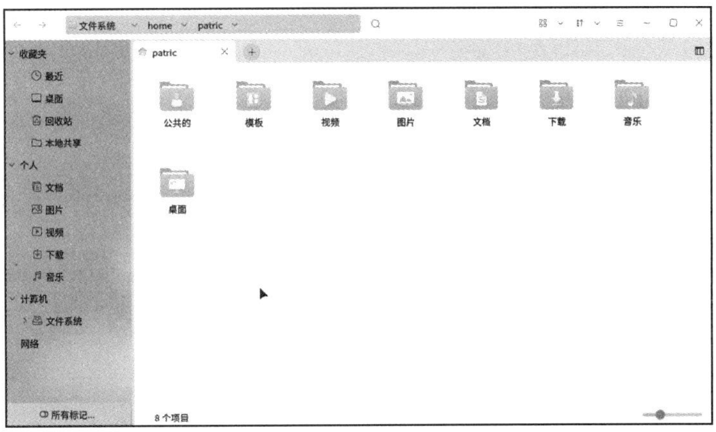

图2-34 图标视图

使用列表视图，文件管理器中的文件将以“小图标+文件名+文件信息”的形式显示，如图2-35所示。

图2-35 列表视图

3. 文件排序

用户在浏览文件时，可以用不同的方式对文件进行排序。文件的排序方式可以通过单击工具栏上的图标来更改，如图2-36所示，用户可以依照文件名称、修改日期、文件类型、文件大小等对文件进行排序，同时可以指定使用升序或者降序。

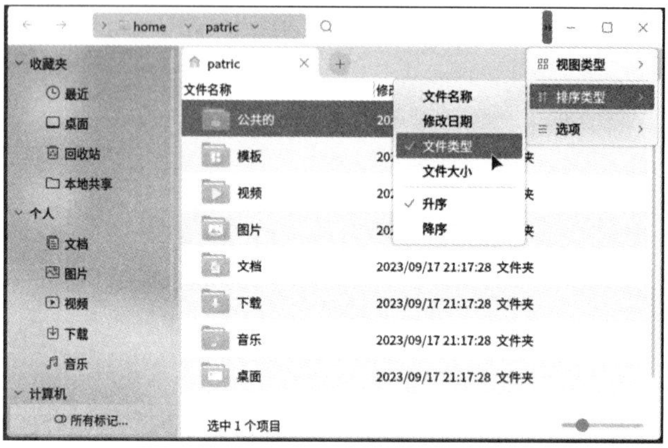

图2-36 文件排序

各种文件排序方式介绍如下。

（1）按文件名称排序：按文件名称以字母顺序排列。

（2）按修改日期排序：按上次修改文件的日期和时间排序，默认情况下会从最旧到最新排列。

（3）按文件类型排序：按文件类型以字母顺序排列，会将同类文件归并到一起，然后按名称排列。

（4）按文件大小排序：按文件大小（文件占用的磁盘空间）排序，默认情况下会从最小到最大排列。

（5）按升序/降序排序：根据对应的类型，按照从小到大或者从大到小的顺序排列。

4. 高级搜索

文件管理器为用户提供高级搜索功能，默认情况下使用简单搜索功能。

简单搜索功能：单击图标，可以打开搜索框，如图2-37所示。

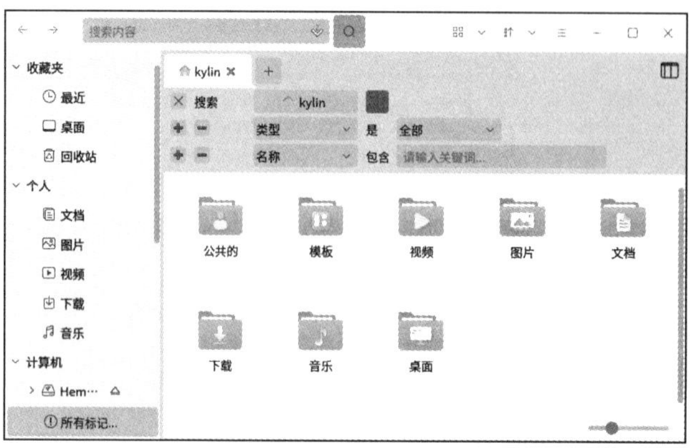

图2-37 简单搜索功能

在搜索框中输入内容然后按【Enter】键，或者稍等片刻（通常小于1秒）即可在当前目录下对文件进行搜索。

高级搜索功能：在当前目录下（包含当前目录的子文件夹），用户可自定义搜索条件，根据类型、文件大小、修改时间、名称等进行搜索。

展开高级搜索中全部类型的搜索条件，结果如图2-38所示。

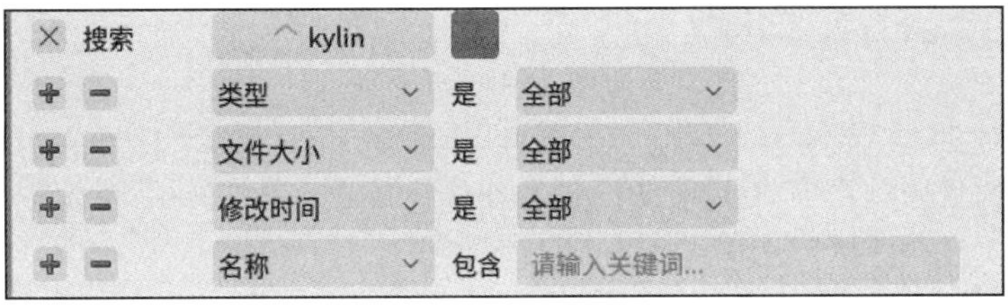

图2-38　高级搜索功能

2.3.3　文件和文件夹的常用操作

1. 复制

方式1：选中文件或文件夹，右击→选择“复制”→选择目标位置，右击→选择“粘贴”。

方式2：选中文件或文件夹，按【Ctrl+C】快捷键→选择目标位置→按【Ctrl+V】快捷键。

方式3：将选中的复制项目从其所在文件夹窗口拖动至目标文件夹窗口。

在方式3中，如果两个文件夹都在计算机的同一硬盘设备上，选中的复制项目将被移动；如果是从U盘拖动到系统文件夹中，选中的复制项目将被复制（因为这是从一个设备拖曳到另一个设备）。在同一设备上进行拖动复制，需要在拖动的同时按住【Ctrl】键。

2. 移动

方式1：选中文件或文件夹，右击→选择“剪切”→选择目标位置，右击→选择“粘贴”。

方式2：选中文件或文件夹，按【Ctrl+X】快捷键→选择目标位置→按【Ctrl+V】快捷键。

3. 删除

（1）删除至回收站

方式1：选中文件或文件夹，右击→选择“删除到回收站”。

方式2：选中文件或文件夹，按【Delete】键。

方式3：选中文件或文件夹，拖入桌面上的回收站。

若删除的文件为可移动设备上的，在未清空回收站的情况下弹出设备，可移动设备上已删除的文件在其他操作系统上可能看不到，但这些文件仍然存在；当设备重新插入删除该文件所用的系统时，将能在回收站中看到删除的文件。

（2）永久删除

方式1：在回收站中再次删除。

方式2：选中文件或文件夹，按【Shift+Delete】快捷键。

4. 重命名

方式1：选中文件或文件夹，右击→选择“重命名”。

方式2：选中文件或文件夹，按【F2】键。

若要撤销重命名，按【Ctrl+Z】快捷键即可。

2.3.4 格式化和卸载

在侧边栏中，右击接入系统的设备，出现的快捷菜单如图2-39所示。

卸载/弹出：这两项都有卸载移动设备的作用；区别在于卸载后系统中依然存在该设备（未挂载状态），弹出后则无法再在系统中找到该设备。

格式化：对于接入系统的设备，系统默认将其格式化为NTFS格式文件系统，如图2-40所示，用户可自行更改为Ext4或者VFAT格式；格式化过程中请勿移除设备，否则会产生异常，出现设备无法挂载等问题。

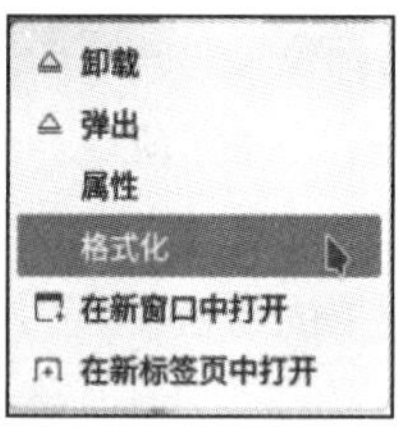

图2-39 快捷菜单

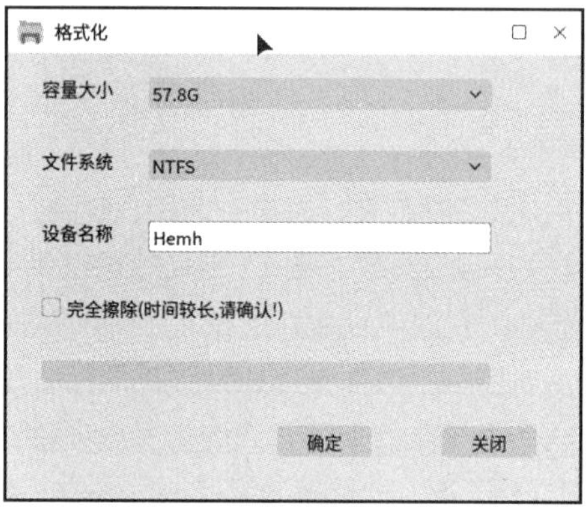

图2-40 “格式化”窗口

2.3.5 系统目录简要介绍

（1）/bin：存放普通用户可以使用的二进制文件。

（2）/boot：包含内核和其他系统程序启动时使用的文件。

（3）/dev：设备文件所在目录。在操作系统中设备以文件形式管理，可按照操作文件的方式对设备进行操作。

（4）/etc：系统的配置文件。

（5）/home：用户主目录的位置，保存用户文件，包括配置文件、文档等。

（6）/lib：包含许多由/bin中的程序使用的共享库文件。

（7）/opt：存放可选择安装的文件和程序，主要存放第三方开发者提供的软件包。

（8）/root：系统管理员（root或超级用户）的主目录。

（9）/usr：包括与系统用户直接相关的文件和目录，一些主要的应用程序保存在该目录下。

（10）/var：包含一些经常改变的文件。如假脱机（spool）目录、文件日志目录、锁文件和临时文件等。

任务实现

2.3.6　创建名为“张明（信息技术作业）”的文件夹并压缩

微课 11

扫码看视频

1. 新建文件夹

在系统桌面上打开个人文件夹，如图2-41所示，双击后会弹出文件管理器窗口。在文件管理器窗口的空白处右击，在弹出的快捷菜单中选择“新建”→“文件夹”，如图2-42所示。

图2-41　个人文件夹

图2-42　新建文件夹

2. 为新建的文件夹进行重命名

首先我们的文件夹名字不能重复，文件夹都应该有特定的名字，不能全部都叫“新建文件夹”。那么，如何给文件夹重新起名呢？

右击“新建文件夹”，选择“重命名”，如图2-43所示。文件名就会变成一个文本框，通过键盘输入文字可以修改文件名，命名为“张明（信息技术作业）”，如图2-44所示。

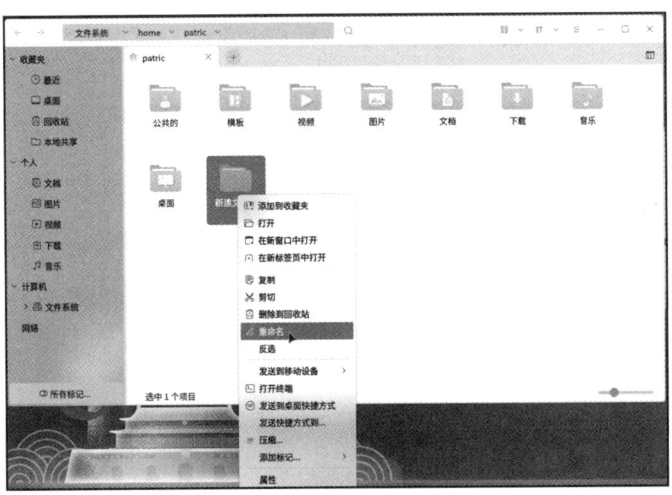

图2-43　重命名文件夹

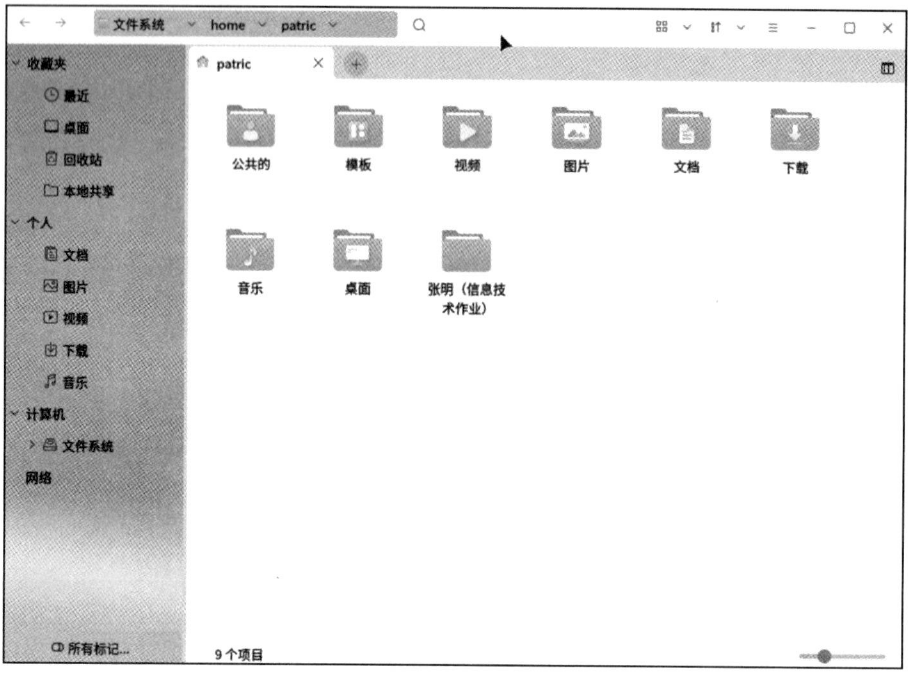

图2-44　文件夹创建完成

3. 新建空文本

文件夹只是我们存储各种文件的地方，是一个路径。在文件夹里面我们可以存放各种格式的文件，如音频、视频、Excel文件、Word文件和文本文件等。

双击文件夹并进入，在文件夹内右击，在弹出的快捷菜单中选择“新建”→“空文本”，如图2-45所示。

图2-45　新建空文本

4. 压缩文件夹

我们在通过通信工具发送文件时，通常不能发送一个文件夹，那么文件夹里面众多的文件如何发送给对方呢？逐个发送显然不是很明智的选择。我们可以对文件夹进行压缩，压缩后的文件夹，我们可以将其理解为一个文件。直接发送给对方后，对方通过解压工具对该文件进行解压，就又是一个文件夹了。同时使用压缩文件夹保存文件，可以节省计算机中的空间，因为一般来说，压缩后的文件夹的占用的空间要比正常文件夹占用的空间更小。

单击←图标返回上级目录，右击刚刚创建的“张明（信息技术作业）”文件夹，在弹出的快捷菜单中选择“压缩”，如图2-46所示。

在弹出的“压缩”对话框中，可对压缩后的文件夹进行重命名操作，也可选择压缩后的文件夹存放位置，还可选择压缩文件夹的格式（.tar、.zip等），如图2-47所示。单击“创建”按钮，即可生成与文件夹同名的压缩文件夹，如图2-48所示。

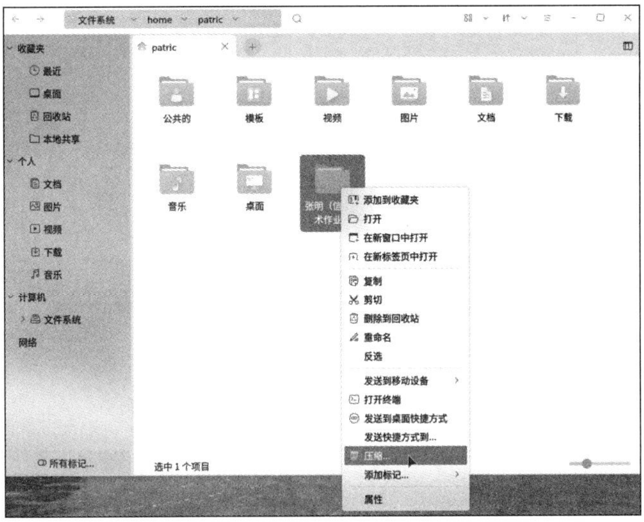

图2-46　压缩文件夹

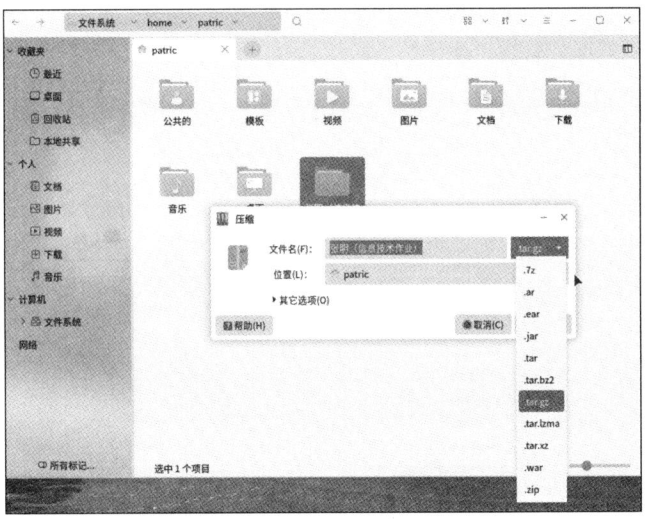

图2-47　“压缩”对话框

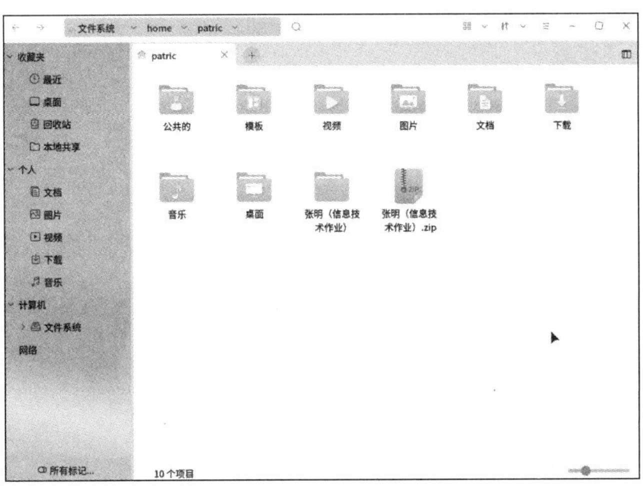

图2-48　完成文件夹压缩

2.4 操作系统的控制面板

微课 12

扫码看视频

控制面板可以通过开始菜单访问。它允许用户查看并更改基本的系统设置，比如添加/删除软件、控制用户账户、更改辅助功能等。在信息技术中，控制面板就是一种用户接口，在某种程度上类似于汽车上的仪表盘，以容易阅读的方式组织并表示信息。然而，计算机的控制面板的交互性比汽车上的仪表盘的更强。

任务描述

张明同学在学会银河麒麟操作系统的基本操作和文件管理器后，还想对自己的计算机进行个性化设置，所以要了解操作系统中的控制面板的作用。张明同学想设置以下内容，便于更好地使用计算机。

- 修改设置默认浏览器为Firefox网络浏览器。
- 将计算机连接到宿舍的无线网络。
- 在现有计算机用户基础上，再添加一个普通用户。

任务分析

银河麒麟操作系统的控制面板（即设置界面）提供了关于这台计算机的所有信息和个性化设置项。我们需要设置的内容均可以在控制面板找到，下面一起来学习控制面板的相关操作。

相关知识

银河麒麟操作系统的控制面板提供了一个友好的图形用户界面，用于对操作系统常用的配置项进行管理。通过开始菜单里的图标或“设置”按钮，如图2-49所示，可打开控制面板。控制面板如图2-50所示。下面按日常配置习惯对控制面板中的部分内容进行讲解。

图2-49　开始菜单

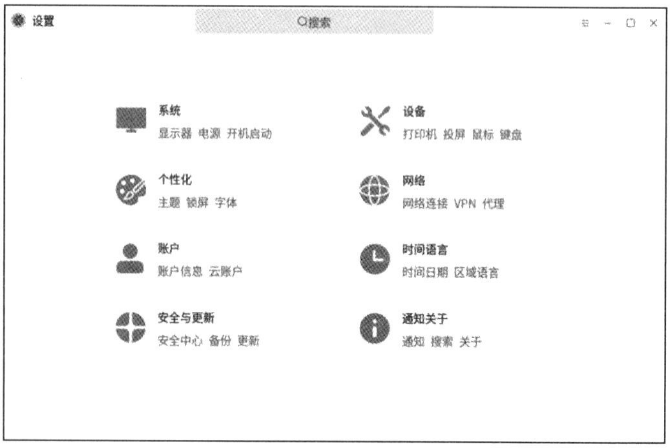

图2-50　控制面板

2.4.1 系统

“系统”设置提供了“显示器”“默认应用”“电源”和“开机启动”4个界面。

1. 显示器

在“显示器”设置界面中可以配置显示相关的设置，如图2-51所示，上方彩色矩形代表当前屏幕，中间显示了显示器名称及接口名，按【Ctrl+A】快捷键可以保存用户的显示配置。

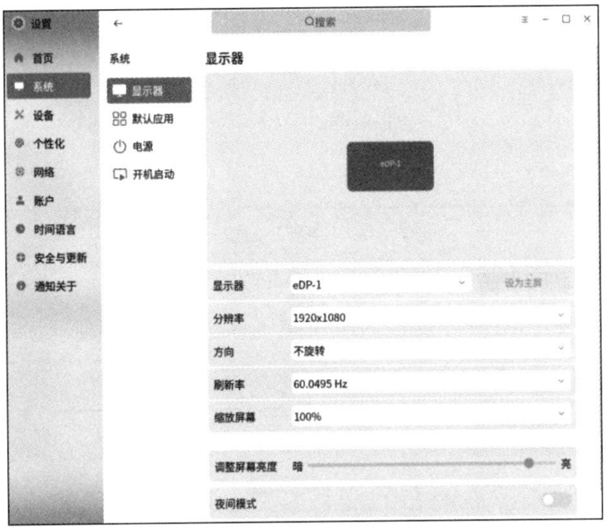

图2-51 “显示器”设置界面

- 可选择当前显示器。
- 分辨率、方向、刷新率、缩放屏幕的修改都针对当前活动显示器。
- 缩放屏幕为全局缩放。
- 夜间模式可对亮度、色温进行调整，以达到护眼的目的。

2. 默认应用

在“默认应用”设置界面中可以修改几种类型的默认打开应用，如图2-52所示。

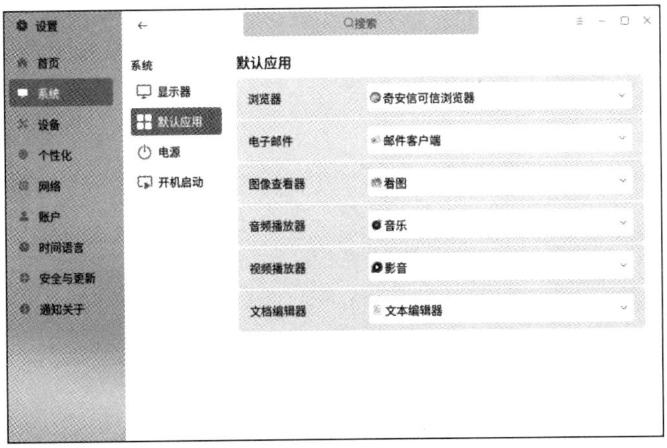

图2-52 “默认应用”设置界面

3. 电源

“电源”设置界面提供“平衡”“节能”“自定义”模式，如图2-53所示。

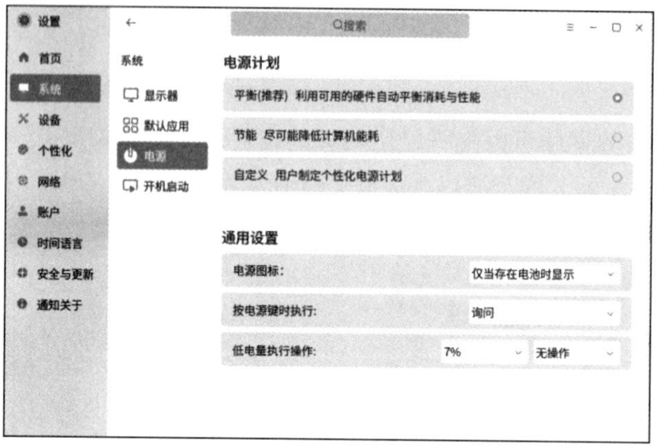

图2-53 “电源”设置界面

在“通用设置”中可以设置电源图标显示或者隐藏。

在“自定义”模式下，用户可设置系统在空闲多少时间后睡眠和关闭显示器，如图2-54所示。

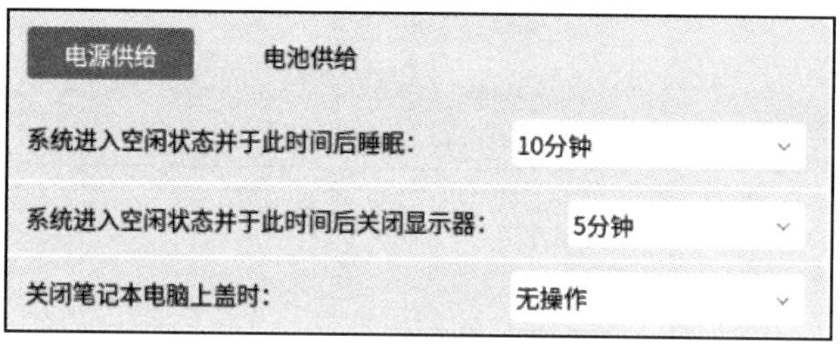

图2-54 “自定义”模式

4. 开机启动

“开机启动”设置界面中显示当前系统已存在的开机启动程序，如图2-55所示，可对程序进行开启或关闭开机启动。

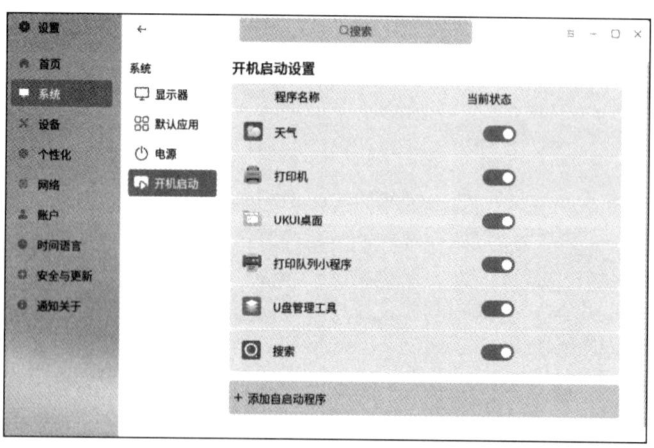

图2-55 “开机启动”设置界面

2.4.2 设备

在日常使用中，连接到计算机上的有鼠标、键盘、触摸板等输入设备，也有打印机、投屏等输出设备，还有蓝牙连接设备。下面针对部分内容进行介绍，更多内容读者可自行设置验证。

1. 鼠标

在“鼠标”设置界面中可对鼠标键、指针、光标进行个性化设置，如图2-56所示。

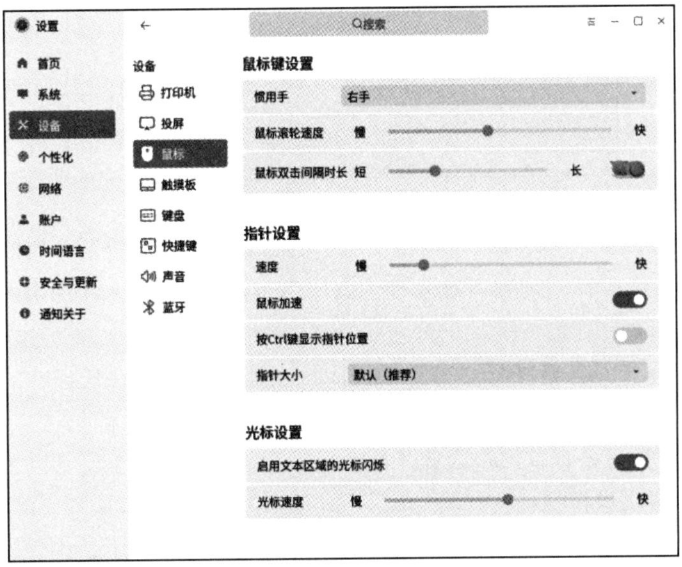

图2-56 “鼠标”设置界面

2. 快捷键

在“快捷键”设置界面中可查看所有快捷键，添加或删除自定义快捷键，如图2-57所示。

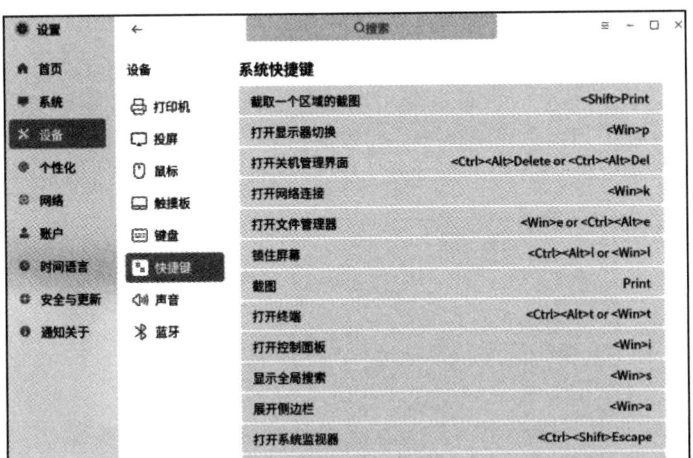

图2-57 “快捷键”设置界面

注意：系统快捷键不允许修改。

3. 蓝牙

“蓝牙”设置界面提供了开关蓝牙、修改蓝牙名称、显示/隐藏蓝牙任务图标、发现周围蓝牙设备、修改本机设备的可见性，与发现的蓝牙设备配对、连接、断开，移除蓝牙设备等基本功能，如图2-58所示。部分常用功能介绍如下。

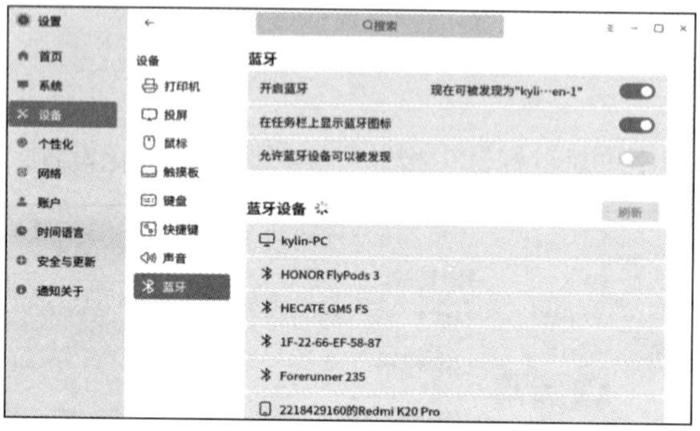

图2-58 “蓝牙”设置界面

- **开关蓝牙**：单击“开启蓝牙”按钮，对本机的蓝牙适配器进行开启或关闭。
- **修改蓝牙名称**：在“现在可被发现为kyli···en-1”上双击，在弹出的文本框中输入想要修改的名称即可。
- **显示/隐藏蓝牙任务栏图标**：打开或关闭该功能时，可以在任务栏的托盘菜单上显示或隐藏蓝牙图标。
- **发现周围蓝牙设备**：首次进入蓝牙模块后，会进行对周围蓝牙设备的扫描，结束后单击“刷新”，可以再次进行扫描。
- **发现的蓝牙设备的基础操作**：鼠标指针悬浮到发现的设备上，出现连接按钮，单击连接按钮与设备配对并连接；设备连接后，出现在我的设备一栏；这时鼠标指针再悬浮到设备上，出现“断开”按钮和“移除”按钮，单击“断开”按钮与设备断开连接，单击“移除”按钮移除与设备的配对。

2.4.3 账户

微课 13

扫码看视频

在“账户信息”设置界面中可对系统用户进行管理配置，允许管理员创建用户、删除用户、修改用户信息等，如图2-59所示。

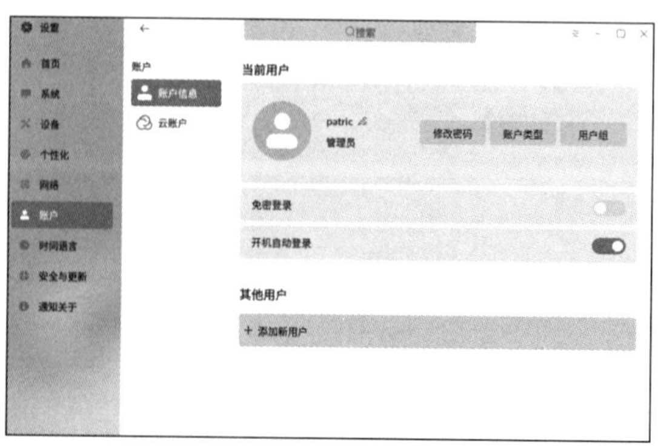

图2-59 “账户信息”设置界面

根据账户信息的管理配置，可分为对当前用户的操作和对其他用户的操作。

1. 当前用户

（1）更改用户头像

单击用户头像，即可进行修改，如图2-60所示，图片可从本地选择。

（2）更改密码

单击“修改密码”，即可修改当前用户的密码，如图2-61所示。

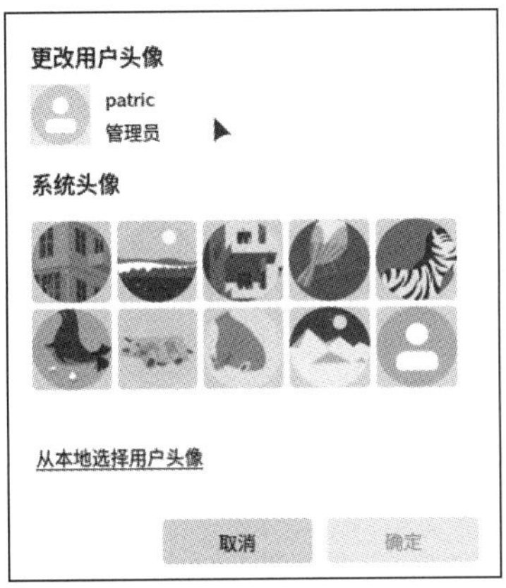

图2-60 “更改用户头像”界面

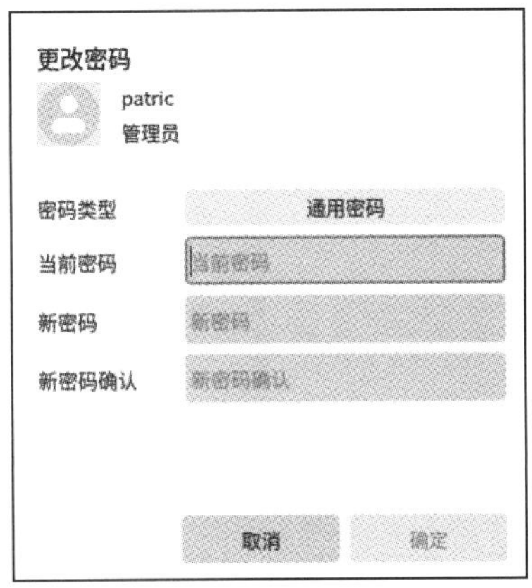

图2-61 “更改密码”界面

（3）更改账户类型

系统用户分两种：标准用户和管理员用户。“更改用户类型”界面如图2-62所示。

- **管理员用户**：输入用户密码，可以临时提升root权限。
- **标准用户**：无法提升权限。

注意：系统至少需要存在一个管理员用户。

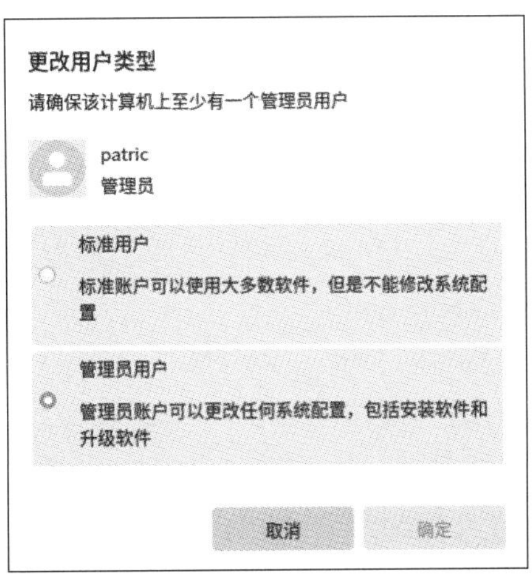

图2-62 “更改用户类型”界面

2. 其他用户

可编辑其他用户信息，如添加新用户、删除用户等。

添加新用户：在“其他用户”选项栏里，单击“添加新用户”按钮即可打开“添加新用户”界面，输入用户名、密码、确认密码，并选择用户类型，完成新用户的添加，如图2-63所示。

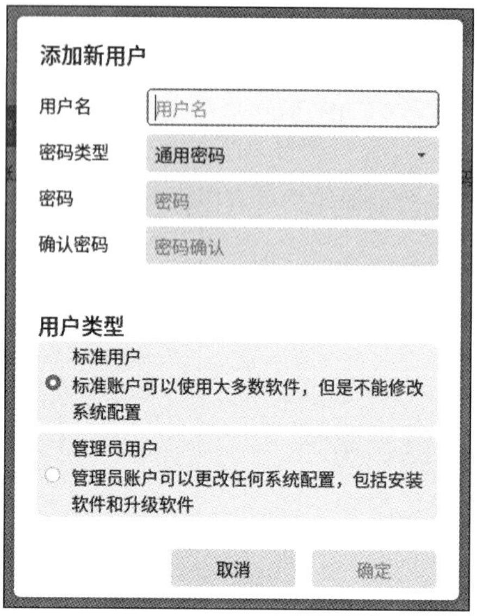

图2-63 “添加新用户”界面

删除用户：在“其他用户”选项栏里，将鼠标指针悬浮在某用户上，右侧会出现“删除”按钮，如图2-64所示，单击该按钮可以对该用户进行删除。

图2-64 “删除”按钮

2.4.4 时间语言

1. 时间日期

“时间日期”设置界面如图2-65所示。

- **手动更改时间**：手动设置时间和年、月、日。
- **更改时区**：根据个人需求进行选择。
- **时间格式**：分12小时制和24小时制，单击右侧按钮即可修改。
- **同步网络时间**：与互联网上的网络时间协议（Network Time Protocol，NTP）服务器时间同步。

2. 区域语言

“区域语言”设置界面如图2-66所示。

- **区域格式数据**：通过“日历”“一周的第一天”“日期”“时间”选项可个性化地显示时间。
- **首选语言**：系统窗口、菜单及网页的显示语言，首选推荐语言为简体中文。
- **添加首选语言**：可添加其他区域的语言作为备选。

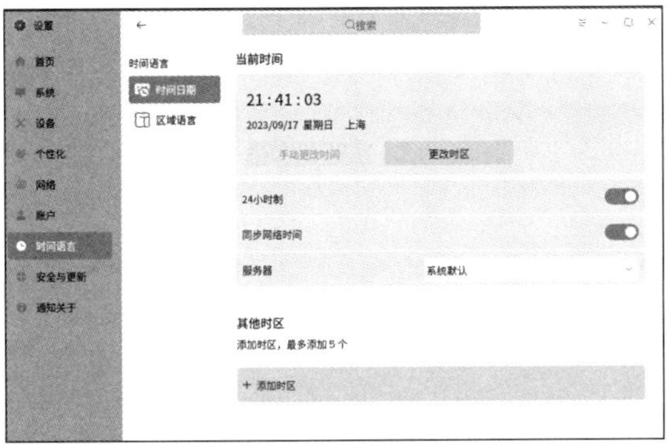

图2-65　“时间日期”设置界面

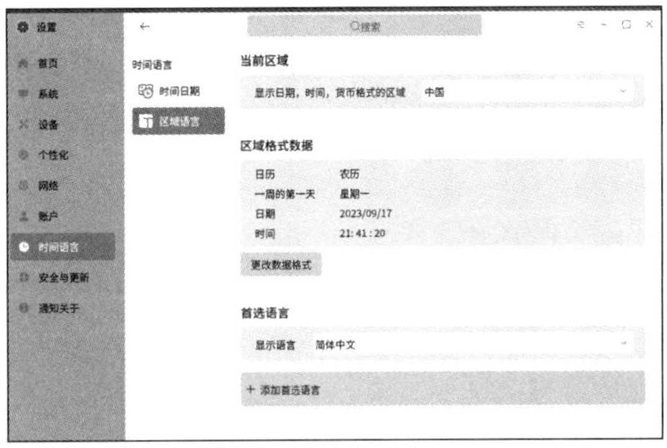

图2-66　“区域语言”设置界面

2.4.5　安全与更新

1. 安全中心

“安全与更新”提供了“安全中心”的入口，“安全中心”设置界面如图2-67所示。

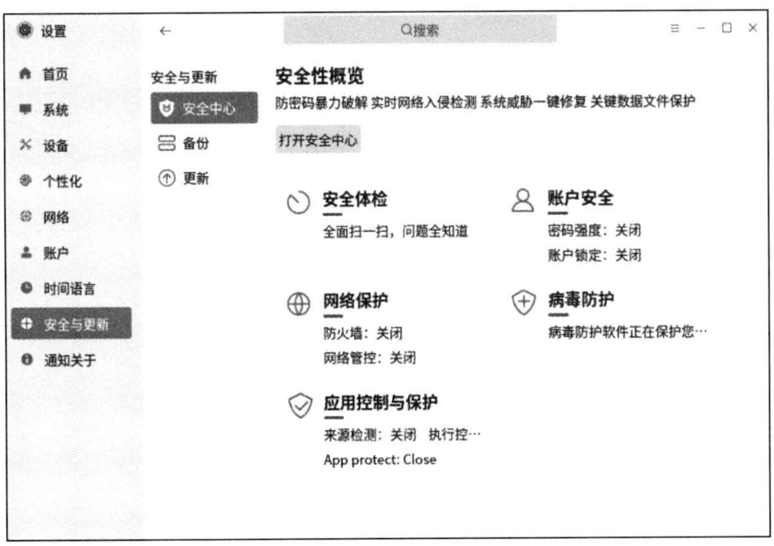

图2-67　“安全中心”设置界面

2. 备份

“备份”设置界面如图2-68所示。

- **开始备份**：将文件备份到其他驱动器。
- **开始还原**：查看备份列表，并选择还原点进行恢复。

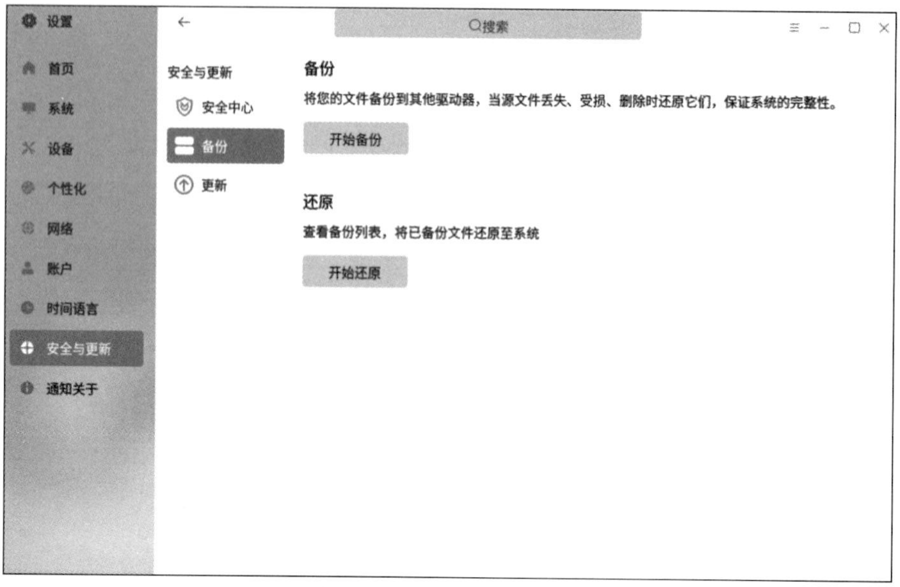

图2-68 “备份”设置界面

3. 更新

“设置”的“更新”模块可以检测系统是否有可用更新。“更新”设置界面，如图2-69所示。

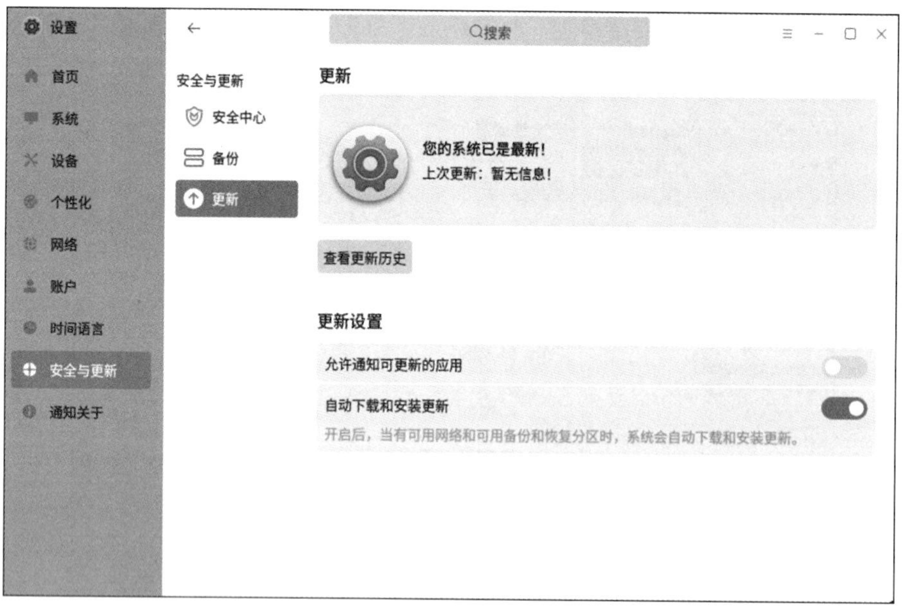

图2-69 “更新”设置界面

更新完成后，可在查看更新历史中查看更新情况。

2.4.6 网络

“网络连接”设置界面显示网络状态和可用网络，如图2-70所示。

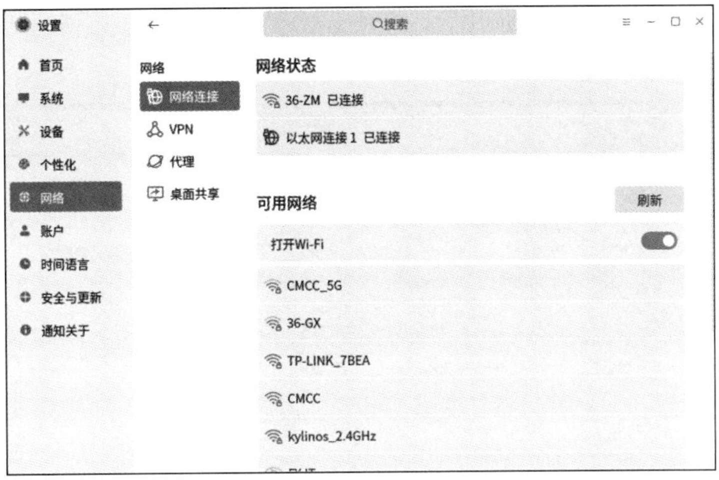

图2-70 “网络连接”设置界面

连接无线网络首先需要计算机存在无线网卡，然后保持“打开Wi-Fi”按钮处于开启状态，搜索附近所有的无线网络。单击需要连接的无线网络。

（1）当不需要密码时，单击“连接”按钮，会直接连接到该无线网络。

（2）当需要密码时，单击“连接”按钮，输入正确密码后才能连接到该无线网络。

连接成功后，在网络状态显示区会显示该无线网络已连接。

任务实现

2.4.7 设置 Firefox 网络浏览器为默认浏览器

如果我们的计算机上有多个浏览器应用，在打开某个网页时，系统需要知道我们用哪个浏览器来打开它。所以就有一个默认浏览器的选项供我们选择。在没有主动选择浏览器的情况下，系统将始终用默认的浏览器打开网页。

（1）打开开始菜单，选择“设置”，打开的“设置”主界面如图2-71所示。

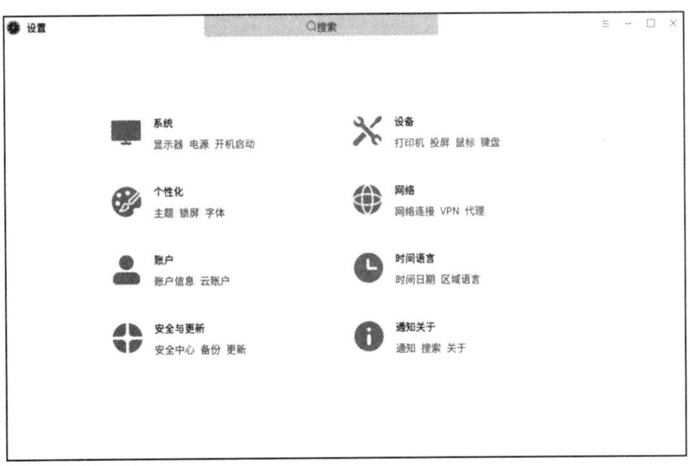

图2-71 “设置”主界面

（2）选择“系统”→“默认应用”，将浏览器设置为“Firefox网络浏览器”，如图2-72所示。

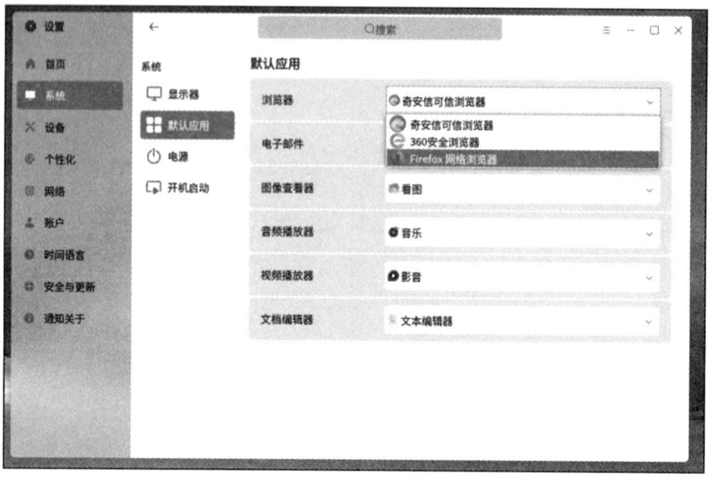

图2-72 “默认应用”设置界面

2.4.8 将计算机连接到宿舍的无线网络

按照2.4.6节的讲解进行设置，即可将张明的计算机连入宿舍无线网络。

2.4.9 为计算机添加一个普通用户

我们的计算机可以供多个用户使用，不同的用户有不同的权限操作。我们可以采用添加新用户的方式，增加一个使用账号。

（1）打开开始菜单，选择“设置”。

（2）选择“账户”→“账户信息”，“账户信息”设置界面如图2-73所示。

（3）在“账户信息”设置界面中，单击“添加新用户”按钮。

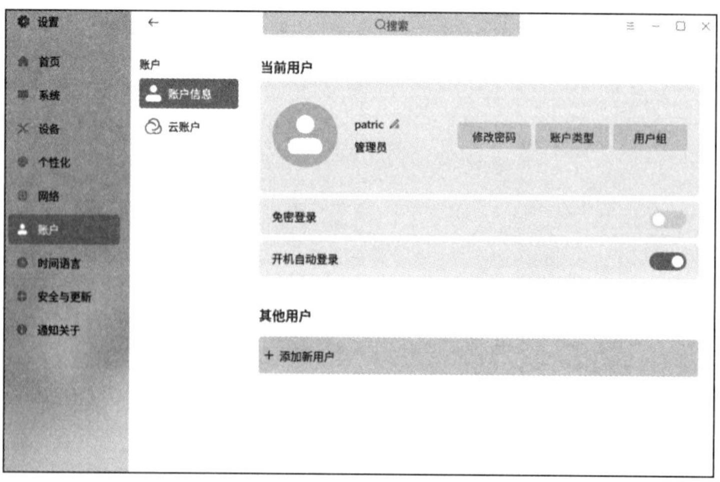

图2-73 “账户信息”设置界面

（4）在“添加新用户”界面中，输入用户名“zhangming”，并且设置此用户的密码为“zhang123”，将此用户设置为默认的“标准用户”后，具体界面如图2-74所示，单击“确定”按钮即可添加新用户。添加新用户成功后，可在“账户信息”设置界面中查看，如图2-75所示。

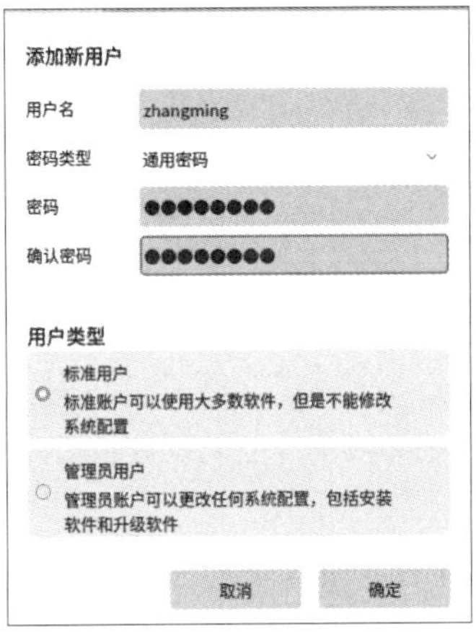

图2-74 “添加新用户”

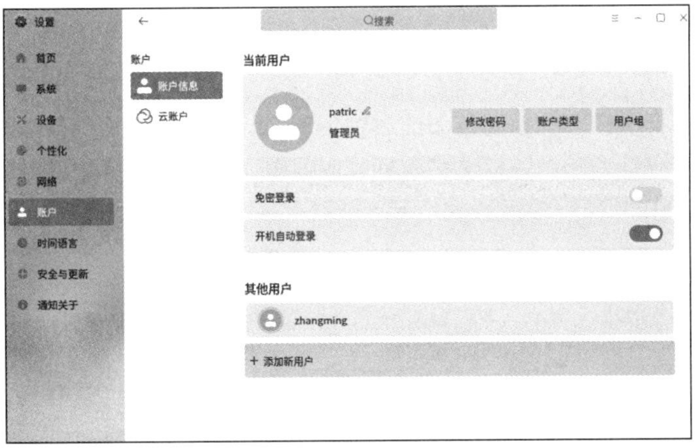

图2-75 添加新用户成功

2.5 操作系统的附属工具

微课 14

扫码看视频

银河麒麟操作系统除必要的操作界面、用于对文件和文件夹进行管理的文件管理器、为计算机进行基本和个性化设置的控制面板外，还提供了一些附属工具，如截图工具、计算器和便签贴等，使用户在使用计算机学习和工作时更加便利。

任务描述

张明同学在之前对开始菜单的了解中，看到在开始菜单显示的应用中，有很多非常便捷的小工具，如截图工具、计算器和便签贴等，他想看看这些小工具都是如何使用的。

任务分析

这些便捷的小工具在银河麒麟操作系统上属于附属工具，它们都是如何使用的呢？又能起到什么作用呢？

相关知识

2.5.1 截图工具

有时屏幕上的画面需要留存成图片格式的信息，这时我们就需要使用截图工具进行画面的截取。截图工具能够帮助使用者截取屏幕上的任何图像，同时可以对截取的图像进行添加注释、打码、保存或共享等操作。

1. 截图工具的打开方式

可以从开始菜单中选择“截图”应用或者通过系统自带快捷键【Print】启动截图工具。

2. 截图工具的使用方式

程序启动后，将鼠标指针指向截图的起始位置，长按鼠标左键的同时进行拖曳，勾选出想截取为图片的区域后，释放鼠标左键即可完成截图。截图工具可截取当前桌面上的任意区域，并对其进行简单的编辑，如图2-76所示。

图2-76 截图操作界面

完成区域选择后，弹出的工具栏提供了如下功能。

（1）方形画图 ：在截图中添加方形选框标记。

（2）圆形画图：在截图中添加圆形选框标记。

（3）直线：在截图中添加直线标记。

（4）箭头：在截图中添加指示箭头。

（5）铅笔画图：在截图中自由书写与涂抹。

（6）标记：在截图中添加半透明的记号笔标记。

（7）输入文字：在截图中添加文字。

（8）区域模糊：在截图中打马赛克。

3. 延迟截图

若要使用延迟截图功能，在打开软件后，通过托盘菜单，找到截图工具，如图2-77所示。

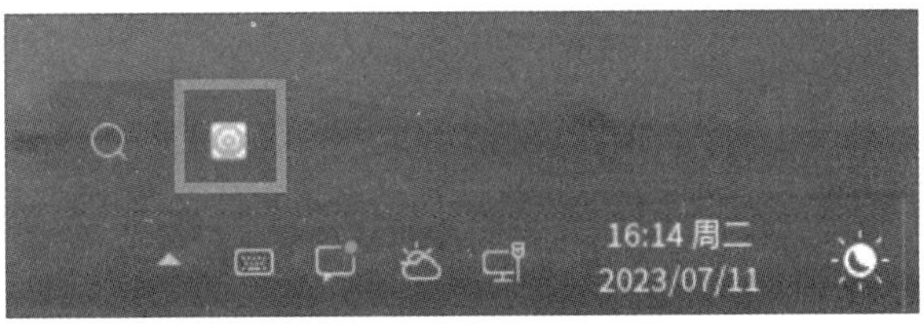

图2-77 托盘菜单中的截图工具

右击该图标，在弹出的快捷菜单中选择“打开截图选项”，并在“延迟”处设置时间，然后单击“获取新屏幕截图”即可，具体界面如图2-78所示。

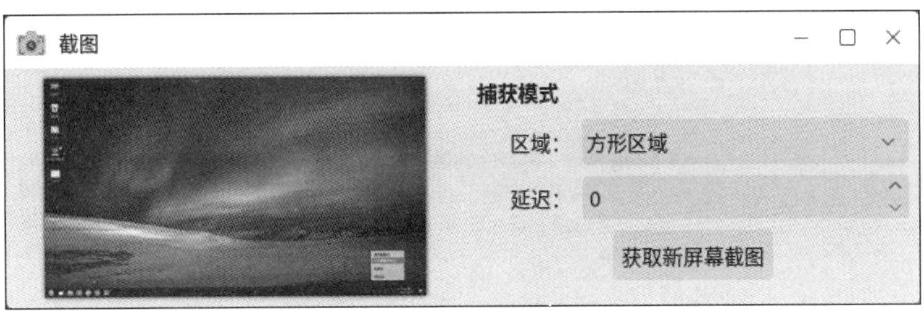

图2-78 设置延迟截图

2.5.2 计算器

计算器是一个非常实用的小工具，能够帮我们解决不同类型的计算问题。银河麒麟操作系统中不仅提供了标准型计算器，还集成了科学型计算器和汇率换算型计算器。就让我们一起来看看如何使用它们，并且了解不同类型的计算器如何进行切换吧！

1. 计算器的打开方式

从开始菜单中，单击“计算器”应用即可打开，默认显示标准型计算器。在使用计算器时可以单击计算器上的按钮来执行计算，也可以通过键盘上的数字按键和运算符按键完成计算。

2. 标准型计算器

在处理一般的数据时，使用标准型计算器即可满足需要，如图2-79所示。

3. 科学型计算器

在从事非常专业的科研工作或专业的数学计算工作时，经常要进行比较复杂的数学运算，用户可以通过右上角图标≡来选择科学计算模式。图2-80所示为科学型计算器。

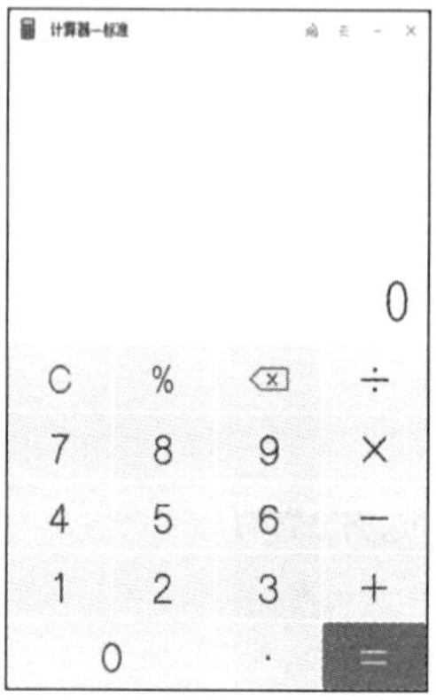

图2-79　标准型计算器

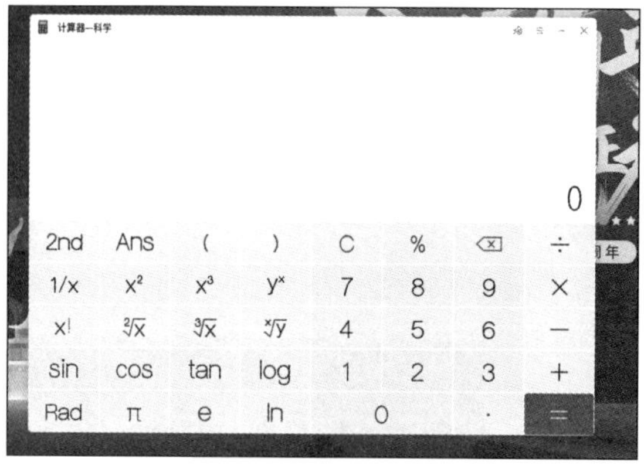

图2-80　科学型计算器

4. 汇率换算型计算器

当需要进行汇率换算时，用户可通过右上角图标≡来选择汇率换算模式。汇率换算型计算器（见图2-81）中集成了汇率更新功能，通过联网实时获取目前最新的汇率。

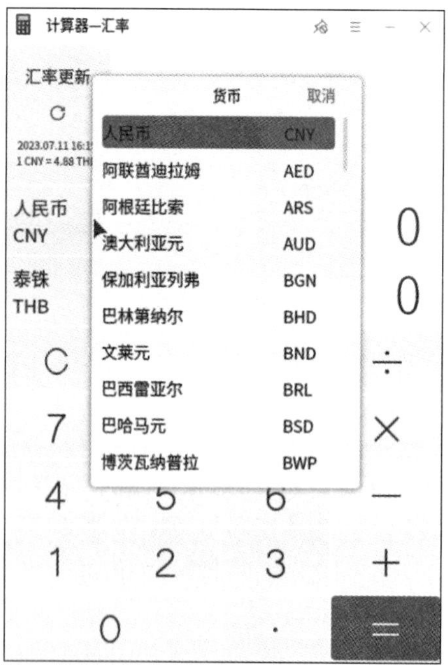

图2-81　汇率换算型计算器

2.5.3　便签贴

我们经常需要将某些事情或生活学习中的一些小知识点或小点子记录下来。除了我们在超市买到的便笺纸可以贴在书本或床头，操作系统也提供了便签贴。便签贴提供了随时记录信息的功能，使用便签贴可记录待办事项、电话号码等内容，将它贴在桌面可随时提醒用户。

1. 便签贴的打开方式

在开始菜单中，单击“便签贴”应用即可打开，“便签贴”使用界面如图2-82所示。

2. 便签贴的新建与删除

用户可以根据需要通过左上角的（新建便签贴）在桌面上放置多个便签贴，如图2-83所示。

图2-82 “便签贴”使用界面

图2-83 新建便签贴

用户用完便签贴后，可以将其删除以清理桌面，单击“关闭”按钮，即可删除。

3. 便签贴的功能

便签贴提供基础的文字编辑选项，包括加粗、倾斜、下划线、删除线、分点显示、分序号显示、字号、字体颜色等。通过右上角的，还可调出所有的便签贴，如图2-84所示，可以查看目前桌面上的所有便签贴，进行便签贴的新建和指定便签贴的删除操作。

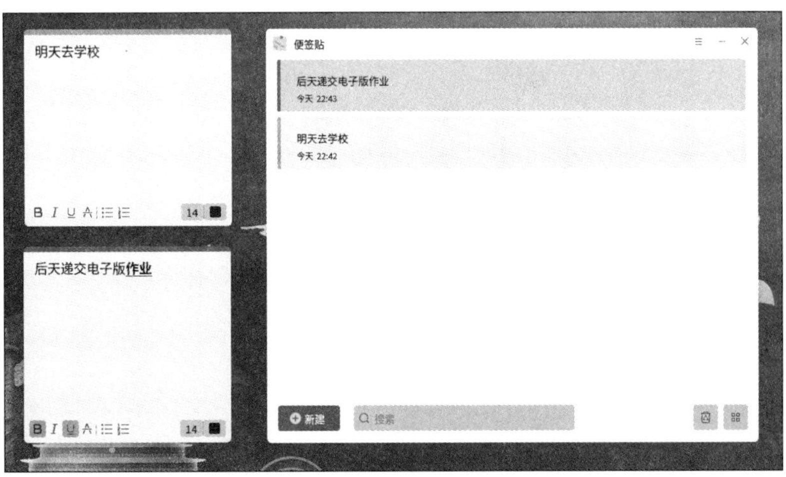

图2-84 便签贴

【学习笔记】

操作系统基础与应用

- 操作系统概述
  1. 操作系统的功能和作用
  2. 国产操作系统
  3. 操作系统的启动与关闭
- 操作系统的基本操作
  1. 桌面图标
  2. 任务栏
  3. 开始菜单
  4. 查看当前系统和计算机设备的相关信息
  5. 更换计算机壁纸
  6. 在桌面上创建Firefox网络浏览器的快捷图标
- 操作系统的文件管理器
  1. 文件管理的操作界面
  2. 文件管理器的功能
  3. 文件和文件夹的常用操作
  4. 格式化和卸载设备
  5. 系统目录简要介绍

问题与反思

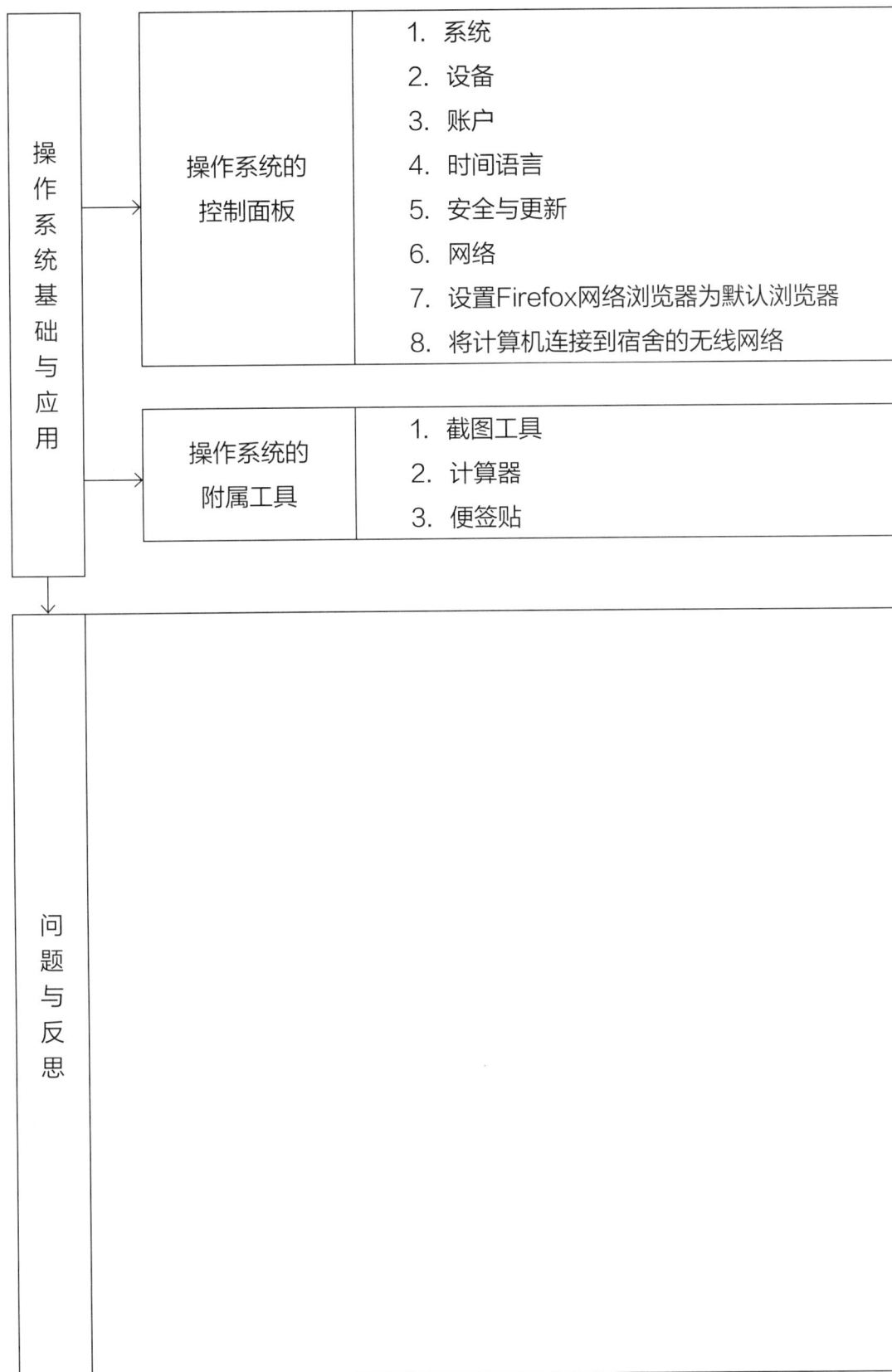

<table>
<tr><td rowspan="2">操作系统基础与应用</td><td>操作系统的控制面板</td><td>1. 系统
2. 设备
3. 账户
4. 时间语言
5. 安全与更新
6. 网络
7. 设置Firefox网络浏览器为默认浏览器
8. 将计算机连接到宿舍的无线网络</td></tr>
<tr><td>操作系统的附属工具</td><td>1. 截图工具
2. 计算器
3. 便签贴</td></tr>
<tr><td>问题与反思</td><td colspan="2"></td></tr>
</table>

考核评价

年级：______　专业：______　班级：______　学号：______　成绩：______

一、单选题（每题5分，共30分）

1. 银河麒麟操作系统基于哪种操作系统进行了二次开发？（　　）

A. 优麒麟操作系统　　B. iOS操作系统
C. Windows操作系统　　D. Linux操作系统

2. 当用户需要暂时离开，为防止误操作，同时不希望其他用户操作计算机时，可以选择（　　）。

A. 锁屏　　B. 关机　　C. 重启　　D. 切换用户

3. 银河麒麟操作系统安装好后，桌面上默认有3个桌面图标，分别是（　　）、回收站和个人文件夹。

A. 计算器　　B. 谷歌浏览器
C. 计算机　　D. 控制面板

4. 文件管理器中的“”图标代表什么功能？（　　）

A. 搜索　　B. 高级功能　　C. 选择视图　　D. 最大化

5. 操作系统的控制面板又称为（　　）。

A. 个性化　　B. 高级
C. 系统　　D. 设置界面

6. 在便签贴中通过哪个图标可以调出便签本，来管理、操作所有便签贴？（　　）

A. 　　B. 　　C. 　　D. 

二、多选题（每题5分，共30分）

1. 以下哪些是国产操作系统？（　　）

A. 优麒麟操作系统　　B. 中标麒麟操作系统
C. 银河麒麟操作系统　　D. 深度操作系统

2. 启动银河麒麟操作系统后，系统桌面上有哪3部分？（　　）

A. 桌面图标　　B. 任务栏　　C. 控制面板　　D. 开始菜单

3. 开始菜单中的快捷功能键有哪些？（　　）

A. 用户信息　　B. 关机
C. 系统设置　　D. 计算机目录

4. 文件管理器的侧边栏中包含哪些快捷入口？（　　）

A. 收藏夹　　B. 网络　　C. 个人　　D. 计算机

5. 下面哪项不是控制面板的主菜单？（　　）

A. 开机启动　　B. 主题　　C. 网络　　D. 账户

6. 使用截图工具完成区域选择后，弹出的工具栏里包含哪些功能？（　　）

A. 方形画图　　B. 箭头　　C. 圆形画图　　D. 波浪线

三、判断题（每题5分，共25分）

1. 操作系统能够改造裸机，使其功能更强大，使用更方便。（　　）
2. 用户可以通过“重启”选择登录另外一个账户，选择后，跳转到登录界面。（　　）
3. 桌面壁纸是操作系统自带的，用户不可以更换。（　　）
4. 系统管理员（root或超级用户）的主目录是/root。（　　）
5. 银河麒麟操作系统的控制面板提供了关于计算机的所有信息和个性化设置项。（　　）

四、简答题（每题5分，共15分）

1. 简要说明操作系统的功能和作用。
2. 简要说明文件管理器在操作系统中的作用。
3. 简要说明操作系统的控制面板都提供了哪些常用的设置。

项目3 文字文稿软件的应用

03

WPS Office是金山公司出品的一套免费的办公软件，它小巧轻便，安装简单，占用内存小，启动速度快，集WPS文字文稿、WPS表格处理、WPS演示文稿软件于一身，同时提供了在线文档、金山海报等模板，很好地满足了用户日常办公的需求。文字文稿软件简单易学、功能丰富，既适合一般办公人员使用，又能满足专业印刷排版的需求。

本项目介绍文字文稿软件的基本操作，以及文本和段落的设置、表格的制作和处理、文档排版等常用操作，以帮助用户快速上手文字文稿软件。

学习目标

知识目标

（1）掌握文档的创建、打开、保存和退出

（2）掌握文本和段落的设置

（3）掌握表格的制作和处理

（4）掌握文档排版

能力目标

（1）了解文字文稿软件的工作界面

（2）能够完成文档的基本操作

（3）能够设置文本和段落

（4）能够完成表格操作

（5）能够将文字文稿软件灵活应用到日常生活中

素养目标

（1）培养端正的学习态度

（2）养成认真负责的做事态度

（3）培养良好的动手实践能力

知识图谱

文字文稿软件的应用知识图谱如图3-1所示。

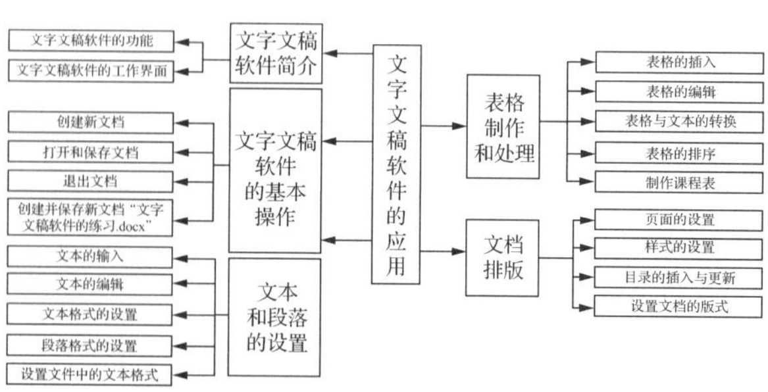

图3-1　文字文稿软件的应用知识图谱

3.1 文字文稿软件简介

微课 15

扫码看视频

WPS文字文稿软件是金山公司出品的WPS Office办公软件中的一个组件，含文字编辑/排版、表格处理、图形处理等多种功能，可以帮助我们高效地组织和编写文档，例如制作一份简历、撰写一篇论文、制作一份简单的通知等，我们还可以在文档中加入图像等使之成为一份图文并茂的文件。

任务描述

小王是一名计算机初学者，想学习一些常用的办公软件来提升自身的计算机操作水平。在查阅了一些资料后，小王决定从国产办公软件WPS文字文稿软件着手，了解当下国产软件的发展状况，以及WPS文字文稿软件的常用功能。

任务分析

作为刚刚接触WPS文字文稿软件的新手，小王需要了解文字文稿软件的基本功能，以及该软件的工作界面。因此，本任务可以分解为两点。

- 文字文稿软件的功能。
- 文字文稿软件的工作界面。

相关知识

3.1.1 文字文稿软件的功能

WPS文字文稿软件不但可以编辑简单或复杂的文档，而且可以制作并美化表格，为我们的日常使用提供了很大方便。WPS 文字文稿软件的主要功能如下。

1. 文字编辑功能

在文字文稿软件中，用户不但可以对文字的字体、字形、字号、颜色等进行设置，而且可以对段落进行设置，例如设置段落的对齐方式、缩进、行间距和段间距等。

2. 对象处理功能

在文字文稿软件中除了插入文字外，用户还可以插入外部的图像、音频、动画等其他数据源；同时，文字文稿软件提供了绘图工具，可以插入各种形状、艺术字、文本框、智能图形、流程图以及思维导图等。

3. 表格处理功能

文字文稿软件可以用于制作各种表格，而且它提供了很多模板以满足不同情境下用户的需求。文字文稿软件可以用于对表格数据进行自动计算，同时提供了表格的样式设置，如设置表格的边框与底纹、合并与拆分单元格等。

4. 文件管理功能

文字文稿软件提供了丰富的文件管理功能，包含多种文件模板，方便用户创建各种具有专业水平的信函、备忘录、报告、公文等文件。

5. 文档排版功能

文字文稿软件可用于文档排版，特别是长文档排版，用户可以设置字体和字号、页眉和页脚、图表、分栏等。

6. 多人协作功能

文字文稿软件提供了多人协作功能，支持多人同时在线编辑文档。

3.1.2 文字文稿软件的工作界面

启动WPS文字文稿软件并选择“空白文档”后，会出现图3-2所示的主界面。

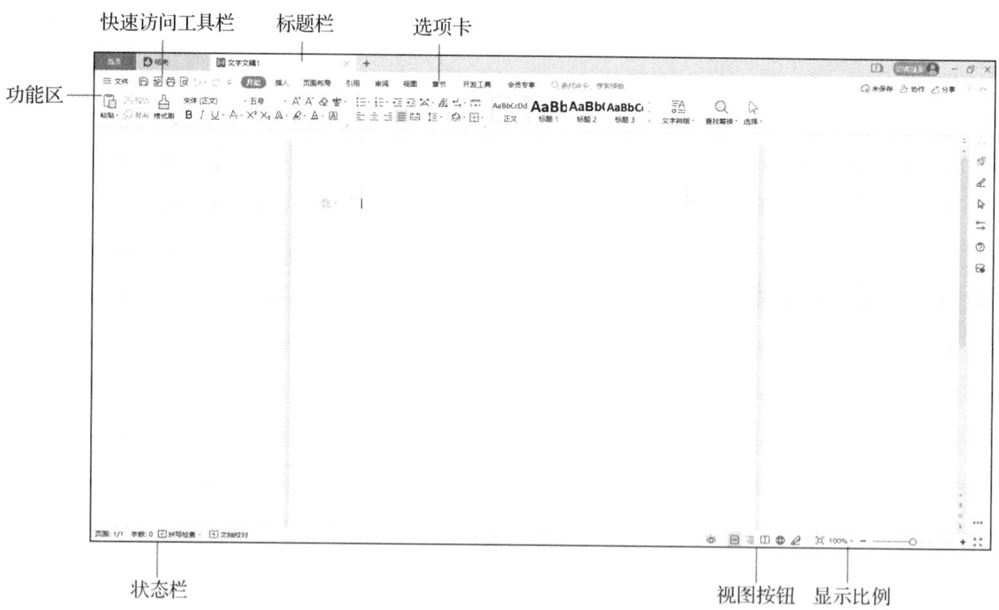

图3-2 WPS文字文稿软件主界面

① 快速访问工具栏。快速访问工具栏中显示用户平时使用比较多的功能，如“保存”“输出为PDF”“打印”“打印预览”“撤销”“恢复”等。用户还可以根据日常需要自定义一些常用的命令，如“新建”“打开”等。

② 标题栏。标题栏中显示已经打开的各个WPS Office文件，包括文字文稿、电子表格及演示文档。

③ 选项卡及功能区。选项卡及功能区是用户进行文本操作的主要区域，在功能区内

主要完成文本的各种操作。文字文稿软件中主要包括“文件”“开始”“插入”“页面布局”“引用”“审阅”“视图”“章节”“开发工具”“会员专享”这10个选项卡。不同的选项卡中的功能区的命令是不同的，用户可以根据实际情况选择命令进行相关的操作。

④ 状态栏。状态栏位于窗口的底部，主要用于显示当前的页面信息和字数等。

⑤ 视图按钮。文字文稿软件中提供了页面视图、大纲、阅读版式、Web版式和写作模式5种浏览文档的方式，用户单击视图按钮可以实现不同视图的切换。

⑥ 显示比例。显示比例位于窗口的右下角，用来显示当前窗口的缩放比例，左右拖动滑块可以放大或缩小当前窗口的显示比例，显示比例在10%至500%之间。

3.2 文字文稿软件的基本操作

微课 16

扫码看视频

在使用WPS文字文稿软件进行文字处理之前，必须先熟练掌握文字文稿软件的基本操作，包括创建新文档、打开和保存文档以及退出文档。

任务描述

在了解了WPS文字文稿软件的基本功能后，小王认为它是日常办公不可或缺的软件之一，于是迫不及待地想动手操作该软件，并掌握使用该软件创建新文档、打开和保存文档、退出文档的方法。

任务分析

本任务可以分解为以下子任务。

- 创建新文档。
- 打开和保存文档。
- 退出文档。

相关知识

3.2.1 创建新文档

WPS Office安装之后，用户可以通过执行“开始”→“程序”→“WPS Office”文件夹→“WPS Office”命令，启动WPS Office软件。若桌面上有WPS Office快捷方式图标，直接双击该图标即可打开WPS Office软件。

打开WPS Office软件后，单击“新建”，选择“文字”选项卡，如图3-3所示，界面中会显示可以创建的文字的种类。

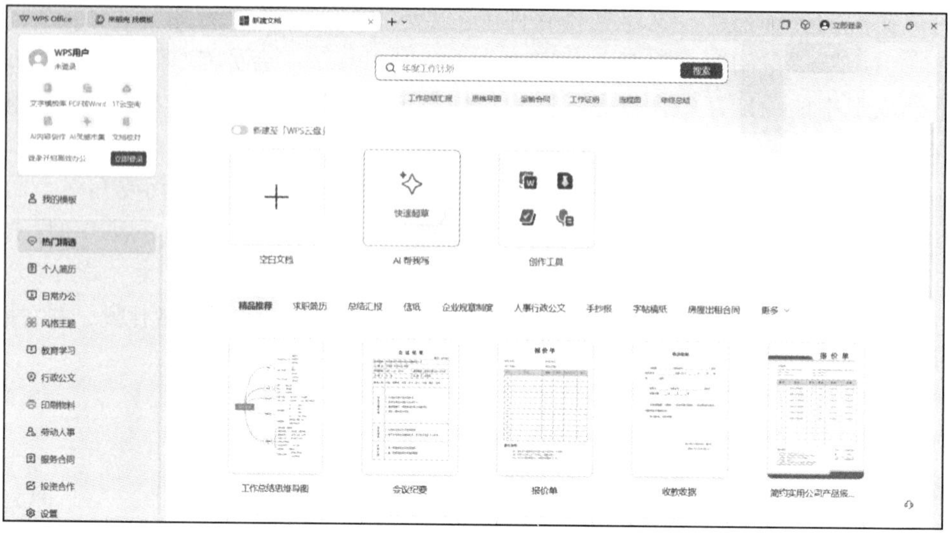

图3-3　启动界面

在启动界面中，选择“空白文档”，创建空白文字文稿，默认的文稿名为“文字文稿1”。

如果想通过模板创建新文档，那么在启动界面中选择需要的模板，如“个人简历”“公务文书”“宣传海报”等，选中模板后即可创建新文档。

3.2.2　打开和保存文档

1. 打开文档

只有在文档打开之后，才可以查看或编辑文档中的内容。打开文档的方式有两种。

① 直接打开。找到文档所在的路径，双击该文档即可以将文档打开。或者找到文档后，右击该文档，在弹出的快捷菜单中选择“打开”命令；也可以先选择“打开方式”命令，再选择“WPS Office”。

② 在已启动的WPS文字文稿软件中打开。单击“文件”选项卡，选择“打开”命令，会弹出“打开文件”对话框，如图3-4所示。

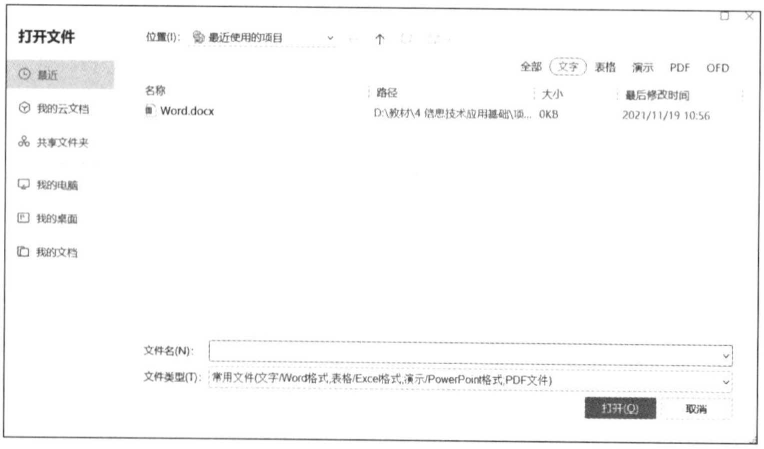

图3-4　“打开文件”对话框

在该对话框中，在“位置”区域选择文件所在的目录，然后在目录中找到并选择需要打开的文件，单击“打开”按钮即可。

2. 保存文档

对文档进行相应的编辑后，可通过文字文稿软件的保存功能将其存储到计算机中，以便以后进行查看或使用。通常我们可以采用以下几种方式进行保存。

① 单击窗口左上角快速访问工具栏中的“保存”按钮或按【Ctrl+S】快捷键，会弹出“另存为”对话框，如图3-5所示。

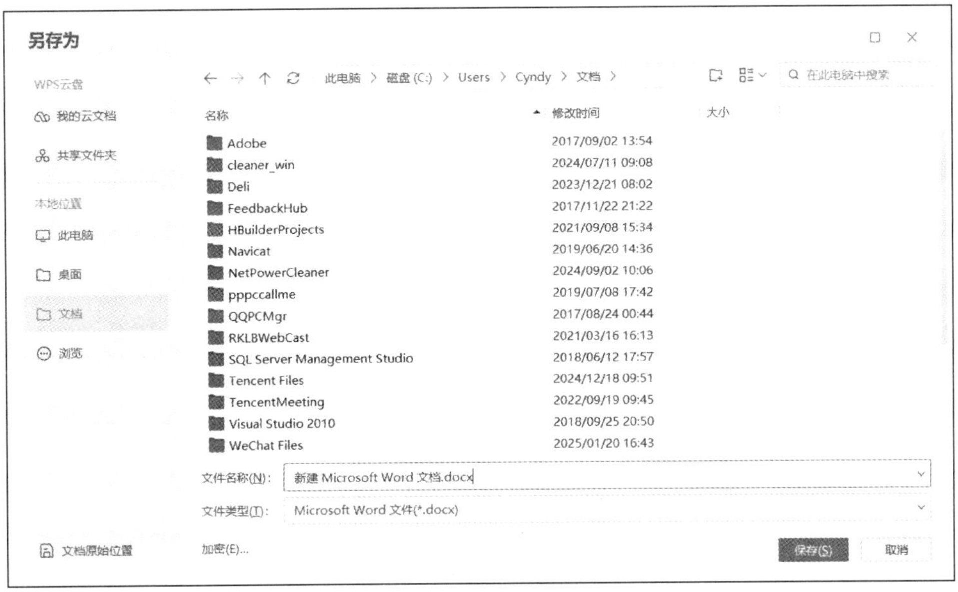

图3-5 “另存为”对话框

在对话框上方的“位置”区域，可以选择文件要存放的位置；在对话框的底部，可以设置“文件名称”及“文件类型”。“文件类型”通过列表进行选择，可以设置的“文件类型”如图3-6所示，常用的有“Microsoft Word 97-2003文件（*.doc）”“Microsoft Word文件（*.docx）”等。

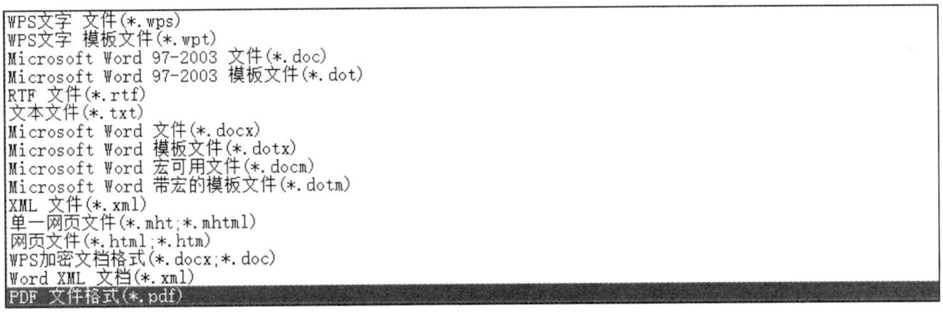

图3-6 “文件类型”列表

另外，用户在对话框中还可以选择是否把文档备份到云。选择“我的云文档”设置“文件名称”及“文件类型”并保存后，用户在手机或其他计算机上登录WPS账户即可访问文档。用户还可以选择是否将文档进行加密，如果需要加密，在“另存为”对话框底部单击

“加密”链接，这时会弹出“密码加密”对话框，如图3-7所示。在对话框中可以设置打开文件的密码或修改文件的密码，设置完成后单击“应用”按钮，返回“另存为”对话框。

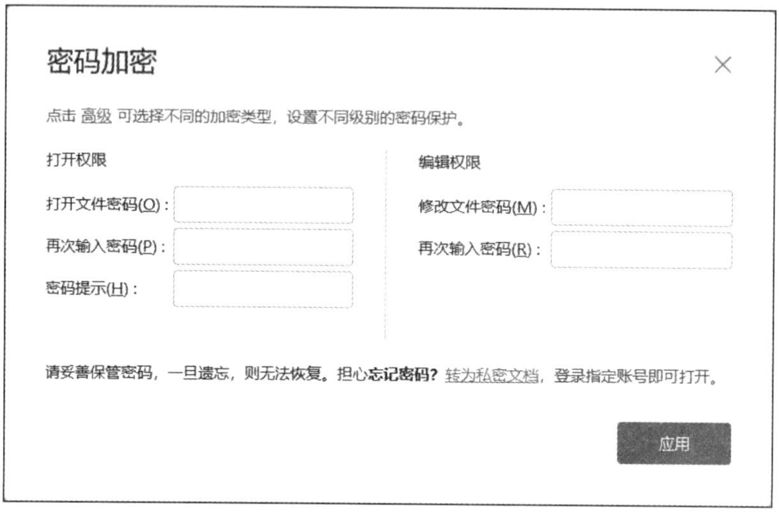

图3-7 “密码加密”对话框

全部都设置完成后，在“另存为”对话框中单击右下方的“保存”按钮，完成文件的保存。

如果为文档设置了打开文档或编辑文档的密码，等再次打开该文档时，会提示用户输入打开文档或编辑文档的密码。

② 单击窗口左上角的“文件”选项卡，在菜单中选择“保存”或“另存为”命令，也会弹出图3-5所示的“另存为”对话框，后面的操作和第一种方法的操作是相同的，这里就不重复了。

3.2.3 退出文档

如果文档已经编辑完成，我们就可以将它保存后退出。常用的退出方式有以下几种。

① 单击窗口中的“文件”，在菜单中选择“退出”命令；若文件没有保存，文字文稿软件会提醒我们进行保存。

② 单击窗口右上角的“关闭”按钮×退出文档。

③ 使用【Alt+F4】快捷键退出文档。

任务实现

3.2.4 创建并保存新文档“文字文稿软件的练习.docx”

（1）双击桌面上的快捷图标启动WPS Office应用程序。

（2）单击“新建”，选择“文字”选项卡，再单击“空白文档”，进入文字文稿软件工作界面。

（3）单击快速访问工具栏中的“保存”按钮，将文件保存在D盘“文字文稿软件练习”文件夹中，并命名为“文字文稿软件的练习.docx”。

（4）单击窗口右上角的“关闭”按钮×退出文档。

3.3 文本和段落的设置

使用文字文稿软件编辑电子文档时，最常用的操作就是输入文本。文本是文字文稿软件文档中的主体，因此输入文本是重中之重。

任务描述

文字文稿软件的界面深深吸引了小王，在掌握了文字文稿软件的基本操作后，小王想进一步在新建的文档中输入文本，并为文本和段落添加适当的格式，提升自己对文字文稿软件的操作水平。设置后的文本和段落效果如图3-8所示。

> 轮廓描述是图像目标形状边缘特性的重要表示方法，结合边缘提取的特点，其表示的精确性由以下3个方面的因素决定：(1) 边缘点位置估计的精确度；(2) 曲线拟合算法的性能；(3) 用于轮廓建模的曲线形式。基于几何特性的形状描述方法能够提供较为直观的形象感知，基于Fourier（傅里叶）变换的形状描述方法将形状变换到频率域来处理，使得形状分析变得更加快捷高效。Wavelet（小波）变换理论是在窗口Fourier变换的基础上发展起来的，它更是提供天然的多分辨率表示。基于Wavelet变换的形状表示方法则提供了对形状的多尺度描述。
>
> 围绕第（3）方面的因素，本文将通过实验对频率域特性描述子的描述性、视觉不变性和鲁棒性的对比分析，讨论两种基于频率域特性的平面闭合轮廓曲线描述方法——傅里叶描述子（Fourier Descriptor，FD）和小波描述子（Wavelet Descriptor，WD），在形状分析及识别过程中的性能，并提出一种基于小波包分解的轮廓曲线描述方法（Wavelet Packet Decomposition，WPD），通过与WD的对比表明其更强的细节刻画能力。

图3-8　设置后的文本和段落效果

任务分析

要在文字文稿软件中输入文本，需要掌握文字文稿软件中文本的输入及编辑，以及文本和段落的格式的设置。因此，本任务可以分解为以下几点。

- 文本的输入。
- 文本的编辑。
- 文本格式的设置。
- 段落格式的设置。

相关知识

3.3.1 文本的输入

1. 中文文本的输入

新建文档后，光标默认在文档中的第一行第一个字符处闪烁。用户可以在光标处直接输入文本，通过【Ctrl+Shift】快捷键可以切换输入法，选择需要的输入法进行输入。如果需要换行，可以按键盘上的【Enter】键，需要在哪里输入内容，则将光标移至目标位置处，单击即可定位光标，依次输入文本即可。

2. 英文文本的输入

如果要输入英文文本，定位目标位置后，按【Shift】键切换输入法的中英文状态，在英文状态下即可输入英文。输入英文时，需要注意字母的大小写，通过【Caps Lock】键可以切换英文字母的大小写。

3. 文本的输入模式

文本的输入包括两种模式：插入模式和改写模式。

（1）插入模式

插入模式是输入文本时常用的一种模式。在这种模式下，输入的内容会在光标处作为新的内容插入文档中，光标之后的内容会自动后移。在文字文稿软件中，可将插入点放到合适的位置，通过键盘输入文字或标点符号。

（2）改写模式

与插入模式不同，在改写模式下，通过键盘输入的内容会替换文档中原来的内容，原来的内容将被输入的新内容改写。改写模式一般用来修改文档的内容。

插入模式和改写模式可以通过【Insert】键相互切换。当处在插入模式时，按【Insert】键可以切换到改写模式，再按【Insert】键可以切换回插入模式。

3.3.2 文本的编辑

输入文本后，可以对文本进行编辑。文本的编辑包括文本的选择、复制和粘贴、查找和替换等。

1. 文本的选择

要对文本进行移动、复制、删除等操作，首先必须准确选中文本。

① 单行文本的选择。单行文本的选择有两种方式：一种方式是把鼠标指针移动到本行文本的左侧空白处单击；另一种方式是将光标定位到文本内容的起始位置，按住鼠标左键不放向右拖曳，当拖曳到最右边时释放鼠标左键，这时就可以看见本行文本都被选中了。

② 整段文本的选择。整段文本的选择有3种方式：第一种是按住鼠标左键不放从文本的开头处拖曳至整段文本的结尾处；第二种是在段落的左侧，双击；第三种是在段落中的任意位置，三击选中整段文本。

③ 连续文本的选择。用鼠标拖曳的方式可以实现连续文本的选择，但是，当文本内容比较多时，这种方式就不太方便了，我们可以借助于【Shift】键实现连续文本的选择。选中文本的第一行，按住【Shift】键不放，选择最后一行文本，这时中间那些行的文本也被选中了，即完成连续文本的选择。

④ 不连续文本的选择。不连续文本的选择需要借助于【Ctrl】键，选中某一处文本，按住【Ctrl】键不放，再分别选中其余的文本，直至所有的文本均被选中，释放【Ctrl】键即可。

⑤ 整篇文档的选择。使用【Ctrl+A】快捷键可以选中整篇文档。

2. 文本的复制和粘贴

在输入文本时，如果需要输入相同文本，可以利用复制和粘贴的方法实现文本的快速输入。复制和粘贴文本可以使用鼠标操作，也可以通过键盘来操作。

复制文本的方式一般包括3种。

① 使用快捷键。首先选定需要复制的文本，然后按【Ctrl+C】快捷键，将光标移动到目标位置，再按【Ctrl+V】快捷键，即可完成文本的复制与粘贴。

② 使用鼠标。选定需要复制的文本，按住【Ctrl】键不放，同时按住鼠标左键，拖曳光标至目标位置后再释放鼠标左键，所选的内容即被复制到目标位置。

③ 使用“复制”按钮。选定需要复制的文本，单击“开始”选项卡中的“复制”按钮 复制，即可完成文本的复制；在目标位置处，再单击“开始”选项卡中的“粘贴”按钮 粘贴，即可完成文本的粘贴。

④ 使用快捷菜单。选定需要复制的文本并右击，在弹出的快捷菜单中选择“复制”命令 复制(C)；在目标位置处右击，在弹出的快捷菜单中选择“粘贴”命令 粘贴，即可完成文本的复制与粘贴。

粘贴文本的方式一般分为两种。

① 保留源格式粘贴。选定需要复制的文本，在目标位置处右击，在弹出的快捷菜单中单击“粘贴”命令后面的“保留源格式粘贴”命令，粘贴后的文本格式与粘贴前的文本格式相同。

② 只粘贴文本。选定需要复制的文本，在目标位置处右击，在弹出的快捷菜单中单击“粘贴”命令后面的“只粘贴文本”命令，粘贴后的文本格式与目标位置处的文本格式相同。

3. 文本的查找和替换

在文档的编辑过程中，有时需要查找特定的文本信息，如果在整篇文档中逐行查找，效率特别低。WPS 文字文稿软件中的“查找替换”功能为我们解决了这一难题。查找的方式一般分为两种。

① 使用快捷键。通过【Ctrl+F】快捷键打开“查找和替换”对话框，如图3-9所示。单击

“查找”选项卡，在“查找内容”文本框中输入需要查找的内容，单击“查找上一处”按钮或“查找下一处”按钮开始查找。

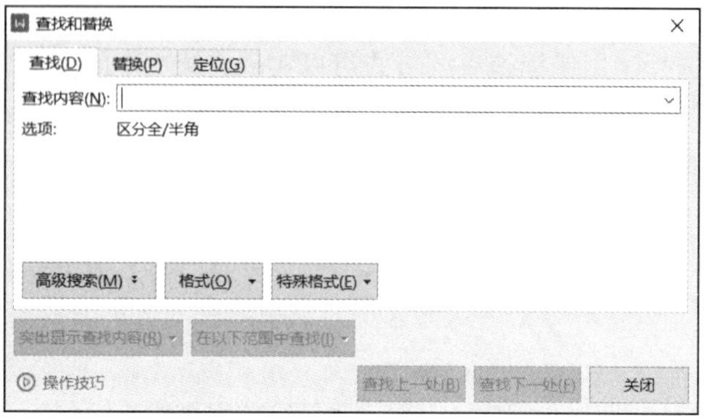

图3-9 “查找和替换”对话框

② 使用“查找替换”按钮。在“开始”选项卡中，单击“查找替换”按钮，即可打开“查找和替换”对话框，输入需要查找的内容，单击“查找上一处”按钮或“查找下一处”按钮开始查找。

替换的方式一般也分为两种。

① 使用快捷键。通过【Ctrl+F】快捷键打开“查找和替换”对话框，单击“替换”选项卡，在“查找内容”文本框中输入需要查找的内容，在“替换为”文本框中输入新的内容，如图3-10所示，将“Word”替换为“WPS Word”。单击“替换”按钮只完成文档中第一处的替换，单击“全部替换”按钮则将文档中的所有“Word”都替换为“WPS Word”。

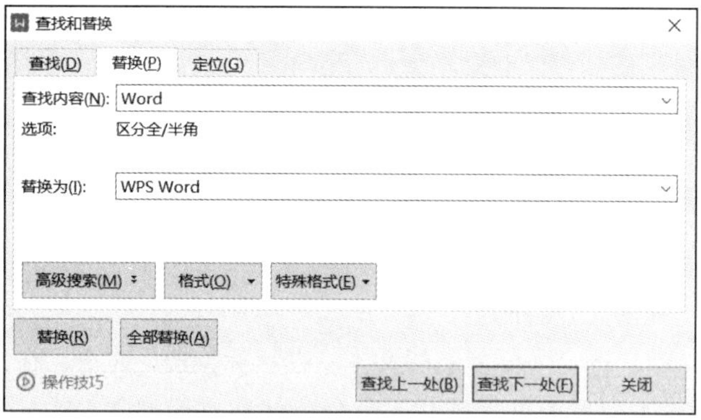

图3-10 “查找和替换”对话框

② 使用“查找替换”按钮。在“开始”选项卡中，单击“查找替换”按钮，即可打开“查找和替换”对话框。之后的替换操作和使用快捷键的操作相同，这里就不赘述了。

3.3.3 文本格式的设置

文本是文字文稿软件中最重要的处理对象，想要更好地展现文档的层次、突出文档的重点，可以通过设置文本的字体、字号等格式来实现。文本的格式一般包括字体、字形、字号、字体颜色、下划线等。用户可以通过3种方式来设置文本的格式。

① 通过功能区设置。选中需要设置格式的文本，在“开始”选项卡的“字体”组中设置

文本的格式，包括字体、字号、增大与减小字号、加粗、倾斜、下划线、文字效果、字体颜色等，如图3-11所示；用户也可以单击字体组右下角的“字体”按钮，打开图3-12所示的“字体”对话框，在对话框中设置文本格式。

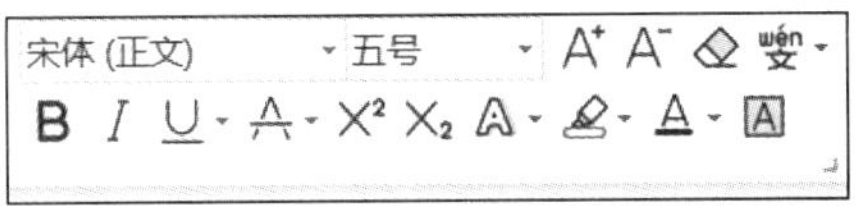

图3-11 字体的设置

图3-12 “字体”对话框

② 通过快捷菜单设置。选中需要设置格式的文本并右击，在弹出的快捷菜单中选择“字体”命令 字体(F)...，弹出图3-12所示的“字体”对话框，对文本格式进行设置。

③ 通过快捷键设置。选中需要设置格式的文本，按【Ctrl+D】快捷键打开“字体”对话框，对文本格式进行设置。

除了文本的常用格式，如果想设置文本的字符间距，在“字体”对话框中单击“字符间距”选项卡，如图3-13所示，即可对字体的缩放、间距、位置等进行设置。

如果需要给文本添加一些文本效果，可以在“字体”对话框中单击左下方的“文本效果”按钮，这时会弹出图3-14所示的“设置文本效果格式”对话框，可以对文本填充与轮廓以及效果进行设置。

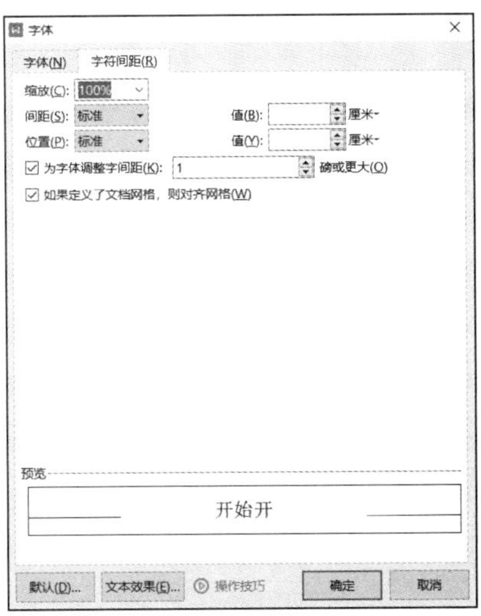

图3-13 “字符间距”的设置

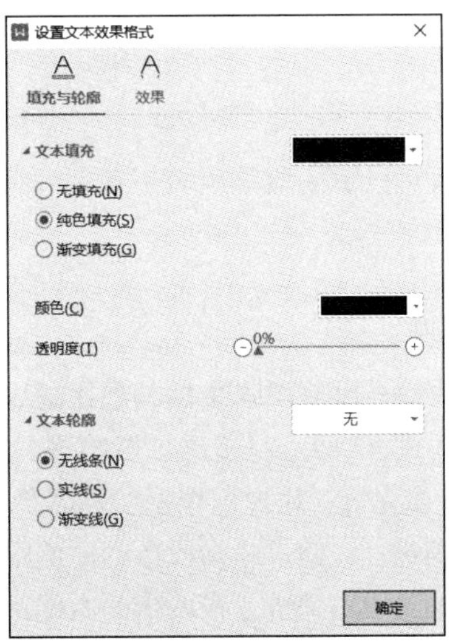

图3-14 “设置文本效果格式”对话框

3.3.4 段落格式的设置

微课 17

扫码看视频

为了增强文档的层次感及美观，用户可以对段落格式进行设置。通常，段落的格式包括对齐方式、缩进、段间距、行间距等。

1. 对齐方式

设置合适的段落对齐方式，可以使文档更美观。段落的对齐方式总共有5种：左对齐、居中对齐、右对齐、两端对齐和分散对齐。调整段落的对齐方式有两种方法。

① 选中需要设置段落对齐方式的文本并右击，在弹出的快捷菜单中选择“段落”命令 段落(P)...，弹出图3-15所示的“段落”对话框，设置对齐方式；还可以选择方向，按照我们日常的习惯，一般都选择“从左向右”。

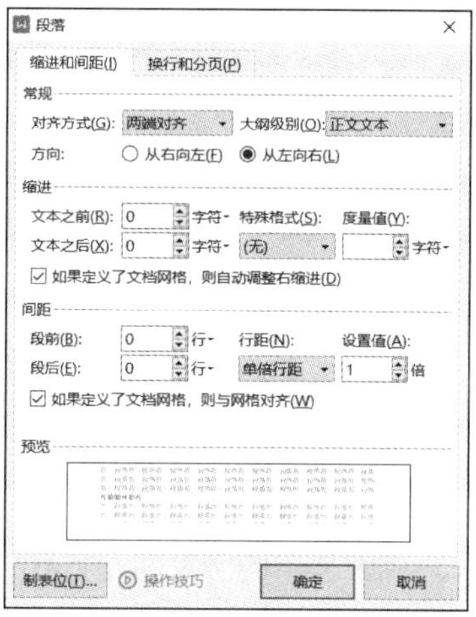

图3-15 “段落”对话框

② 选中需要设置段落对齐方式的文本，在“开始”选项卡的“段落”组中设置段落的对齐方式，如图3-16所示。

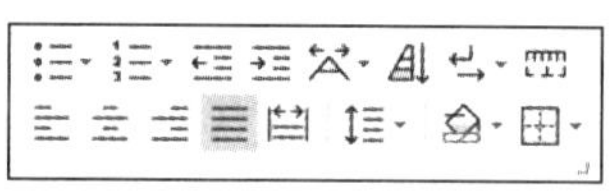

图3-16 段落的设置

用户也可以单击段落组右下角的“段落”按钮，打开“段落”对话框，设置段落的对齐方式。

2. 缩进

段落的缩进可以增强文档的层次感，段落缩进在图3-15所示的“缩进”组中进行设置。段落缩进方式有4种：左缩进、右缩进、首行缩进和悬挂缩进。缩进的单位是字符、磅、英寸、厘米、毫米等，用户可根据实际需要进行选择。

① 左缩进。左缩进是指段落的左侧距离页面左侧的缩进量。

② 右缩进。右缩进是指段落的右侧距离页面右侧的缩进量。

③ 首行缩进。首行缩进是指段落第一行的第一个字符的起始位置距离页面左侧的缩进量。

④ 悬挂缩进。悬挂缩进是指除了第一行之外的段落中其他行距离页面左侧的缩进量。

3. 段间距

段间距是指相邻的段落之间的垂直距离。段间距分为段前间距和段后间距，段前间距是指当前段落距离前一段落的距离，段后间距是指当前段落距离后一段落的距离，单位为磅、英寸、厘米、毫米、行等，一般用行。

调整段间距常用的方法有两种。

① 选中需要设置段间距的文本并右击，在弹出的快捷菜单中选择“段落”命令 段落(P)...，会弹出“段落”对话框，在对话框中设置段前间距和段后间距。

② 选中需要设置段间距的文本，单击“开始”选项卡中“段落”组右下角的“段落”按钮，从而打开“段落”对话框，设置段间距。

4. 行间距

行间距（行距）是指相邻的行之间的垂直距离。设置行距的方法也有两种。

① 选中需要设置行距的文本并右击，在弹出的快捷菜单中选择“段落”命令 段落(P)...，会弹出“段落”对话框，在对话框中设置行距。常用的行距有单倍行距、1.5倍行距、2倍行距等，用户也可以根据实际需要，设置具体的行距值。图3-17所示的行距为固定值“12”磅。

图3-17　行距的设置

② 选中需要设置行距的文本，在“开始”选项卡中找到“段落”组，单击右下角的“段落”按钮，从而打开“段落”对话框，设置行距。

5. 项目符号

在文档中添加项目符号可以增强文档的层次感。添加项目符号的方法有两种。

① 选中需要添加项目符号的段落，在“开始”选项卡中找到“段落”组，单击“项目符号”按钮，这时会给段落添加●项目符号；如果要添加其他的项目符号，可以单击“插入项目符号”按钮右侧的下拉按钮，这时在列表中展示出所有的项目符号，如图3-18所示，

选择需要的项目符号完成添加。

② 选中需要添加项目符号的段落并右击，在弹出的快捷菜单中选择“项目符号和编号”命令 项目符号和编号(N)...，这时会弹出图3-19所示的“项目符号和编号”对话框，选择需要的项目符号，单击“确定”按钮完成添加。

图3-18 “项目符号”列表

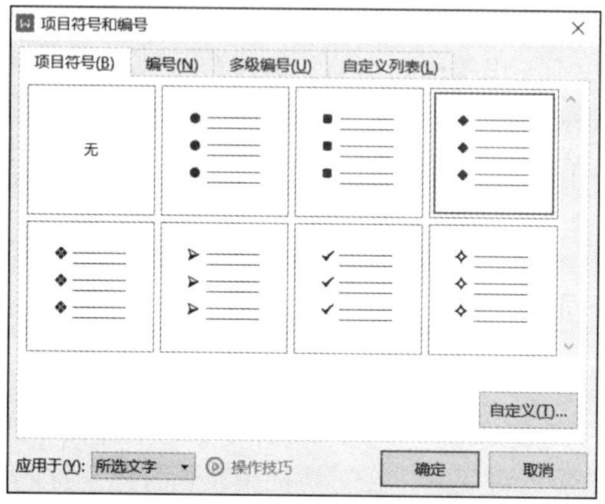

图3-19 “项目符号和编号”对话框

6. 编号

为了使文档更有条理，可以给文档添加编号。通过下面两种方式可添加编号。

① 选中需要添加编号的段落，在“开始”选项卡中找到“段落”组，单击“编号”按钮 ，这时会给段落添加形如“1. 2. …”的编号；如果要添加其他的编号，可以单击“插入编号”按钮右侧的下拉按钮 ，这时在列表中展示出所有的编号，如图3-20所示，选择需要的编号完成添加。

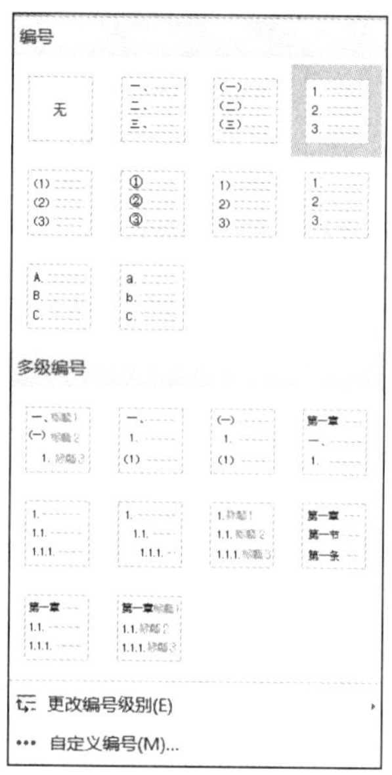

图3-20 “编号”列表

② 选中需要添加编号的段落并右击，在弹出的快捷菜单中选择“项目符号和编号”命令 项目符号和编号(N)...，这时会弹出“项目符号和编号”对话框，单击“编号”选项卡，如图3-21所示，从列表中选择需要的编号，单击“确定”按钮完成添加。

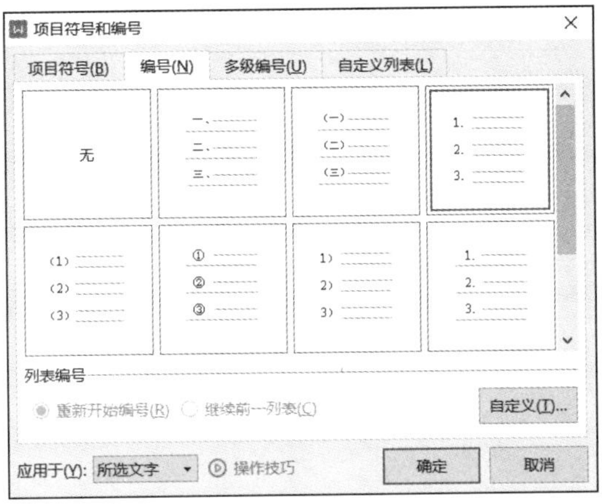

图3-21 “编号”选项卡

任务实现

微课 18

扫码看视频

3.3.5 设置文件中的文本格式

① 打开D盘“文字文稿软件练习”文件夹中的“文字文稿软件的练习.docx”文件，输入两段文本，如图3-22所示。

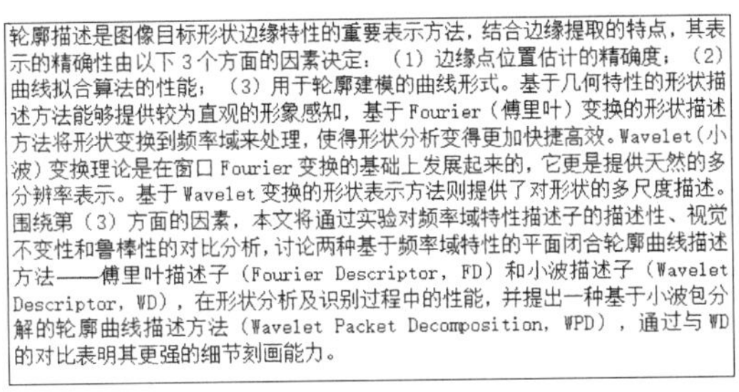

轮廓描述是图像目标形状边缘特性的重要表示方法，结合边缘提取的特点，其表示的精确性由以下3个方面的因素决定：（1）边缘点位置估计的精确度；（2）曲线拟合算法的性能；（3）用于轮廓建模的曲线形式。基于几何特性的形状描述方法能够提供较为直观的形象感知，基于Fourier（傅里叶）变换的形状描述方法将形状变换到频率域来处理，使得形状分析变得更加快捷高效。Wavelet（小波）变换理论是在窗口Fourier变换的基础上发展起来的，它更是提供天然的多分辨率表示。基于Wavelet变换的形状表示方法则提供了对形状的多尺度描述。围绕第（3）方面的因素，本文将通过实验对频率域特性描述子的描述性、视觉不变性和鲁棒性的对比分析，讨论两种基于频率域特性的平面闭合轮廓曲线描述方法——傅里叶描述子（Fourier Descriptor，FD）和小波描述子（Wavelet Descriptor，WD），在形状分析及识别过程中的性能，并提出一种基于小波包分解的轮廓曲线描述方法（Wavelet Packet Decomposition，WPD），通过与WD的对比表明其更强的细节刻画能力。

图3-22 输入文本

② 通过【Ctrl+A】快捷键选中所有文本并右击，在弹出的快捷菜单中选择“字体”，打开“字体”对话框，设置“中文字体”为“华文楷体”，“西文字体”为“Times New Roman”，“字号”为“小四”，设置的样式如图3-23所示，单击“确定”按钮，完成文本格式的设置。

③ 此时，文本效果如图3-24所示。

④ 通过【Ctrl+A】快捷键选中所有文本并右击，在弹出的快捷菜单中选择“段落”，打开“段落”对话框，设置“对齐方式”为“两端对齐”，“首行缩进”为“2”字符，“段前”为“0.5”行，“段后”为“1”行，“行距”为“多倍行距”，行距“设置值”为“1.2”倍，设置的样式如图3-25所示，单击“确定”按钮，完成段落格式的设置。

⑤ 此时，效果如图3-26所示。

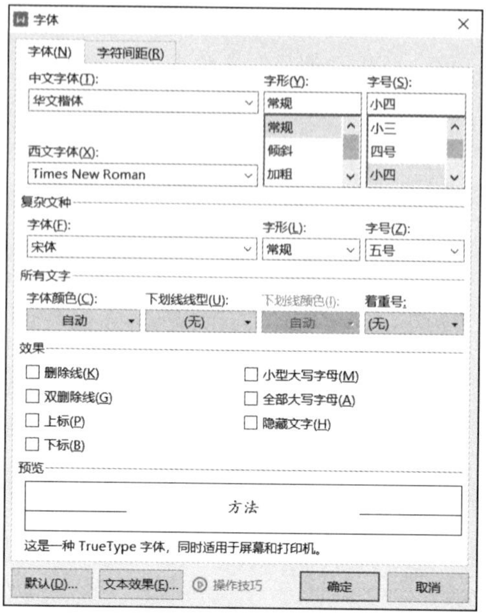

图3-23 “字体”的设置

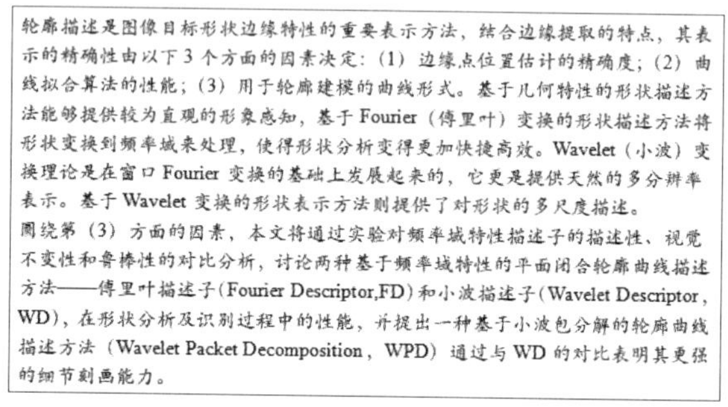
轮廓描述是图像目标形状边缘特性的重要表示方法，结合边缘提取的特点，其表示的精确性由以下 3 个方面的因素决定：(1) 边缘点位置估计的精确度；(2) 曲线拟合算法的性能；(3) 用于轮廓建模的曲线形式。基于几何特性的形状描述方法能够提供较为直观的形象感知，基于 Fourier（傅里叶）变换的形状描述方法将形状变换到频率域来处理，使得形状分析变得更加快捷高效。Wavelet（小波）变换理论是在窗口 Fourier 变换的基础上发展起来的，它更是提供天然的多分辨率表示。基于 Wavelet 变换的形状表示方法则提供了对形状的多尺度描述。
围绕第 (3) 方面的因素，本文将通过实验对频率域特性描述子的描述性、视觉不变性和鲁棒性的对比分析，讨论两种基于频率域特性的平面闭合轮廓曲线描述方法——傅里叶描述子(Fourier Descriptor,FD)和小波描述子(Wavelet Descriptor，WD)，在形状分析及识别过程中的性能，并提出一种基于小波包分解的轮廓曲线描述方法（Wavelet Packet Decomposition，WPD）通过与 WD 的对比表明其更强的细节刻画能力。

图3-24 文本格式设置效果

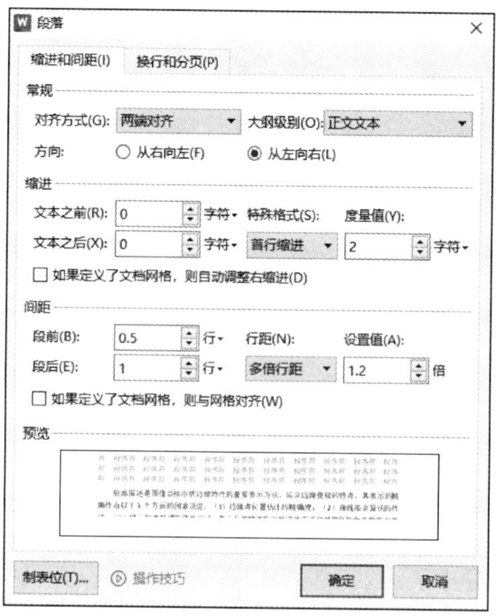

图3-25 “段落”的设置

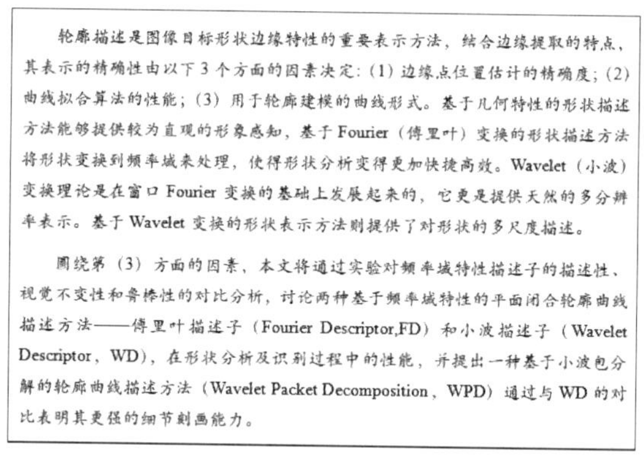
轮廓描述是图像目标形状边缘特性的重要表示方法，结合边缘提取的特点，其表示的精确性由以下 3 个方面的因素决定：(1) 边缘点位置估计的精确度；(2) 曲线拟合算法的性能；(3) 用于轮廓建模的曲线形式。基于几何特性的形状描述方法能够提供较为直观的形象感知，基于 Fourier（傅里叶）变换的形状描述方法将形状变换到频率域来处理，使得形状分析变得更加快捷高效。Wavelet（小波）变换理论是在窗口 Fourier 变换的基础上发展起来的，它更是提供天然的多分辨率表示。基于 Wavelet 变换的形状表示方法则提供了对形状的多尺度描述。

围绕第 (3) 方面的因素，本文将通过实验对频率域特性描述子的描述性、视觉不变性和鲁棒性的对比分析，讨论两种基于频率域特性的平面闭合轮廓曲线描述方法——傅里叶描述子（Fourier Descriptor,FD）和小波描述子（Wavelet Descriptor，WD），在形状分析及识别过程中的性能，并提出一种基于小波包分解的轮廓曲线描述方法（Wavelet Packet Decomposition，WPD）通过与 WD 的对比表明其更强的细节刻画能力。

图3-26 段落格式设置效果

⑥ 保存并退出“文字文稿软件的练习.docx”文档。

3.4 表格制作和处理

在日常的工作生活中，经常会看到各种各样的表格，比如课程表、调查表等。使用表格可以更直观形象地描述问题，因此熟练地使用表格尤为重要。

任务描述

小王想使用WPS文字文稿软件制作一张新学期的课程表，这样就可以清楚地知道每天各个时间段需要上的课程。课程表效果如图3-27所示。

节次/星期	上午		下午	
	1~2节	3~4节	5~6节	7~8节
星期一	信息基础	实用英语		
星期二	高等数学	思想政治	编程基础	
星期三	实用英语	体育	信息基础	
星期四	编程基础		思想政治	
星期五	高等数学	编程基础		

图3-27 课程表效果

任务分析

使用文字文稿软件中的表格可以轻松地制作一张课程表，因此小王需要学习表格的制作、表格的编辑等。本任务可以划分为4个子任务。

- 表格的插入。
- 表格的编辑。
- 表格与文本的转换。
- 表格的排序。

相关知识

3.4.1 表格的插入

在文字文稿软件中，有多种插入表格的方法，例如使用“表格”按钮、使用“插入表格”对话框、手动绘制表格等。

1. 使用“表格”按钮

使用“表格”按钮是最简单的方法，插入一个基本的表格可以使用这种方法，操作步骤如下。

① 将光标移动到需要插入表格的目标位置。

② 单击“插入”选项卡，找到“表格”并单击，会出现图3-28所示的“插入表格”列表，用鼠标指针在列表上方的方格处选择需要的行数和列数，即可完成表格的插入。图3-29所示为插入的一个5行7列的表格。

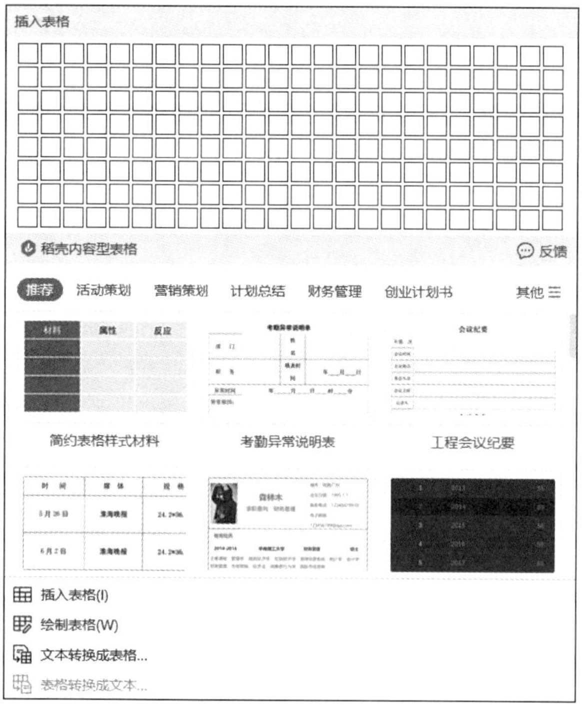

图3-28 “插入表格”列表

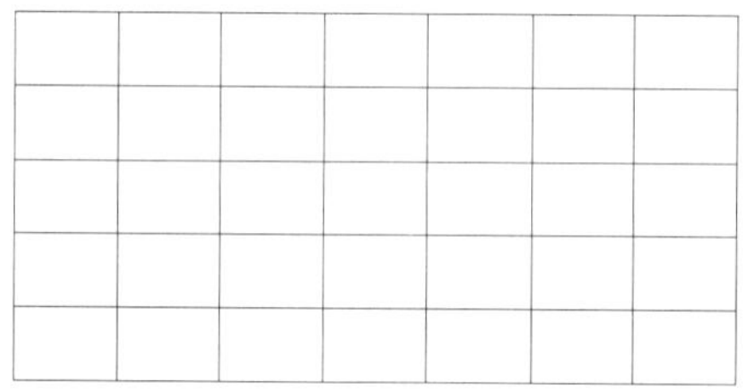

图3-29 插入5行7列的表格

2. 使用“插入表格”对话框

使用“插入表格”对话框创建表格，可以精确设置表格的大小，创建的表格也是规则的，操作步骤如下。

① 将光标移动到需要插入表格的目标位置。

② 单击“插入”选项卡，单击“表格”，在“插入表格”列表中选择“插入表格”选项 插入表格(I)，会弹出图3-30所示的“插入表格”对话框，在对话框中可以设置表格的列数、行数等。

③ 在“插入表格”对话框中，列宽可以选择“自动列宽”，也可以选择“固定列宽”，并设置具体的宽度值，设置完成后单击“确定”按钮即可完成表格的插入。

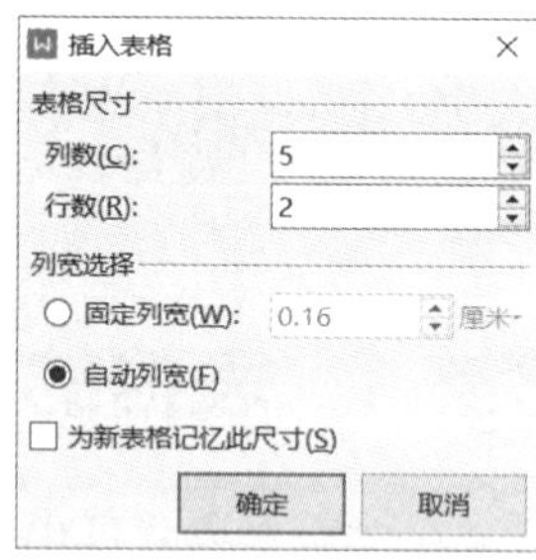

图3-30 “插入表格”对话框

3. 手动绘制表格

通过“表格”按钮和“插入表格”对话框的方法，创建的表格都是等距离的规则表格。在实际使用中，有时需要创建行高和列宽不同的表格，这时我们可以使用手动绘制表格的方法，具体的操作步骤如下。

① 将光标移动到需要插入表格的目标位置。

② 单击“插入”选项卡，单击“表格”，在“插入表格”列表中选择“绘制表格”选项 绘制表格(W)，这时鼠标指针会变成笔的形状。

③ 按住鼠标左键不放并拖动鼠标，会出现一个表格的虚框，绘制一个6行6列的表格虚框（见图3-31），调整至合适大小后释放鼠标左键即可。

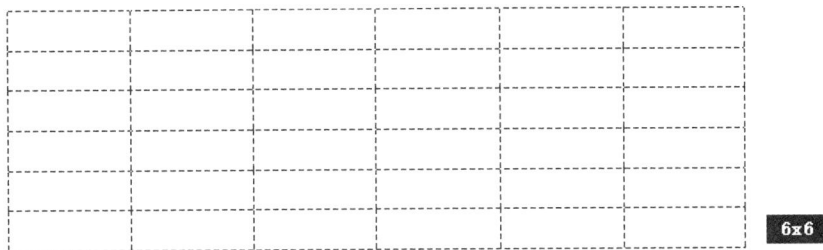

图3-31　绘制6行6列的表格虚框

利用手动绘制表格的方法不但可以绘制大小不一的单元格，而且可以绘制一些具有斜线表头的表格。

3.4.2　表格的编辑

创建完表格之后，有时需要对表格进行编辑，例如表格的选取，行、列、单元格的插入与删除、单元格的合并与拆分、行高与列宽的调整、边框与底纹的设置等。

微课 19

扫码看视频

1. 表格的选取

（1）选取单元格

表格中的每一个小方格称为单元格。单元格的选取包括单个单元格的选取、连续单元格的选取、不连续单元格的选取等。

① 单个单元格的选取。将鼠标指针移动到指定单元格的左上角，当鼠标指针变成指向右上方的实心箭头 时，单击即可选中该单元格。

② 连续单元格的选取。选中第一个单元格，按住鼠标左键拖曳至最后一个单元格处，这时第一个单元格、最后一个单元格及其中间的单元格都被选取了。另一种方法是，选中第一个单元格，按住【Shift】键不放，再选取最后一个单元格，也可以实现连续单元格的选取。

③ 不连续单元格的选取。选取第一个单元格后，按住【Ctrl】键不放，再分别选取其他单元格，直至所有单元格都被选取后释放【Ctrl】键，完成不连续单元格的选取。

（2）选取整行

将鼠标指针移动至表格左侧空白处，当鼠标指针变成指向右上方的空白粗箭头 时，单击即可完成整行单元格的选取。图3-32所示为选取表格中的第一行单元格。

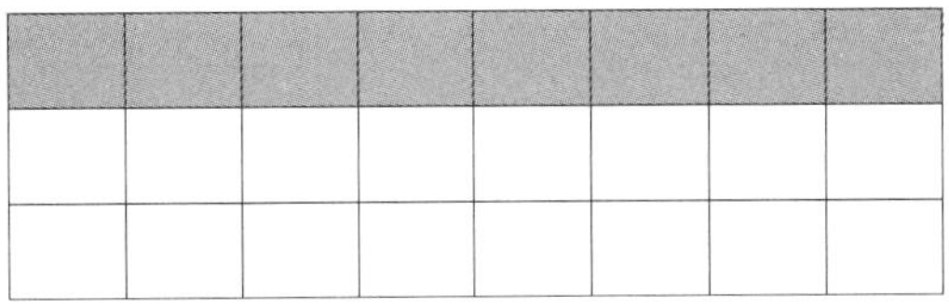

图3-32　选取整行

（3）选取整列

将鼠标指针移动至表格上方空白处，当鼠标指针变成向下的实心粗箭头 时，单击即可完成整列单元格的选取。图3-33所示为选取表格中的第四列单元格。

图3-33 选取整列

（4）选取整个表格

将鼠标指针移动至表格的左上角，单击左上角的带十字的小方框图标⊞，即可选中整个表格。

除了上述方法外，还可以先选中第一行单元格，按住鼠标左键，向下拖曳鼠标直至最后一行单元格被选中，这时整个表格即被选中了。也可以先选中第一列单元格，按住鼠标向右拖曳，直至所有列被选中。

2. 行、列、单元格的插入与删除

在对表格的编辑过程中，有时需要插入或删除一些行、列或单元格。

（1）行、列、单元格的插入

① 行的插入。选中表格中的一行，右击该行，在弹出的快捷菜单中选择“插入”命令 插入(I)，在子菜单中根据需要选择“在上方插入行” 在上方插入行(A) 或“在下方插入行” 在下方插入行(B)，新的一行将会出现在所选行的上方或下方。

② 列的插入。选中表格中的一列，右击该列，在弹出的快捷菜单中选择“插入”命令 插入(I)，在子菜单中根据需要选择“在左侧插入列” 在左侧插入列(L)或“在右侧插入列” 在右侧插入列(R)，新的一列将会出现在所选列的左侧或右侧。

③ 单元格的插入。在表格中选定需要插入单元格的位置并右击，在弹出的快捷菜单中选择“插入”命令，在子菜单中选择“单元格” 单元格(E)...，这时会弹出图3-34所示的“插入单元格”对话框。在该对话框中，用户可以根据实际需要选择“活动单元格右移”等选项，设置完成后，单击“确定”按钮完成单元格的插入。

（2）行、列、单元格的删除

① 行的删除。将鼠标指针移动至表格左侧的空白处，选中需要删除的一行或连续多行并右击，在弹出的快捷菜单中选择“删除行”命令 删除行(D)，即可将选中的行删除。

② 列的删除。将鼠标指针移动至表格上方的空白处，选中需要删除的一列或连续多列并右击，在弹出的快捷菜单中选择“删除列”命令 删除列(D)，即可将选中的列删除。

③ 单元格的删除。将鼠标指针移动至需要删除的单元格处并右击，在弹出的快捷菜单中选择“删除单元格”命令 删除单元格(D)...，这时会弹出“删除单元格”对话框，如图3-35所示。根据实际需要选择“右侧单元格左移”或其他选项，单击“确定”按钮完成单元格的删除。

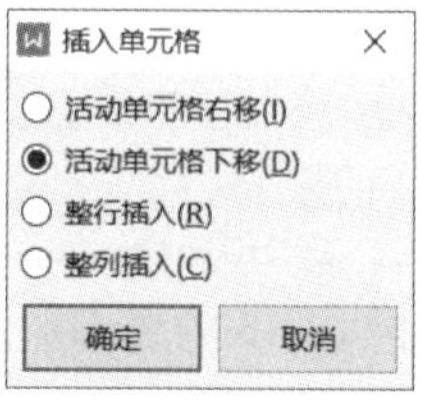

图3-34 “插入单元格”对话框

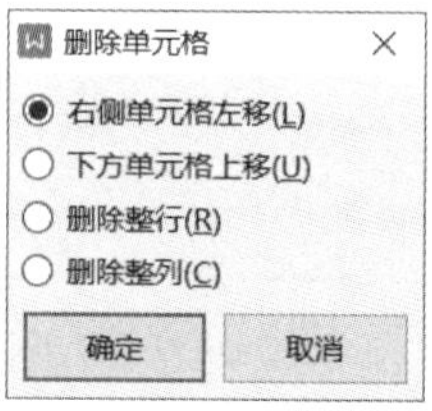

图3-35 “删除单元格”对话框

3. 单元格的合并与拆分

在对表格的操作过程中，有时需要多个单元格合成一个单元格，或将一个单元格分成多个单元格，这时就用到单元格的合并与拆分。

（1）单元格的合并

选中需要合并的两个或多个单元格并右击，在弹出的快捷菜单中选择“合并单元格”命令 合并单元格(M)，即可完成单元格的合并。图3-36所示为将表格第一行的第2至8个单元格合并。

（2）单元格的拆分

将鼠标指针移动至需要拆分的单元格内并右击，在弹出的快捷菜单中选择“拆分单元格”命令 拆分单元格(P)...，会弹出“拆分单元格”对话框，如图3-37所示。在对话框中可以设置拆分的列数及行数，完成后单击“确定”按钮即可。

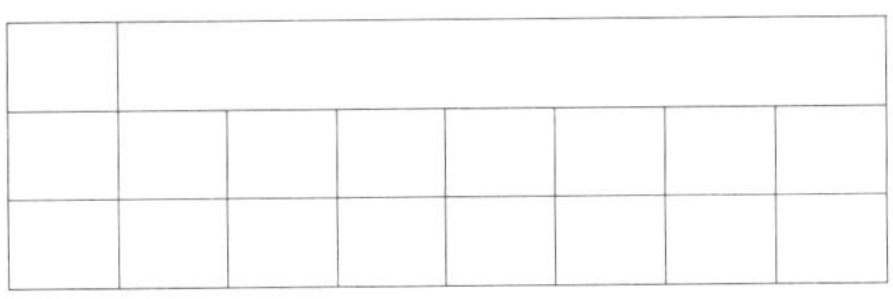

图3-36　合并单元格

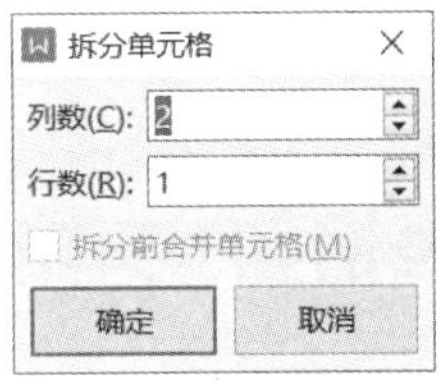

图3-37　拆分单元格

4. 行高与列宽的调整

行高与列宽的调整有如下3种方法。

（1）自动调整法

将光标移动至表格内，在“表格工具”选项卡中找到“自动调整”选项 自动调整 并单击，弹出图3-38所示的自动调整的方式，根据实际需要选择一种即可。

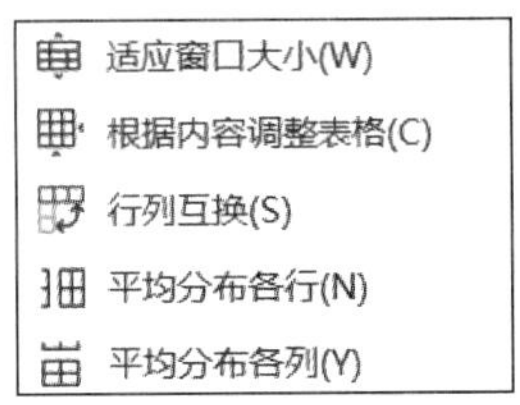

图3-38　自动调整的方式

（2）鼠标拖曳法

如果需要调整行高，将鼠标指针移动至需要调整的行的下边框处，当鼠标指针变成上下双向箭头 ÷ 时，按住鼠标左键并拖曳至合适的位置即可。

如果需要调整列宽，将鼠标指针移动至需要调整的列的右边框处，当鼠标指针变成左右双向箭头 ⇹ 时，按住鼠标左键进行拖曳，即可改变列宽。

（3）对话框调整法

选中需要调整的单元格并右击，在弹出的快捷菜单中选择“表格属性” 表格属性(R)...，会弹出图3-39所示的“表格属性”对话框，在“行”选项卡对应的界面中可以设置行高，在“列”选项卡对应的界面中可以设置列宽，设置完毕后单击“确定”按钮完成操作。

5. 边框与底纹的设置

为了美化表格，用户可以为表格添加边框和底纹。

在图3-39所示的“表格属性”对话框中，单击下方的“边框和底纹”按钮，弹出图3-40所示的“边框和底纹”对话框。在“边框”选项卡中，用户可以设置边框的线型、颜色及宽度。在“页面边框”选项卡中，也可以设置页面边框的样式。在“底纹”选项卡中，用户可以设置填充的颜色及图案。

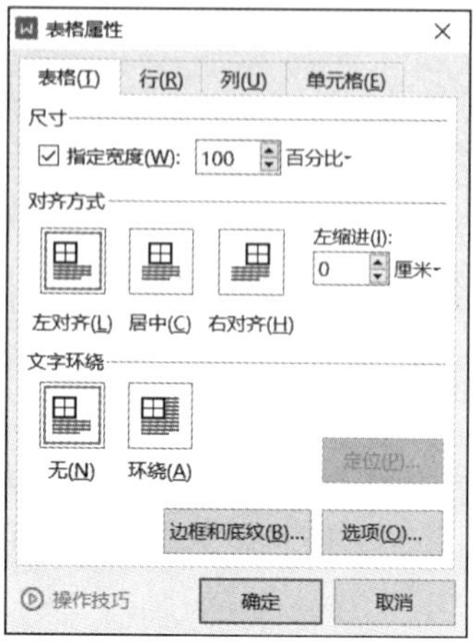

图3-39 “表格属性”对话框

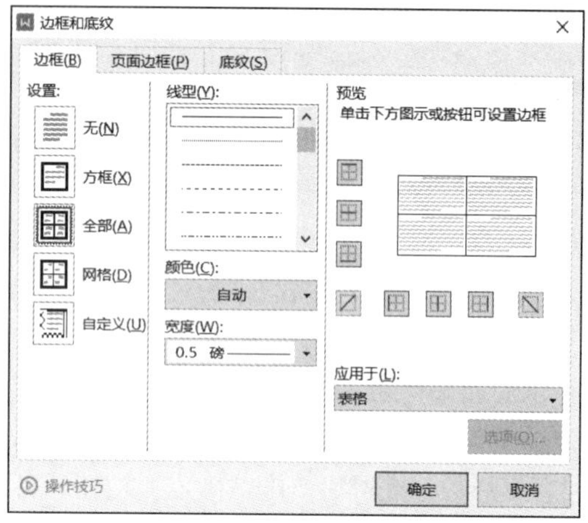

图3-40 “边框和底纹”对话框

3.4.3 表格与文本的转换

在文字文稿软件中，可以对表格与文本进行转换，文本可以直接转换为表格，表格也可以转换为文本，但是在转换的过程中需要注意一些格式的调整。

1. 文本转换为表格

将文本转换为表格前需要调整一些格式：文本的行与行之间用段落标记符分开，列与列之间用空格分开。在文字文稿软件中输入图3-41所示的两行文本。

选中上述文本，在“插入”选项卡的“表格”组中找到“文本转换成表格”并单击，会弹出“将文字转换成表格”对话框，如图3-42所示，在其中设置表格的列数、行数及文字分隔位置后，单击“确定”按钮即可。

姓名 7月份 8月份 9月份

小王 3500 3670 4200

图3-41 文字文稿软件中输入的两行文本

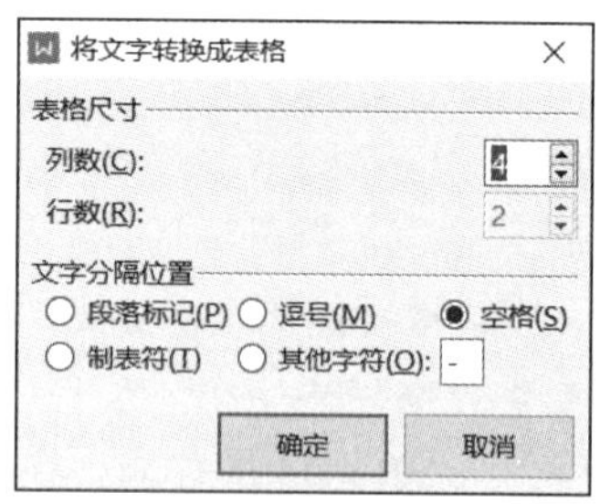

图3-42 “将文字转换成表格”对话框

效果如图3-43所示。

姓名	7月份	8月份	9月份
小王	3500	3670	4200

图3-43 文字转换成表格效果

2. 表格转换为文本

首先选中整个表格，在“插入”选项卡中找到“表格”组并单击，在列表中选择“表格转换成文本”，这时会弹出“表格转换成文本”对话框，如图3-44所示。“文字分隔符”设置为“制表符”，然后单击“确定”按钮即可，转换后的效果如图3-45所示。

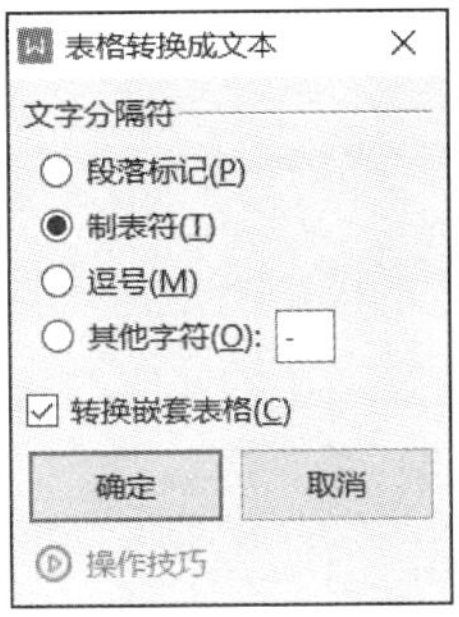

图3-44 “表格转换成文本”对话框

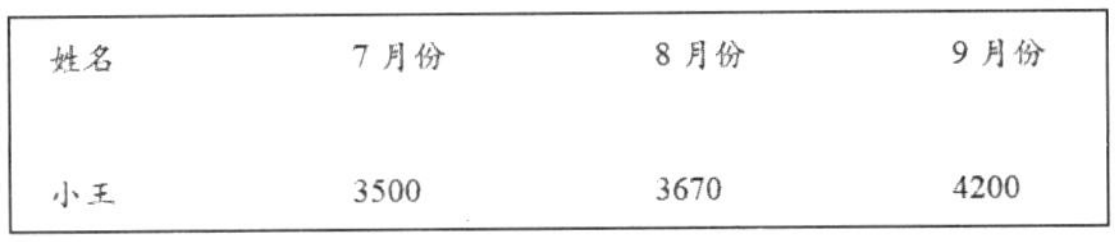
姓名	7月份	8月份	9月份

小王	3500	3670	4200

图3-45 表格转换成文本效果

3.4.4 表格的排序

文字文稿软件除了提供一些基本的表格数据操作功能外，还提供了对表格数据进行排序的功能。

在表格中，可以将表格中的文本数据按照升序或降序排列，操作步骤如下。

① 选中要排序的表格中的数据。

② 在“表格工具”选项卡中，单击“排序”按钮，弹出图3-46所示的“排序”对话框。

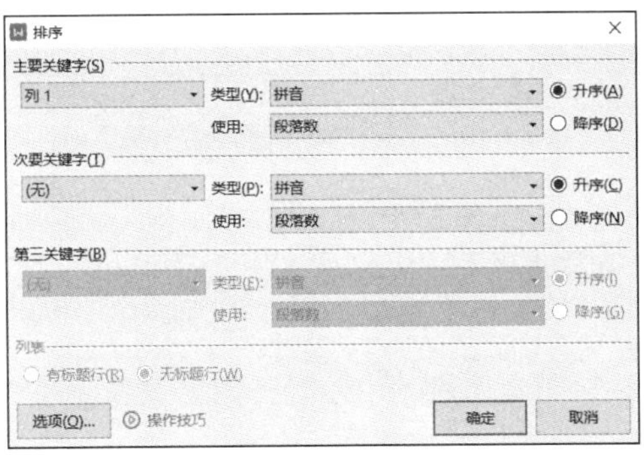

图3-46 “排序”对话框

③ 在“排序”对话框中，设置主要关键字、主要关键字的类型及排序顺序；如果还需设置次要关键字和第三关键字，也可以在该对话框中同时设置。

任务实现

微课 20

扫码看视频

3.4.5 制作课程表

① 新建一个空白文档并打开，将文档保存至D盘的“文字文稿软件练习”文件夹中，将

文件命名为“课程表.docx”。

② 将光标定位到需要插入课程表的位置，单击“插入”选项卡中的“表格”按钮，在下拉列表中用鼠标指针选择插入一个“7行*5列”的表格，如图3-47所示。

③ 插入的表格如图3-48所示。

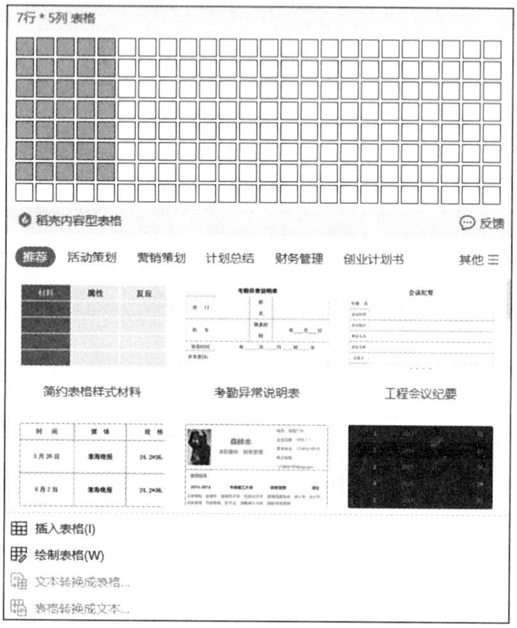

图3-47 选择插入“7行*5列”的表格

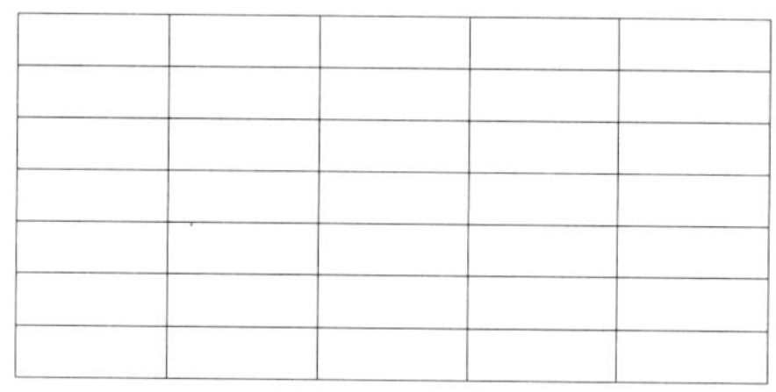

图3-48 插入的表格

④ 设置表格的行高和列宽。选中整个表格并右击，在弹出的快捷菜单中选择“表格属性”，弹出“表格属性”对话框，如图3-49所示。

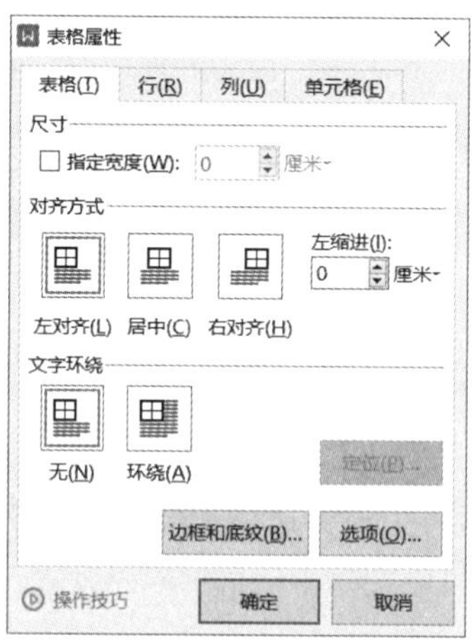

图3-49 “表格属性”对话框

单击“行”选项卡，设置行高为“1”厘米；单击“列”选项卡，设置列宽为“3”厘米，单击“确定”按钮。

⑤ 合并单元格。选中表格第1列中的第1行和第2行两个单元格并右击，在弹出的快捷菜单中选择“合并单元格”，将这两个单元格合并为一个单元格。另外，将表格第1行中的第2列和第3列两个单元格合并，第1行中的第4列和第5列两个单元格合并，效果如图3-50所示。

⑥ 绘制斜线表头。将光标定位到表格中第1行第1列的单元格，单击“表格工具”选项卡，再选择“绘制表格”，将鼠标指针移动至第1行第1列单元格的左上角，按住鼠标左键并拖曳至这个单元格的右下角，斜线表头绘制完毕，效果如图3-51所示。

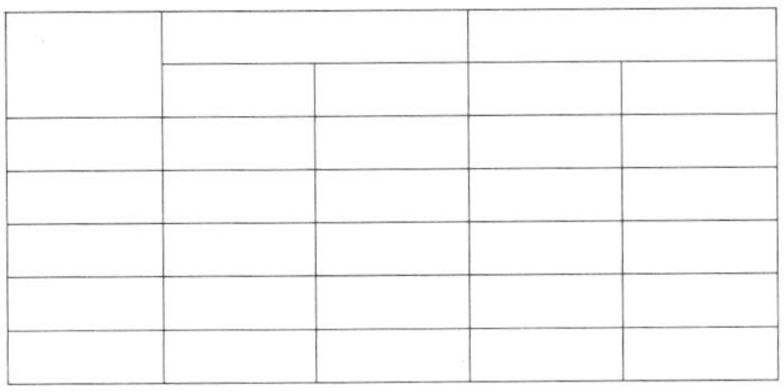

图3-50 合并单元格后效果

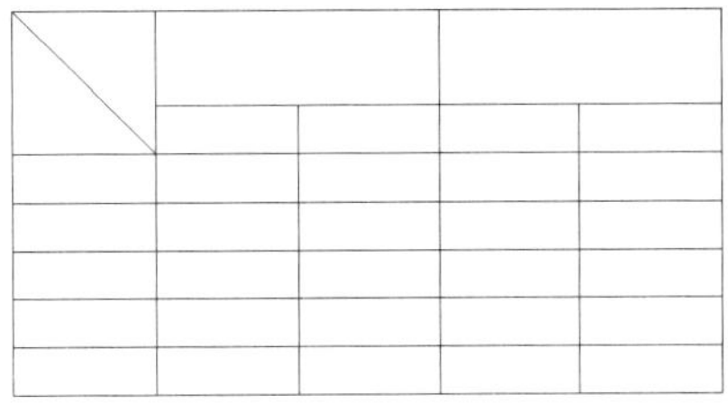

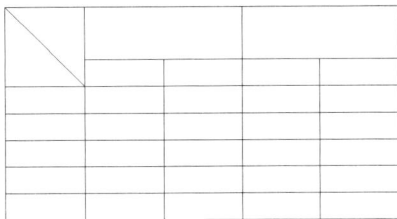

图3-51 绘制斜线表头效果

⑦ 输入表格内容，完成后效果如图3-52所示。

节次 / 星期	上午		下午	
	1~2 节	3~4 节	5~6 节	7~8 节
星期一	信息基础	实用英语		
星期二	高等数学	思想政治	编程基础	
星期三	实用英语	体育	信息基础	
星期四	编程基础		思想政治	
星期五	高等数学	编程基础		

图3-52 输入表格内容后效果

⑧ 设置单元格对齐方式。选中表格，在“表格工具”选项卡中，单击“对齐方式”选项，会显示单元格的9种对齐方式，如图3-53所示。选择“水平居中”，则单元格中内容在水平和垂直方向都是居中显示。

⑨ 添加边框和底纹。选中表格并右击，在弹出的快捷菜单中选择“表格属性”，在弹出的“表格属性”对话框中单击下方的“边框和底纹”，弹出“边框和底纹”对话框，在“边框”选项卡中，设置边框为“全部”，并设置线型、颜色及宽度；在“底纹”选项卡中，设置“填充”为“白色，背景1，深色5%”，“样式”为“5%”，单击“确定”按钮，课程表效果如图3-54所示。

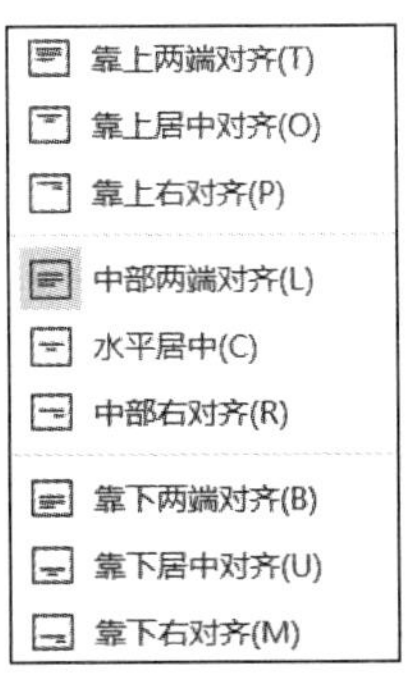

图3-53 单元格的9种对齐方式

节次 / 星期	上午		下午	
	1~2 节	3~4 节	5~6 节	7~8 节
星期一	信息基础	实用英语		
星期二	高等数学	思想政治	编程基础	
星期三	实用英语	体育	信息基础	
星期四	编程基础		思想政治	
星期五	高等数学	编程基础		

图3-54 课程表效果

⑩ 保存并退出“课程表.docx”文档。

3.5 文档排版

在文档内容编辑完成后，还需要对文档格式进行相应的设置，包括页面的设置、样式的设置以及目录的插入与更新等，以便使文档更加整齐、美观。

任务描述

小王从网上下载了一篇文档，想利用文字文稿软件的排版功能，对文档版式进行重新编排，并添加目录，提高文档的可读性。

任务分析

小王要想顺利地完成版面的编排，必须掌握排版的相关知识，包括页面的设置、样式的设置、目录的插入与更新等。因此，本任务可以划分为3个子任务。

- 页面的设置。
- 样式的设置。
- 目录的插入与更新。

相关知识

微课 21

扫码看视频

3.5.1 页面的设置

设计合理的页面，可以提升文档的美观度。因此在编辑好文档中的内容后，需要对页面的格式进行相应的设置，包括纸张方向与大小、页边距、分栏、分隔符等。

1. 纸张方向与大小

（1）纸张方向

纸张方向有两种：纵向和横向。纵向表示在垂直方向放置纸张，高度大于宽度；横向表示在水平方向放置纸张，宽度大于高度。文字文稿软件中默认的是纵向。

如果需要调整纸张方向，则单击“页面布局”选项卡，找到“纸张方向”按钮并单击，这时需要用户在下拉列表中选择“纵向”或“横向”，根据需要选择即可。

（2）纸张大小

文字文稿软件中提供了多种类型的纸张大小供用户使用，默认的是A4，即高度为29.7厘米，宽度为21厘米。

如果要调整纸张大小，在“页面布局”选项卡的功能区中找到“纸张大小”并单击，在弹出的下拉列表中列出了常用的一些纸张大小。如果需要自定义纸张大小，单击下拉列表下方的“其他页面大小”，会弹出“页面设置”对话框，如图3-55所示。

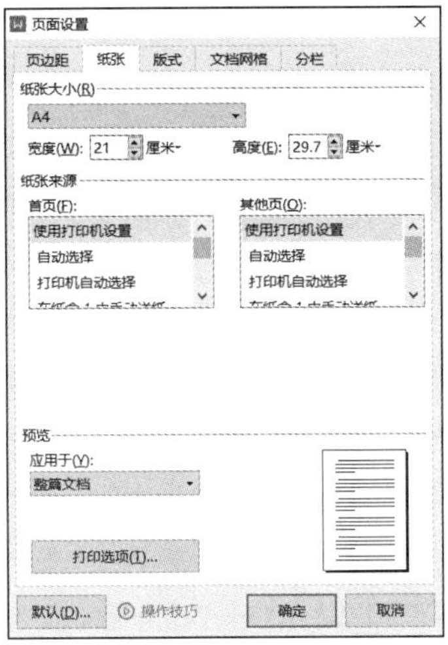

图3-55 “页面设置”对话框

在“页面设置”对话框中，选择“纸张”选项卡，在“纸张大小”下方的列表中选择需要的纸张大小；如果列表中没有合适的选项，可以选择列表中的最后一项“自定义大小”，根据实际需要对纸张的宽度和高度进行设置。

2. 页边距

页边距是指本节文档内容或整篇文档内容与页面边缘之间的距离。页边距的设置有多种方式。

① 在“页面布局”选项卡下方的功能区中，“页边距”按钮右侧有“上”“下”“左”“右”4个文本框，用户可以在文本框中输入相应的边距，或用文本框右侧的上下箭头来调整边距。

② 单击“页边距”按钮，在下拉列表中有“普通”“窄”“适中”“宽”4类边距供用户选择。

③ 单击“页边距”按钮，在下拉列表中选择“自定义页边距”，在弹出的“页面设置”对话框中进行设置，如图3-56所示。

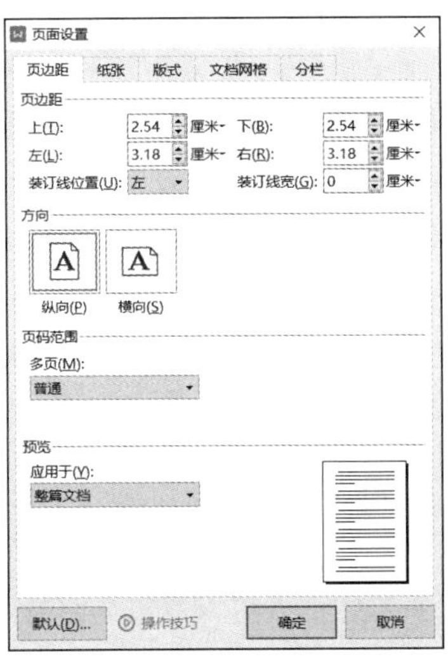

图3-56 “页面设置”对话框

3. 分栏

分栏是将文档中的内容分成一栏、两栏或更多栏。

选中需要分栏的文本，在“页面布局”选项卡的功能区找到“分栏”选项并单击，可以快速地将文本分为“一栏”“两栏”或“三栏”；单击“更多分栏”，在弹出的“分栏”对话框中，可以进行更详细的分栏设置，如图3-57所示，例如设置分栏的栏数、偏左或偏右、栏的宽度和间距以及分栏的应用区域等。

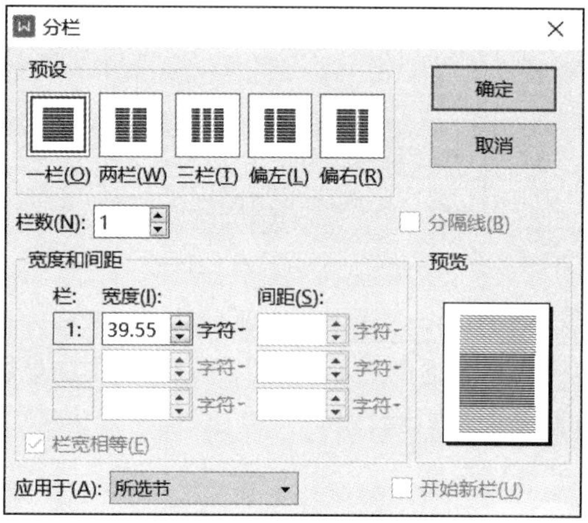

图3-57 “分栏”对话框

4. 分隔符

分隔符在文档排版中是不可或缺的，常用的有分页符和分节符。

分页符的作用是将页面分为两页，在我们日常编辑文档的过程中，如果一页已经编辑完成，文档会自动插入一个分页符开始新的一页。如果需要在特定的位置进行分页，需要手动插入分页符，首先将光标定位在文档中需要插入分页符的地方，单击“页面布局”，选择“分隔符”，再选择“分页符”，文档会插入新的一页，光标也会定位到新的页面的起始位置处。

分节符一般用在文档中的一章结束后，插入分节符再开始新的一章，在不同的节中可以对文档页面进行不同的设置。插入分节符的方法为：单击“页面布局”，选择“分隔符”，再选择一种分节符，WPS文字文稿软件中包括4种分节符：下一页分节符、连续分节符、偶数页分节符及奇数页分节符，用户根据需要选择即可。

5. 页眉和页脚

页眉是文档中每个页面的顶部区域，常用来显示文档的附加信息，例如文档标题、文件名、作者姓名、公司徽标等。

页脚则是文档中每个页面的底部区域，通常在页脚部分显示页码。

（1）页眉的插入

用户如果需要在页面中插入页眉，那么可以双击页面顶部，这时软件中会增加“页眉页脚”选项卡，并且在页面顶部呈现图3-58所示的可编辑界面，可以输入页眉内容。

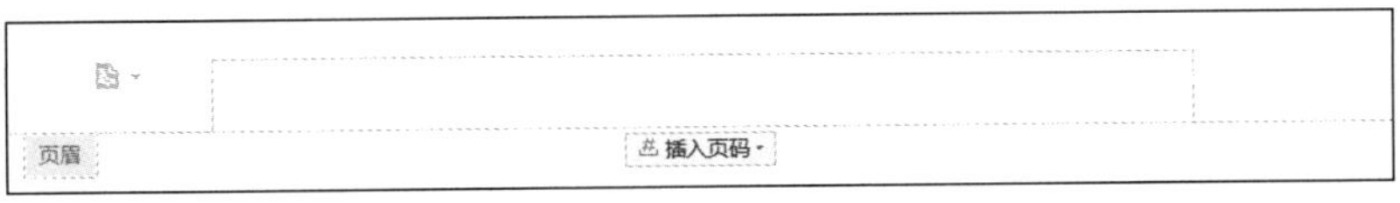

图3-58 插入页眉

在“页眉页脚”选项卡中，用户可以设置页眉、页脚、页码、页眉横线及边距等。

如果需要修改页眉的基本样式，用户可以在“开始”选项卡中，设置页眉文字的字体、大小、颜色等，同时可以设置页眉的对齐方式，如左对齐、居中对齐、右对齐等。

在编辑完页眉后，可以单击“页眉页脚”选项卡中的“关闭”按钮，从而关闭页眉页脚可编辑界面，这时可以在页面中查看设置后的效果。

（2）页脚的插入

用户如果要在页面中插入页脚，那么可以双击页面底部，这时也会出现“页眉页脚”选项卡，并且在页面底端呈现可编辑界面，如图3-59所示，可以输入页脚内容。

图3-59 插入页脚

页脚的设置方式与页眉的设置方式是相同的，这里就不赘述了。

3.5.2 样式的设置

在文字文稿软件中，样式是应用于文本的一组可重用的格式集，包括字体或段落的格式。在应用样式时，用户可以使用文字文稿软件中的预设样式，也可以根据需要新建样式。

1. 预设样式

在“开始”选项卡中，单击“预设样式”组右下方的按钮，会出现“预设样式”列表，包括“正文”“标题1”“标题2”“标题3”“标题4”等，如图3-60所示，选择需要的样式即可。

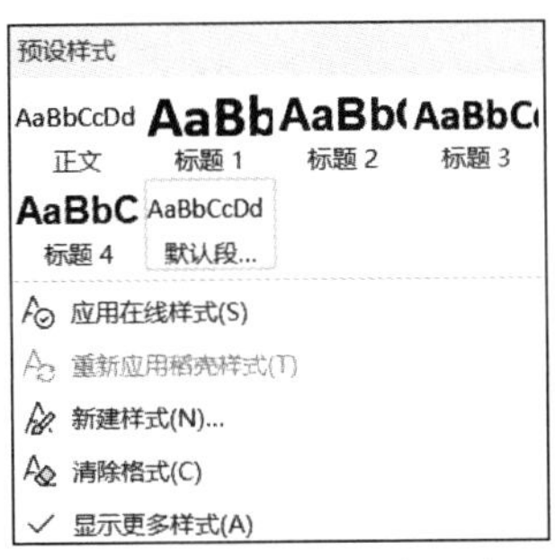

图3-60 “预设样式”列表

用户也可以修改预设样式的字体或段落格式。在“预设样式”列表中，右击对应的样式，在弹出的快捷菜单中选择“修改样式”，会弹出“修改样式”对话框，如图3-61所示，在其中可以对字体、段落、边框、文本效果等格式进行修改。

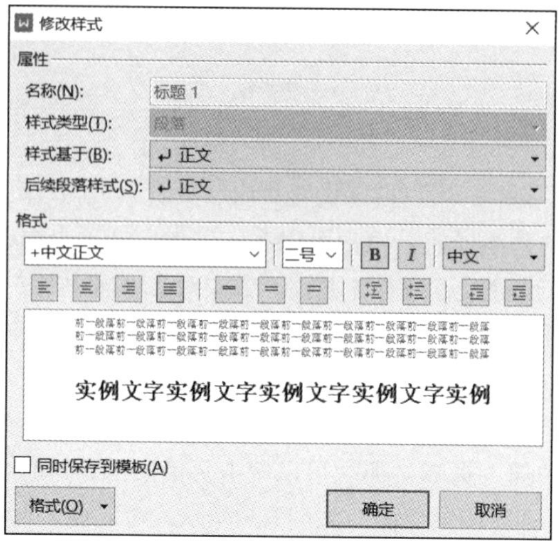

图3-61 “修改样式”对话框

2. 新建样式

在“预设样式”列表中，选择“新建样式”，会弹出“新建样式”对话框，如图3-62所示。可以设置样式名称与类型、字体与段落格式、边框、文字效果等，设置完成后单击“确定”按钮，新建的样式就会保存在“预设样式”列表中，用户就可以直接使用了。

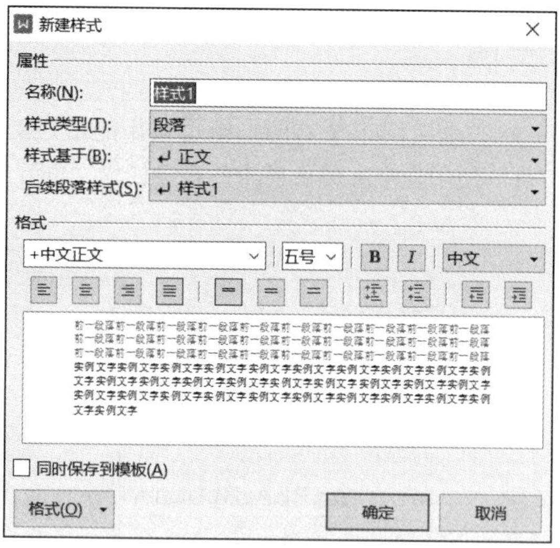

图3-62 “新建样式”对话框

3.5.3 目录的插入与更新

用户在编辑完成文档之后，可以插入目录，以便于快速找到要查找的内容。

1. 目录的插入

将光标移动到文档中需要插入目录的位置，在“引用”选项卡中单击“目录”按钮目录，会弹出目录列表，如图3-63所示，包括“智能目录”“自动目录”“自定义目录”“删除目录”。

用户选择“智能目录”或“自动目录”后，可以在文档中自动插入目录；也可以选择“自定义目录”，在图3-64所示的“目录”对话框中设置目录的制表符前导符、显示级别等。

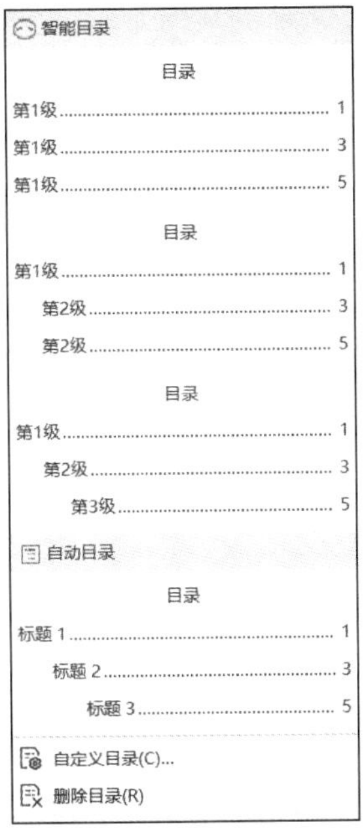

图3-63　目录列表

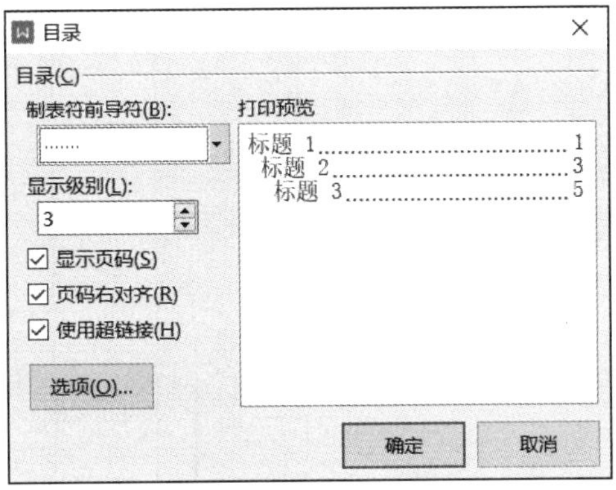

图3-64　“目录”对话框

2. 目录的更新

如果文档中的标题发生了变动，用户可以更新目录，从而使目录中的标题和正文中的保持一致。用户在“引用”选项卡中单击“更新目录”按钮，即可完成目录的更新。

任务实现

微课 22

扫码看视频

3.5.4　设置文档的版式

① 用WPS Office打开小王下载的文档，初始的文字效果如图3-65所示。

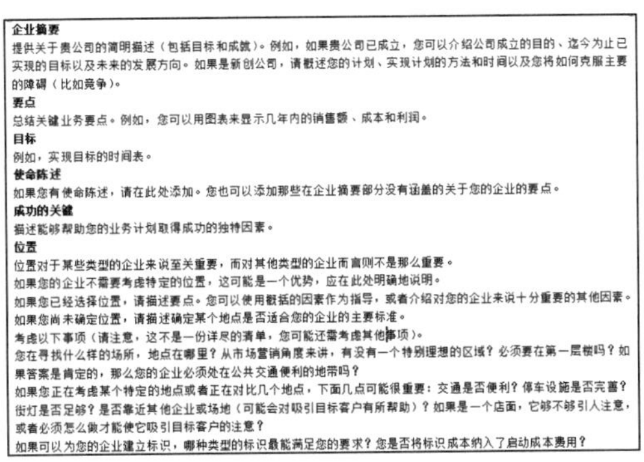

企业摘要

提供关于贵公司的简明描述（包括目标和成就）。例如，如果贵公司已成立，您可以介绍公司成立的目的、迄今为止已实现的目标以及未来的发展方向。如果是新创公司，请概述您的计划、实现计划的方法和时间以及您将如何克服主要的障碍（比如竞争）。

要点

总结关键业务要点。例如，您可以用图表来显示几年内的销售额、成本和利润。

目标

例如，实现目标的时间表。

使命陈述

如果您有使命陈述，请在此处添加。您也可以添加那些在企业摘要部分没有涵盖的关于您的企业的要点。

成功的关键

描述能够帮助您的业务计划取得成功的独特因素。

位置

位置对于某些类型的企业来说至关重要，而对其他类型的企业而言则不是那么重要。

如果您的企业不需要考虑特定的位置，这可能是一个优势，应在此处明确地说明。

如果您已经选择位置，请描述要点。您可以使用概括的因素作为指导，或者介绍对您的企业来说十分重要的其他因素。

如果您尚未确定位置，请描述确定某个地点是否适合您的企业的主要标准。

考虑以下事项（请注意，这不是一份详尽的清单，您可能还需考虑其他事项）。

您在寻找什么样的场所，地点在哪里？从市场营销角度来讲，有没有一个特别理想的区域？必须要在第一层楼吗？如果答案是肯定的，那么您的企业必须处在公共交通便利的地带吗？

如果您正在考虑某个特定的地点或者正在对比几个地点，下面几点可能很重要：交通是否便利？停车设施是否完善？街灯是否足够？是否靠近其他企业或场地（可能会对吸引目标客户有所帮助）？如果是一个店面，它够不够引人注意，或者必须怎么做才能使它吸引目标客户的注意？

如果可以为您的企业建立标识，哪种类型的标识最能满足您的要求？您是否将标识成本纳入了启动成本费用？

图3-65　初始的文字效果

② 在“页面布局”选项卡中，单击“页边距”，在列表的最下方单击“自定义页边距”，弹出“页面设置”对话框，设置上、下页边距为“2.54”厘米，左、右页边距为“3.18”厘米，方向为“纵向”，如图3-66所示。

③ 在“页面设置”对话框中，通过“纸张”选项卡设置纸张大小为“A4”，宽度为“21”厘米，高度为“29.7”厘米，如图3-67所示。

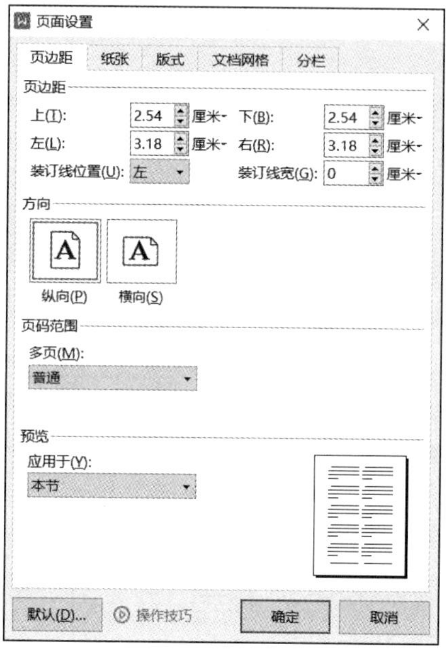

图3-66 “页面设置”→“页边距”

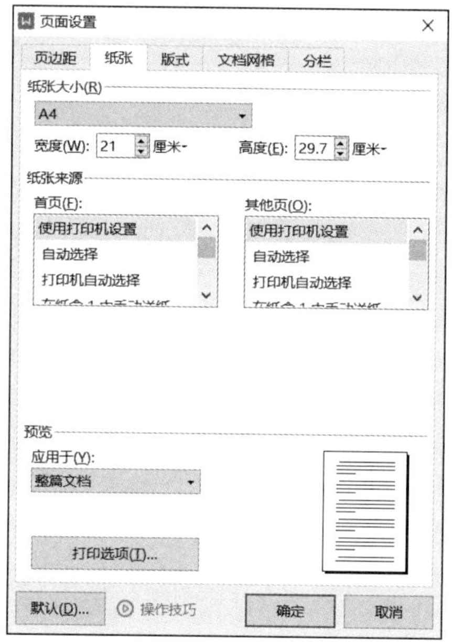

图3-67 “页面设置”→“纸张”

④ 在“页面设置”对话框中，通过“分栏”选项卡设置“栏数”为“2”、每栏的“宽度”为“18.76”字符、“间距”为“2.03”字符，如图3-68所示。

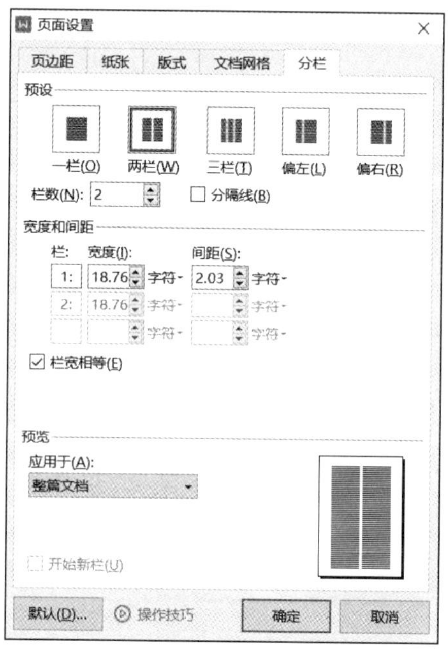

图3-68 “页面设置”→“分栏”

⑤ 将文档保存至D盘“文字文稿软件练习”文件夹中，文件名为“排版练习.docx”。页面效果如图3-69所示。

⑥ 选中文档中的一级标题，然后单击“预设样式”中的“标题1”，为文档中的所有一级标题应用“标题1”样式。

⑦ 如果需要设置文档的二级标题、三级标题等，可以用同样的方法分别为二级标题、三级标题应用“标题2”“标题3”样式。

⑧ 设置完标题样式后的文档效果如图3-70所示。

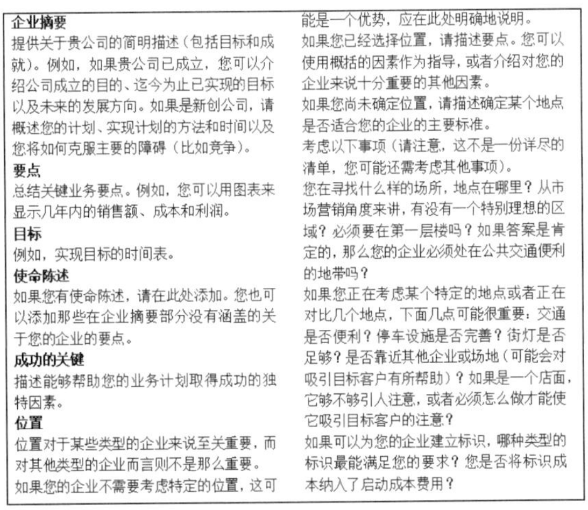

企业摘要
提供关于贵公司的简明描述（包括目标和成就）。例如，如果贵公司已成立，您可以介绍公司成立的目的、迄今为止已实现的目标以及未来的发展方向。如果是新创公司，请概述您的计划、实现计划的方法和时间以及您将如何克服主要的障碍（比如竞争）。
要点
总结关键业务要点。例如，您可以用图表来显示几年内的销售额、成本和利润。
目标
例如，实现目标的时间表。
使命陈述
如果您有使命陈述，请在此处添加。您也可以添加那些在企业摘要部分没有涵盖的关于您的企业的要点。
成功的关键
描述能够帮助您的业务计划取得成功的独特因素。
位置
位置对于某些类型的企业来说至关重要，而对其他类型的企业而言则不是那么重要。
如果您的企业不需要考虑特定的位置，这可能是一个优势，应在此处明确地说明。
如果您已经选择位置，请描述要点。您可以使用概括的因素作为指导，或者介绍对您的企业来说十分重要的其他因素。
如果您尚未确定位置，请描述确定某个地点是否适合您的企业的主要标准。
考虑以下事项（请注意，这不是一份详尽的清单，您可能还需考虑其他事项）。
您在寻找什么样的场所，地点在哪里？从市场营销角度来讲，有没有一个特别理想的区域？必须要在第一层楼吗？如果答案是肯定的，那么您的企业必须处在公共交通便利的地带吗？
如果您正在考虑某个特定的地点或者正在对比几个地点，下面几点可能很重要：交通是否便利？停车设施是否完善？街灯是否足够？是否靠近其他企业或场地（可能会对吸引目标客户有所帮助）？如果是一个店面，它够不够引人注意，或者必须怎么做才能使它吸引目标客户的注意？
如果可以为您的企业建立标识，哪种类型的标识最能满足您的要求？您是否将标识成本纳入了启动成本费用？

图3-69 页面效果

企业摘要
提供关于贵公司的简明描述（包括目标和成就）。例如，如果贵公司已成立，您可以介绍公司成立的目的、迄今为止已实现的目标以及未来的发展方向。如果是新创公司，请概述您的计划、实现计划的方法和时间以及您将如何克服主要的障碍（比如竞争）。
要点
总结关键业务要点。例如，您可以用图表来显示几年内的销售额、成本和利润。
目标
例如，实现目标的时间表。
使命陈述
如果您有使命陈述，请在此处添加。您也可以添加那些在企业摘要部分没有涵盖的关于您的企业的要点。
成功的关键
描述能够帮助您的业务计划取得成功的独特因素。
位置
位置对于某些类型的企业来说至关重要，而对其他类型的企业而言则不是那么重要。
如果您的企业不需要考虑特定的位置，这可能是一个优势，应在此处明确地说明。
如果您已经选择位置，请描述要点。您可以使用概括的因素作为指导，或者介绍对您的企业来说十分重要的其他因素。
如果您尚未确定位置，请描述确定某个地点是否适合您的企业的主要标准。
考虑以下事项（请注意，这不是一份详尽的清单，您可能还需考虑其他事项）。
您在寻找什么样的场所，地点在哪里？从市场营销角度来讲，有没有一个特别理想的区域？必须要在第一层楼吗？如果答案是肯定的，那么您的企业必须处在公共交通便利的地带吗？
如果您正在考虑某个特定的地点或者正在对比几个地点，下面几点可能很重要：交通是否便利？停车设施是否完善？街灯是否足够？是否靠近其他企业或场地（可能会对吸引目标客户有所帮助）？如果是一个店面，它够不够引人注意，或者必须怎么做才能使它吸引目标客户的注意？
如果可以为您的企业建立标识，哪种类型的标识最能满足您的要求？您是否将标识成本纳入了启动成本费用？

图3-70 设置完标题样式后的文档效果

⑨ 在“引用”选项卡中，单击“目录”，选择“自动目录”，为文档插入目录。插入目录后的文档效果如图3-71所示。

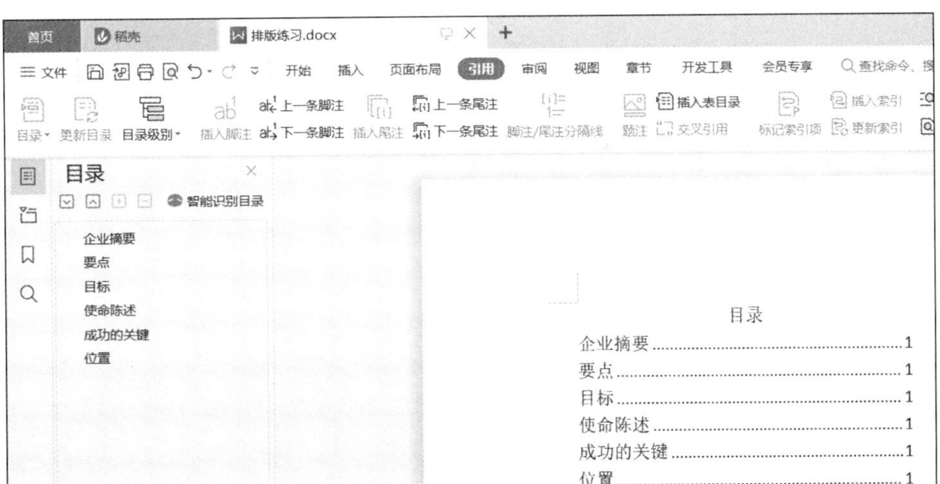

图3-71 插入目录后的文档效果

⑩ 单击“保存”按钮进行保存，完成页面的排版工作。

【学习笔记】

文字文稿软件的应用

- 文字文稿软件简介
  1. 文字文稿软件的功能
  2. 文字文稿软件的工作界面
- 文件文稿软件的基本操作
  1. 创建新文档
  2. 打开和保存文档
  3. 退出文档
- 文字和段落的设置
  1. 文本的输入
  2. 文本的编辑
  3. 文本格式的设置
  4. 段落格式的设置

问题与反思	

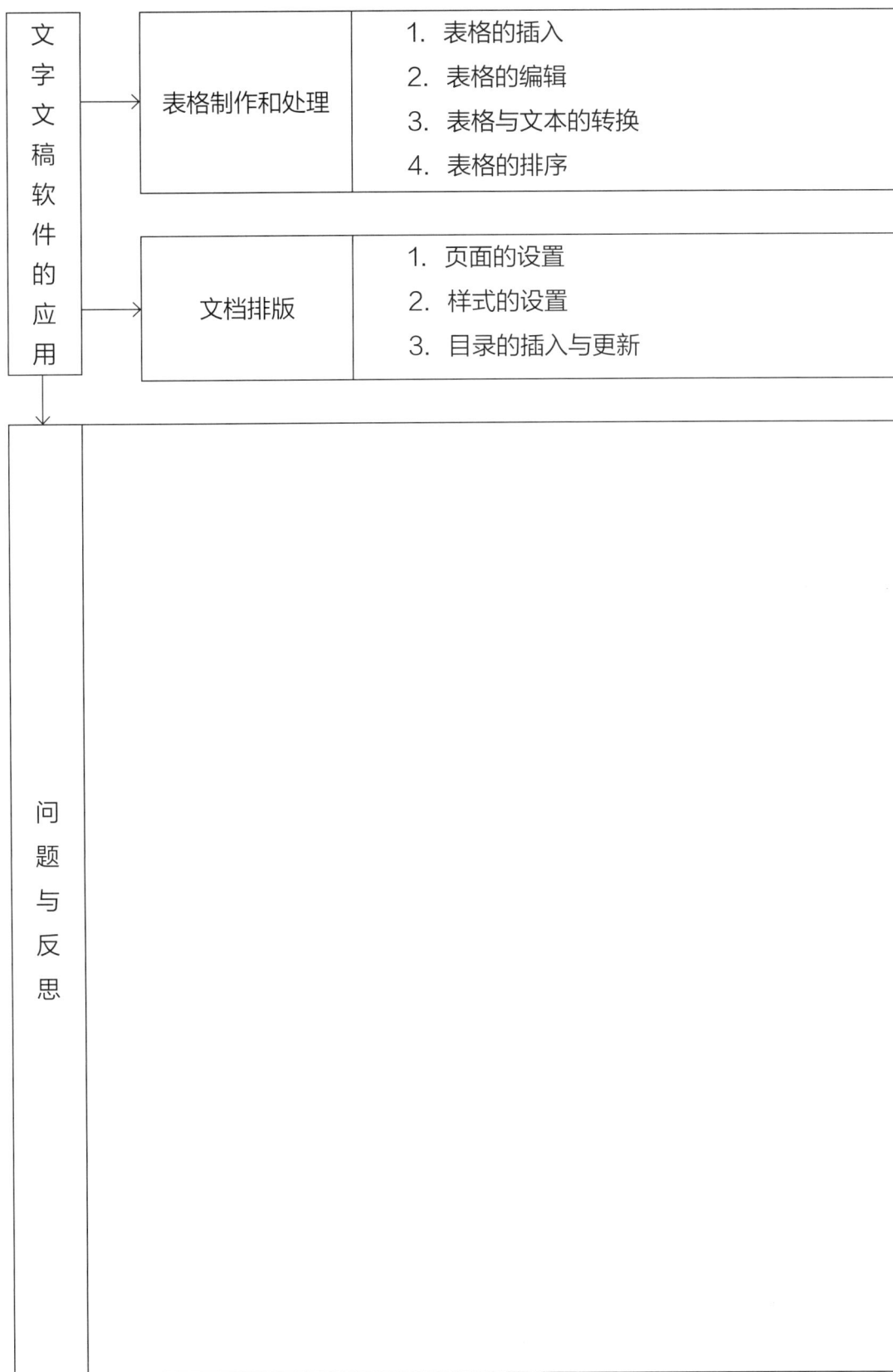

文字文稿软件的应用

表格制作和处理	1. 表格的插入 2. 表格的编辑 3. 表格与文本的转换 4. 表格的排序
文档排版	1. 页面的设置 2. 样式的设置 3. 目录的插入与更新

问题与反思	

考核评价

年级：______ 专业：______ 班级：______ 学号：______ 成绩：______

一、单选题（每题2分，共20分）

1. WPS文字文稿软件中保存文档的快捷键是（　　）。

A. 【Ctrl+D】 B. 【Ctrl+C】

C. 【Ctrl+S】 D. 【Ctrl+A】

2. WPS文字文稿保存的文件类型可以是（　　）。

A. .docx B. .xlsx C. .pptx D. .jpg

3. 在（　　）选项卡中可以设置字体的样式。

A. “开始” B. “插入” C. “引用” D. “视图”

4. 打开“字体”对话框的快捷键是（　　）。

A. 【Ctrl+D】 B. 【Ctrl+C】

C. 【Ctrl+S】 D. 【Ctrl+A】

5. 在文字文稿中复制文本可以使用（　　）快捷键。

A. 【Ctrl+D】 B. 【Ctrl+C】

C. 【Ctrl+S】 D. 【Ctrl+A】

6. 在文字文稿中粘贴文本可以使用（　　）快捷键。

A. 【Ctrl+D】 B. 【Ctrl+C】

C. 【Ctrl+V】 D. 【Ctrl+A】

7. 如果光标在“文字”和“文稿”之间闪烁，按【Backspace】键，显示内容变为（　　）。

A. 文字文稿 B. 文文稿 C. 文字稿 D. 文稿

8. 如果光标在“文字”和“文稿”之间闪烁，按【Delete】键，显示内容变为（　　）。

A. 文字文稿 B. 文文稿 C. 文字稿 D. 文稿

9. 办公中用的最多的纸张大小是（　　）。

A. A4 B. A3 C. A2 D. A1

10. 对文档进行编辑时使用的视图是（　　）。

A. 阅读版式 B. 写作模式 C. 页面视图 D. 大纲

二、判断题（每题2分，共20分）

1. 要更改某文本的格式，一定要选定文本后才可更改。（　　）
2. 文本和表格不可相互转换。（　　）
3. 在文字文稿软件中，可以将整个段落删除。（　　）
4. 在“分栏”选项卡的“栏数”文本框中可以设置文档分成的栏数。（　　）
5. 在“插入表格”对话框中，可以调整表格的行数和列数。（　　）

6. 在文字文稿软件中，段落的首行缩进就是指段落的第一行向里缩进一定的距离。（ ）

7. 在设置段落格式时，不能同时设置多个段落的格式。（ ）

8. 在使用文字文稿软件编辑一个文档之前，必须先给这个文档命名，否则不能编辑。（ ）

9. 用文字文稿软件编辑文档时，输入的内容满一行后，必须按【Enter】键才能编辑下一行内容。（ ）

10. 文字文稿软件只能创建扩展名为“.docx”的文件。（ ）

三、简答题（每题5分，共20分）

1. 简述设置字体的几种方式。
2. 如何在文字文稿中插入表格？
3. 文字文稿中常用的纸张大小是什么？如何设置其他的纸张大小？
4. 简述如何添加分页符和分节符，以及两者有什么区别。

四、操作题（每题5分，共40分）

制作一份个人简历。要求如下。

1. 新建文字文稿。
2. 设置标题“个人简历”。
3. 插入表格来存放个人信息。
4. 设置表格的行高和列宽。
5. 拆分、合并单元格。
6. 输入简历中的内容，字体设置合理。
7. 修饰表格。
8. 保存文字文稿。

项目4 电子表格软件的应用

04

现如今，几乎各行业都需要与数据打交道。如计算一个家庭的月支出、计算全部学生的期末成绩并进行排名、计算装修费用、计算一个单位的年度总支出等，这些问题无不涉及数据的计算。WPS电子表格软件是WPS Office办公软件中的一个组件，可用于进行专业表格制作和数据处理，是一款功能强大的数据可视化和分析工具，拥有直观的界面及出色的计算功能，可以帮助用户存储和处理复杂数据，提高办公效率。

本项目将以日常的任务作为驱动，介绍电子表格软件的基本操作、表格文字的编辑与格式设置、公式与函数的使用、数据的统计与分析以及图表的应用等知识，帮助用户掌握WPS电子表格软件的使用方法。

学习目标

知识目标

（1）掌握工作簿与工作表的使用方法

（2）掌握表格文字的使用方法

（3）掌握公式与函数的使用方法

（4）掌握数据统计与分析的方法

（5）掌握图表的使用方法

能力目标

（1）了解WPS电子表格软件的工作界面

（2）掌握创建、打开和保存工作簿的方法

（3）掌握工作表的相关操作

（4）掌握表格文字的编辑与格式设置

（5）掌握公式与函数的使用

（6）掌握数据的统计与分析

（7）掌握图表的应用

素养目标

（1）培养学生端正的学习态度

（2）培养学生严谨认真的处事态度

（3）培养学生良好的实践操作能力

知识图谱

电子表格软件的应用知识图谱如图4-1所示。

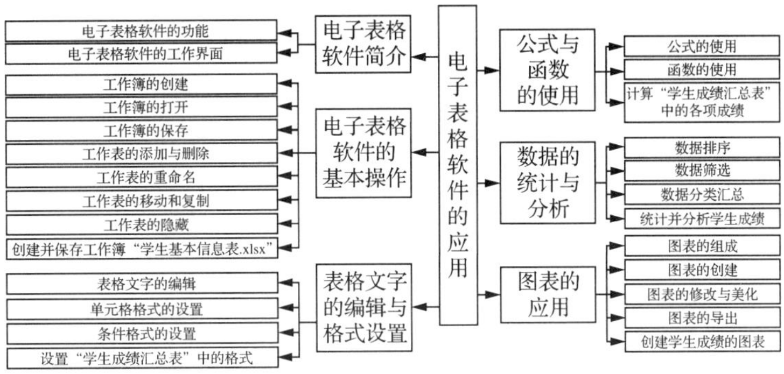

图4-1　电子表格软件的应用知识图谱

4.1 电子表格软件简介

微课 23

扫码看视频

WPS电子表格软件具有出色的计算功能和图表工具，可以帮助用户轻松地创建电子表格，并对表格中的数据进行计算处理，既能满足一般办公人员对数据处理的需求，又能帮助数据分析师等进行专业的数据分析。

任务描述

蒋老师是一位信息技术应用基础课程的老师，需要在授课过程中给学生讲解WPS电子表格软件的使用方法。由于大多数学生之前没有接触过电子表格软件，于是蒋老师准备带领学生先认识电子表格软件。

任务分析

蒋老师需要先从电子表格软件的功能开始讲起，让学生认识软件。本任务可以分解成以下几点。

- 电子表格软件的功能。
- 电子表格软件的工作界面。

相关知识

4.1.1 电子表格软件的功能

作为数据处理的工具，电子表格软件拥有强大的计算、分析、传递和共享功能，可以帮助用户将复杂的数据转化为信息。电子表格软件常用的功能如下。

1. 数据记录与整理

在日常工作中，用户会遇到各式各样的数据，过多的数据会增加工作的难度，而有些孤立的数据所包含的信息量又太少，使得用户难以厘清头绪。将数据制作成表格是实现数据管理的重要手段，不仅可以方便记录数据，而且有利于用户查找和应用数据。

2. 数据加工与计算

用户对数据的操作不仅仅包括记录与整理，在日常办公中，经常需要对已有的数据进行加工与计算，如计算每月的工资、统计销售员的销售记录、计算学生总成绩等。电子表格软件拥有丰富的公式与函数库，可以满足用户对数据加工与计算的需求。

3. 数据统计与分析

用户若想从大量的数据中获取需要的信息，仅仅通过数据计算是不够的，还需要根据要求从已有数据中去提取。电子表格软件提供了数据排序、筛选、分类汇总等功能，用户可以利用这些功能对数据做进一步的归类或统计，以获取需要的结果。

4. 图表制作

电子表格软件可以将复杂的数据以图表的形式展示出来，这样可以使得数据更加清晰易懂。

5. 信息传递与共享

在电子表格软件中，使用对象连接和嵌入功能可以将外界的图形插入工作表中，如工作簿、工作表、网页、图片、音频或视频文件等，从而实现信息的传递与共享。

6. 数据自动化处理

电子表格软件不但可以满足一般用户对数据的处理需求，而且可以满足一些专业人员对数据的计算和分析需求，还允许用户定制电子表格软件的功能，开发出适合自己的自动化解决方案。

4.1.2 电子表格软件的工作界面

WPS Office安装之后，用户可以通过执行“开始”→“程序”→“WPS Office”文件夹→“WPS Office”命令，启动WPS Office软件。打开WPS Office软件后，单击“新建”，选择“表格”选项卡，界面中会显示可以创建的表格的种类，如图4-2所示。

我们以新建空白表格为例，选择“空白表格”，打开WPS电子表格软件的工作界面，如图4-3所示。

① 快速访问工具栏。快速访问工具栏有“保存”“输出为PDF”“打印”“打印预览”“撤销”“恢复”等功能，用户还可以根据日常需要自定义一些常用的命令，如“新建”“打开”等。

图4-2 WPS电子表格软件启动界面

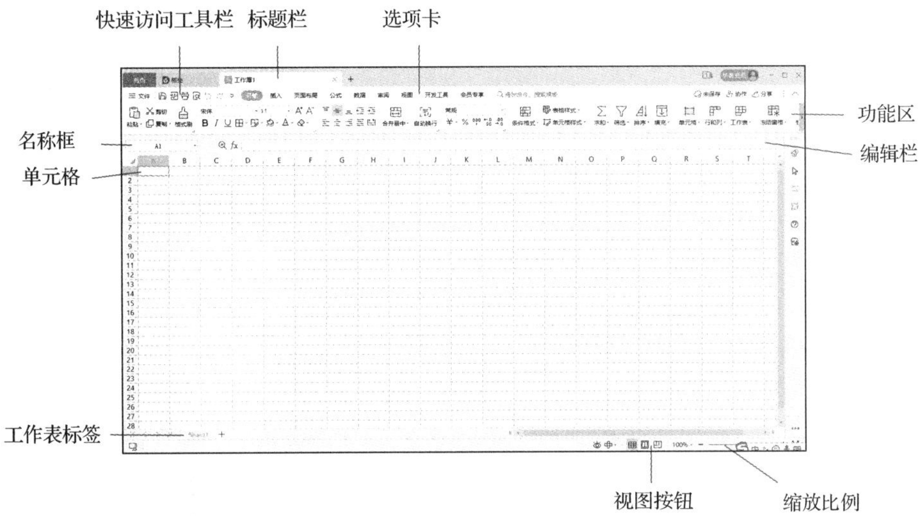

图4-3 WPS电子表格软件工作界面

② 标题栏。标题栏中显示已经打开的各个WPS Office文件，包括文字文稿、电子表格及演示文稿。

③ 选项卡及功能区。选项卡可以方便用户进行基本的操作。在不同的选项卡下，功能区的命令是不同的，用户可以根据实际情况选择命令进行相关的操作。

④ 名称框。名称框用来显示所选数据所在单元格的行号和列号。当选中单元格后，名称框将会显示该单元格对应的行号和列号。如选中第二行第三列对应的单元格，名称框将显示C2。

⑤ 编辑栏。编辑栏中可以显示或编辑当前活动单元格的数据和公式。用户在编辑栏中输入数据或公式后，单击✓按钮或按【Enter】键，在编辑栏中即可显示结果。

⑥ 单元格。单元格是表格中行与列的交叉部分，是组成表格的最小单位。

⑦ 工作表标签。工作表标签用于显示工作表的名称，默认情况下有一张工作表，工作表标签为“Sheet1”。

⑧ 视图按钮。单击视图按钮可以实现不同视图的切换。

⑨ 缩放比例。缩放比例区域可以显示及修改工作表的显示比例，左右拖动滑块可以改变显示比例。

4.2 电子表格软件的基本操作

微课 24

扫码看视频

用户若要使用电子表格软件进行数据处理，必须先掌握电子表格软件的基本操作，包括工作簿的创建、工作簿的打开、工作簿的保存、工作表的添加与删除、工作表的重命名、工作表的移动和复制、工作表的隐藏等。

任务描述

学生们在听了蒋老师对电子表格软件基本功能的介绍后，了解了电子表格软件的简洁界面与强大的数据处理能力，迫不及待地想使用电子表格软件，于是蒋老师依次给学生介绍电子表格软件中工作簿和工作表的基本操作。

任务分析

必须先掌握了电子表格软件的基本操作之后，才能更好地对数据进行处理，因此，蒋老师带学生先学习工作簿和工作表的相关操作。本任务可以分解成以下几点。

- 工作簿的创建。
- 工作簿的打开。
- 工作簿的保存。
- 工作表的添加与删除。
- 工作表的重命名。
- 工作表的移动和复制。
- 工作表的隐藏。

相关知识

4.2.1 工作簿的创建

在WPS电子表格软件中，新建的文档称为工作簿。创建工作簿的方法有多种，其中以下两种比较常见。

① 创建空白工作簿。启动WPS Office后，在新建的所有文档种类中选择“空白表格”后即可完成创建。

用户也可以在桌面或任何一个文件夹中右击，在弹出的快捷菜单中选择“新建”，如图4-4所示，在子菜单中选择“XLS工作表”或“XLSX工作表”，完成空白工作簿的创建。

② 利用模板创建工作簿。利用模板创建工作簿与创建空白工作簿的方法类似，在WPS电子表格软件所有的新建模板中，选择需要的模板进行创建即可。WPS电子表格软件提供了许多模板，用户可以根据需要选择不同的模板，比如“库存明细表”“版本规划表”“信息登记表”等，还提供了“新建在线表格”，支持多人协同在线编辑。

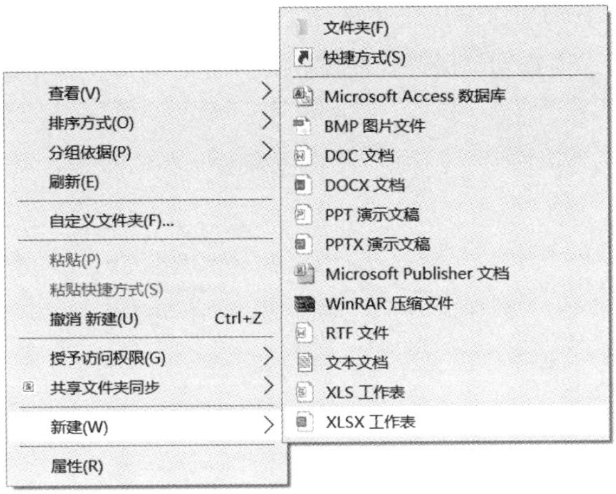

图4-4 空白工作簿的创建

4.2.2 工作簿的打开

用户通过WPS Office，可以打开已经存在的工作簿，在电子表格软件的工作界面中，选择“文件”选项卡中的“打开”命令，会出现图4-5所示的对话框。用户在对话框上方的“位置”处选择电子表格文件所在的具体路径，找到并单击需要打开的文件，单击“打开”按钮，即可打开计算机中已经存在的电子表格文件。

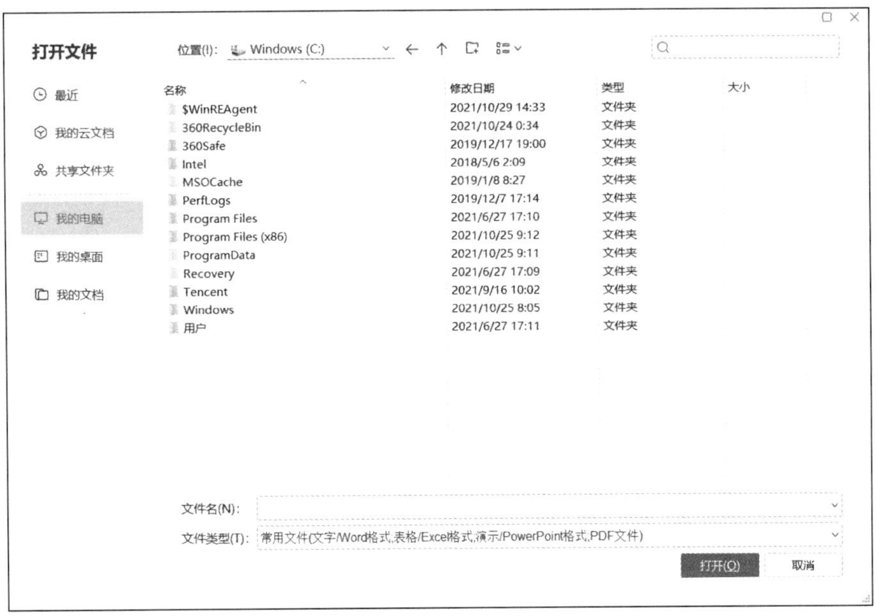

图4-5 工作簿的打开

4.2.3 工作簿的保存

用户编辑完工作簿的内容后，在“文件”选项卡中选择“保存”命令，会出现图4-6所示的对话框，选择需要保存的位置并单击【保存】按钮完成保存。用户也可以在电子表格软件中的【快速访问工具栏】中找到“保存”按钮并单击，完成工作簿的保存操作。

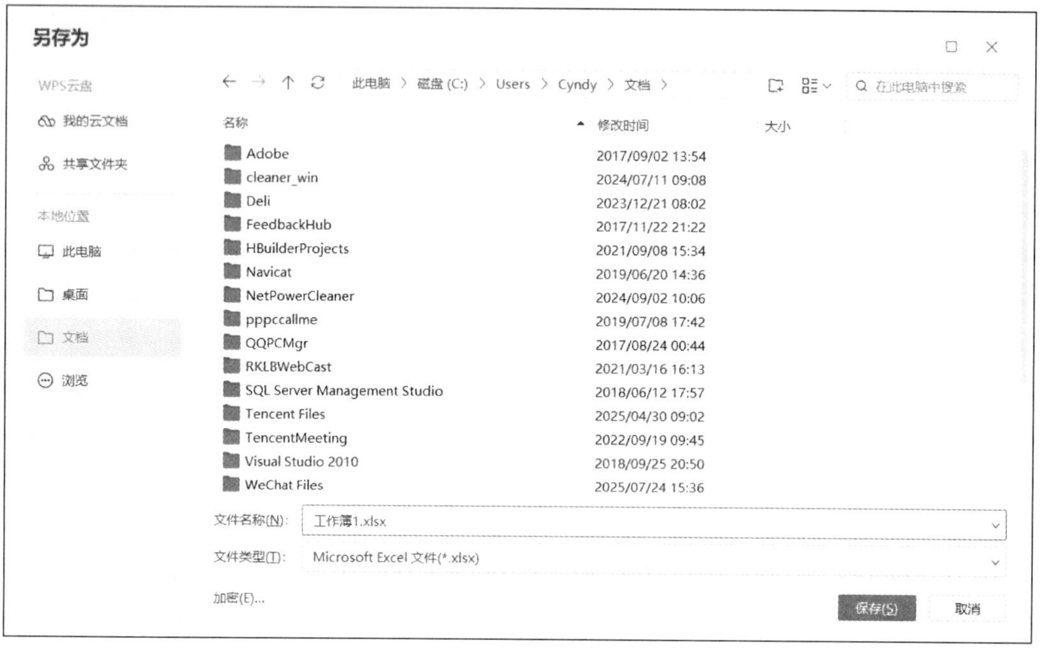

图4-6　工作簿的保存

4.2.4　工作表的添加与删除

默认情况下，用户新建的工作簿中只有一张工作表，名称为“Sheet1”。用户可以根据需要添加新的工作表，也可以对已存在的工作表进行删除操作。

1. 工作表的添加

在电子表格工作界面中，用户可以单击工作表标签“Sheet1”后面的＋按钮，这时在“Sheet1”后面会添加上工作表“Sheet2”，继续单击“Sheet2”后面的＋按钮可以添加“Sheet3”，以此类推，可以添加多张工作表。

上述添加方式只能在最后一个工作表的后面添加新的工作表，如果想要在其他位置添加新工作表，可以右击该位置的前一个或后一个工作表名称，在弹出的快捷菜单中选择“插入工作表”，会弹出如图4-7所示的对话框。选择插入工作表的数目以及插入的位置，并单击“确定”按钮完成工作表的添加。

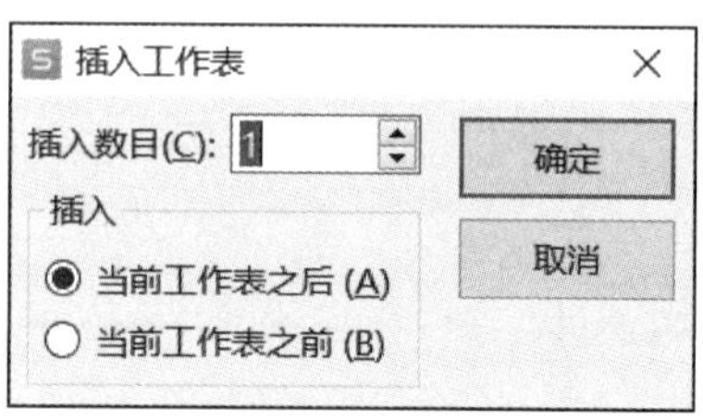

图4-7　“插入工作表”对话框

例如想要在“Sheet1”前面添加两个工作表，可以右击“Sheet1”工作表名称，选择弹出的快捷菜单中的“插入工作表”，在弹出的“插入工作表”对话框中，“插入数目”处填写“2”，插入位置选择“当前工作表之前”，单击“确定”按钮，会在“Sheet1”工作表的前面添加“Sheet2”及“Sheet3”，效果如图4-8所示。

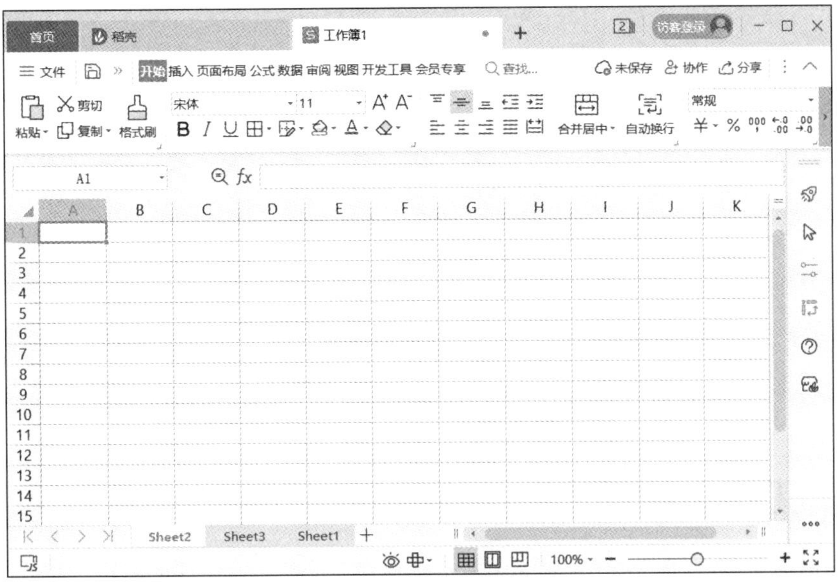

图4-8　插入工作表后的效果

2. 工作表的删除

如果工作簿中的某个工作表不需要了，可以将该工作表进行删除操作。右击该工作表的名称，如图4-9所示，在弹出的快捷菜单中选择“删除工作表”，即可删除该工作表，如图4-10所示，后面的工作表会自动向前移动，取代所删除的工作表。

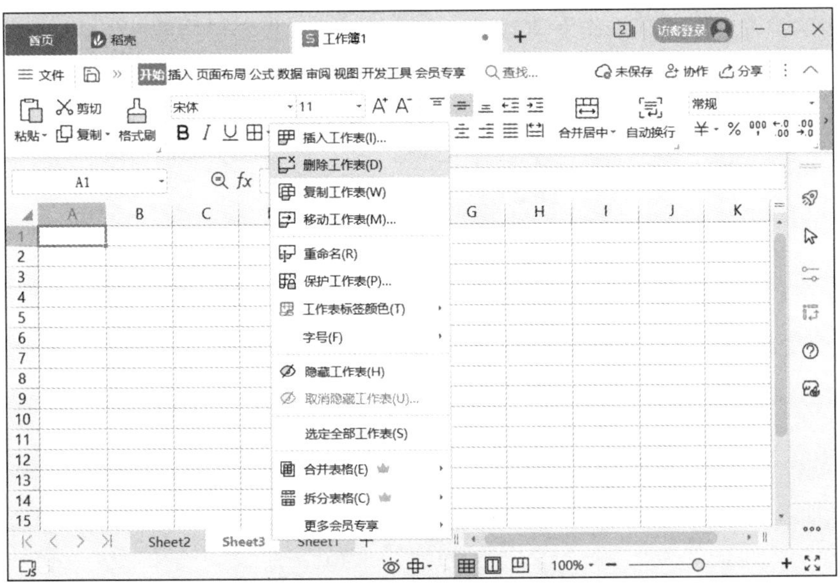

图4-9　删除工作表

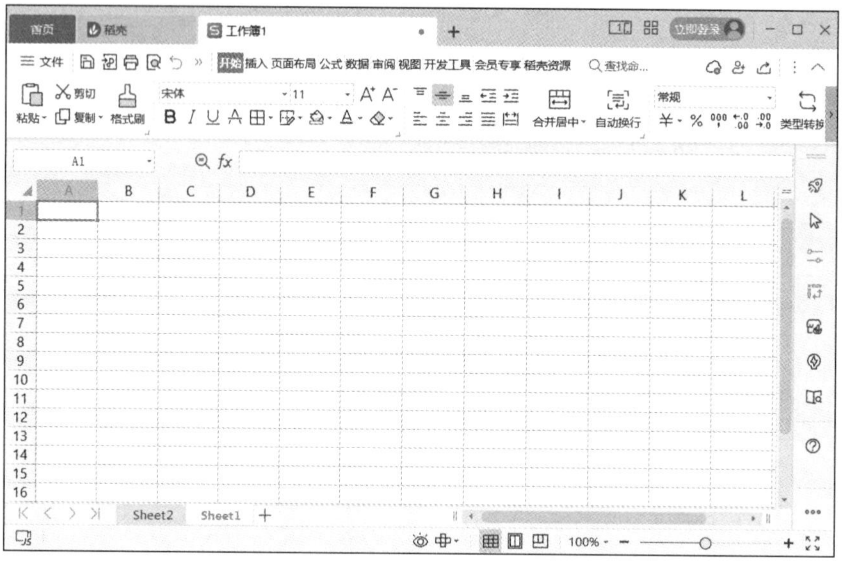

图4-10　删除“Sheet3”工作表

4.2.5　工作表的重命名

用户可以对工作表进行重命名，右击工作表名称，在弹出的快捷菜单中选择“重命名”，这时工作表名称呈现可修改状态，输入新的工作表名称，命名完成后，按【Enter】键即可。

4.2.6　工作表的移动和复制

用户如果需要修改工作表的位置，可以右击相应的工作表名称，在弹出的快捷菜单中选择“移动工作表”，这时会弹出“移动或复制工作表”对话框，如图4-11所示，选择目标工作簿及工作表的位置，即可将工作表移动到相应的位置。如果要保持原有工作表位置不变，在目标位置处建立原工作表的副本，则需要勾选图4-11下方的“建立副本”复选框。

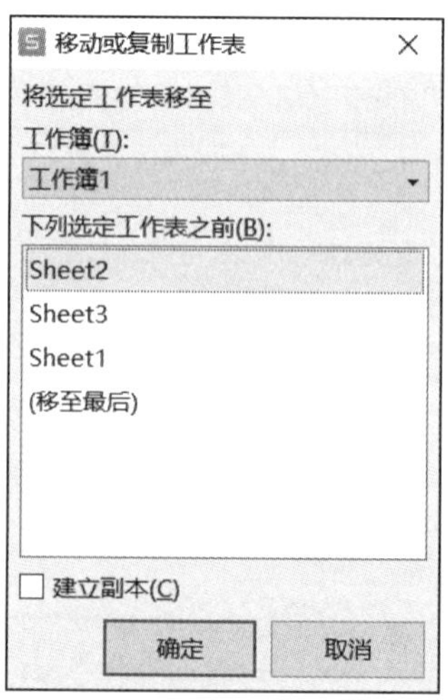

图4-11　“移动或复制工作表”对话框

“复制工作表”可以实现在相应工作表的后面建立该工作表的副本。用户右击工作表名称，在弹出的快捷菜单中选择“复制工作表”，即可在该工作表的后面建立副本，如图4-12所示，在“Sheet1”工作表的后面建立了“Sheet1”的副本“Sheet1(2)”。

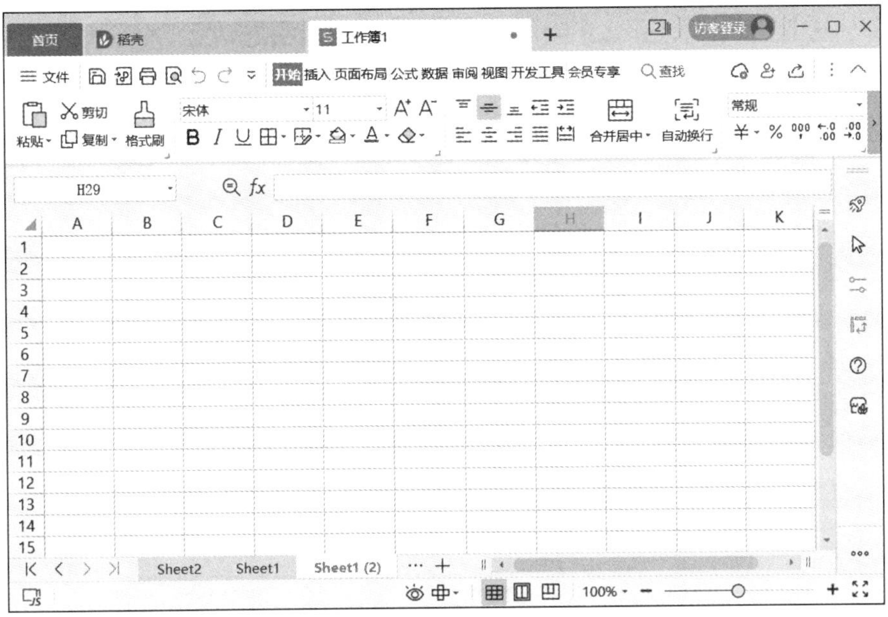

图4-12　创建副本

4.2.7　工作表的隐藏

工作表较多时，用户可以对部分工作表进行隐藏。例如，要将“Sheet1(2)”工作表隐藏起来，用户可以右击“Sheet1(2)”工作表名称，在弹出的快捷菜单中选择“隐藏工作表”，这时“Sheet1(2)”工作表就隐藏起来了，后面的工作表会自动前移，遮住隐藏的工作表。

用户如果想取消隐藏工作表，可以右击任意一个工作表名称，在弹出的菜单中选择“取消隐藏工作表”，这时会弹出“取消隐藏”对话框，如图4-13所示。对话框中列出了所有隐藏的工作表名称，选择需要取消隐藏的工作表，并单击“确定”按钮即可取消隐藏工作表。

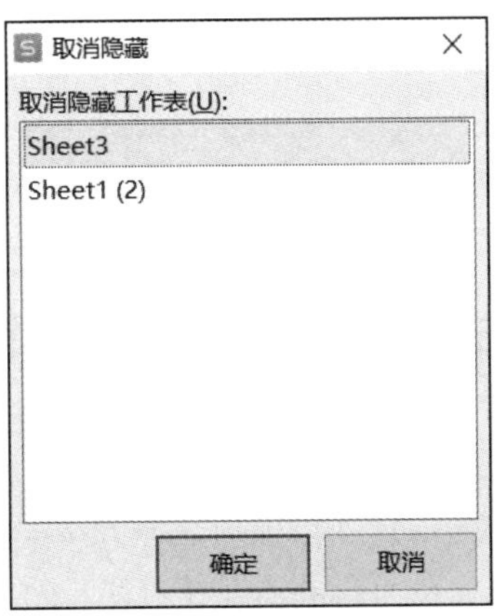

图4-13　“取消隐藏”对话框

任务实现

微课 25

扫码看视频

4.2.8 创建并保存工作簿“学生基本信息表.xlsx”

① 双击桌面上的快捷图标启动WPS Office应用程序，进入WPS Office应用程序首页。

② 单击“新建”，选择“表格”选项卡，再单击“空白表格”，进入“工作簿1”的工作界面。

③ 单击快速访问工具栏中的“保存”按钮，将文件保存在D盘“电子表格软件练习”文件夹中，命名为“学生基本信息表.xlsx”。

④ 在“学生基本信息表.xlsx”文件中，右击下方的工作表名称“Sheet1”，在弹出的快捷菜单中选择“重命名”，这时工作表名称“Sheet1”呈现可修改的状态，输入新的工作表名称“学生基本信息表”后按【Enter】键。

⑤ 单击“学生基本信息表”工作表名右侧的+，这时会出现新的工作表“Sheet2”，将“Sheet2”的名称修改为“课程表”。

⑥ 保存“学生基本信息表.xlsx”，效果如图4-14所示。

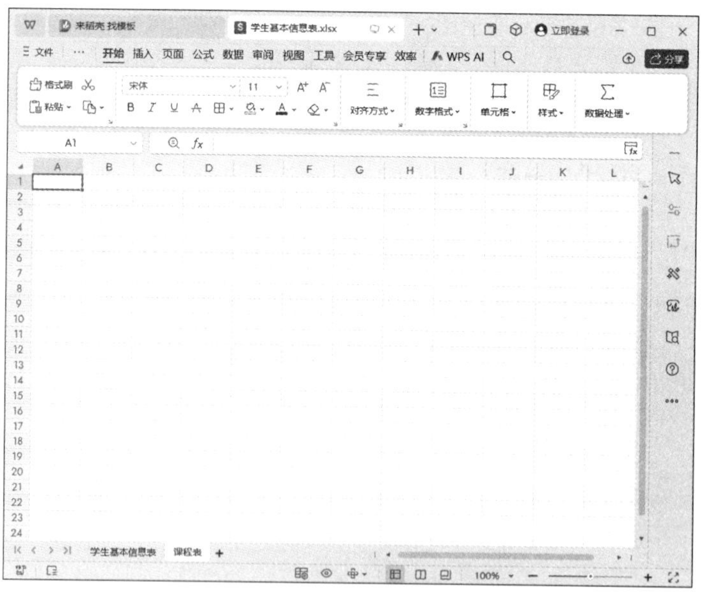

图4-14 “学生基本信息表.xlsx”效果

4.3 表格文字的编辑与格式设置

创建表格后，可以通过电子表格软件提供的多种方法来设置该表格的格式，包括文字格式、单元格格式及条件格式等。通过表格的格式化操作，可以美化表格，同时使表格主题更加鲜明，外观更加独特靓丽。

任务描述

在期末考试结束后，蒋老师需要对学生的各科成绩进行整理分析并完成奖学金的评定工作，蒋老师通过电子表格软件制作了图4-15所示的学生成绩汇总表。

学生成绩汇总表								
学号	姓名	高等数学	实用英语	体育	信息技术	思想政治	总分	平均分
120101	杜学江	82	96	73	78	88		
120102	刘鹏举	78	87	96	62	93		
120103	陈万地	93	99	92	86	86		
120104	刘康锋	85	92	96	84	95		
120105	李北大	95	83	64	88	89		
120106	符合	99	98	81	95	91		
120107	李娜娜	58	95	94	82	90		
120108	倪冬声	95	97	72	93	95		
120109	包宏伟	95	89	94	92	91		
120110	吉祥	84	94	99	90	87		

图4-15 学生成绩汇总表

任务分析

要制作图4-15所示的学生成绩汇总表，首先要正确输入表格内的文字信息，设置单元格中字符的格式；为了使表格的内容突出、主题鲜明，需要对表格进行修饰；最后根据显示的要求设置条件格式，突出显示重要数据。因此，制作学生成绩汇总表的任务可以划分为3步。

- 表格文字的编辑。
- 单元格格式的设置。
- 条件格式的设置。

相关知识

4.3.1 表格文字的编辑

在WPS电子表格软件中，单元格是组成表格的最小单位，单个数据的输入和修改都是在单元格中进行的。单元格的名称由行号和列号组成，行号用阿拉伯数字1、2、3等表示，列号用大写英文字母A、B、C等表示，如C2表示第二行第三列对应的单元格。

电子表格软件的单元格中可以输入多种类型的文字，如文本、数字、日期和时间、货币等。用户可以通过下面几种方法完成文字的输入。

① 单击需要输入文字的单元格，在单元格内输入文字。

② 双击需要输入文字的单元格，光标在单元格内闪烁，在单元格内输入文字。

③ 选中需要输入文字的单元格，在编辑栏输入文字，输入完成后，单击左侧的✓或按【Enter】键即可完成编辑；如果输入文字错误，需要重新输入，用户可以单击编辑栏左侧的×。

4.3.2 单元格格式的设置

表格中文字输入完成后，为了使表格更加美观，需要对单元格格式进行设置，如设置单元格的列宽与行高、设置单元格对齐方式、添加边框、设置单元格底纹等。

1. 设置单元格的列宽与行高

① 设置列宽：将鼠标指针放在第一列的列号“A”处，当鼠标指针变为向下的粗箭头⬇时右击，会弹出如图4-16所示的快捷菜单。在快捷菜单中选择“列宽”，这时会弹出如图4-17所示的对话框，在此可以修改列宽。可以使用同样的方法，对其他列的列宽进行调整，以适应本列文字的显示。

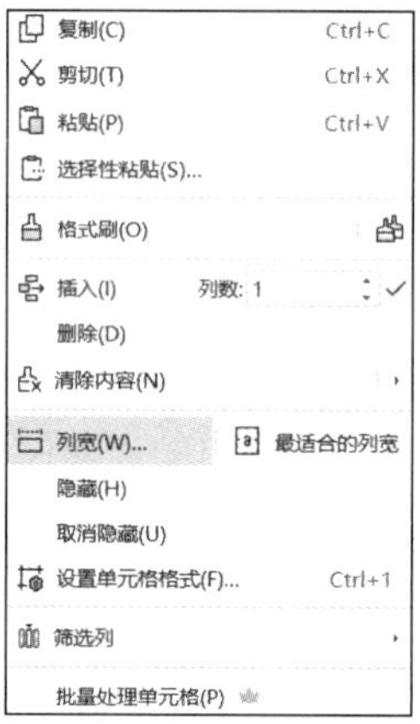

图4-16 “设置列宽”快捷菜单

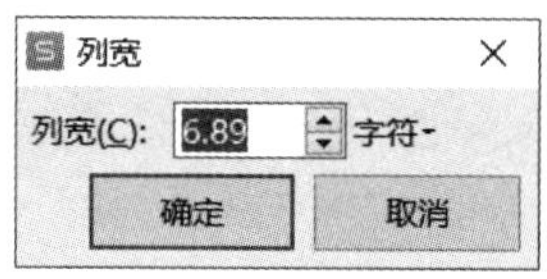

图4-17 “列宽”对话框

为了快速设置列宽，我们可以用鼠标选中多列，右击后，在弹出的快捷菜单中选择“最适合的列宽”，这时表格中每列的宽度会自适应本列的文字。

② 设置行高的方法和设置列宽的相似，将鼠标指针放在第一行的行号“1”处，当鼠标指针变为向右的粗箭头➡时右击，会弹出如图4-18所示的快捷菜单。在快捷菜单中选择“行高”，这时会弹出如图4-19所示的对话框，在此可以修改行高。可以使用同样的方法，对其他行的行高进行调整，以适应本行文字的大小。

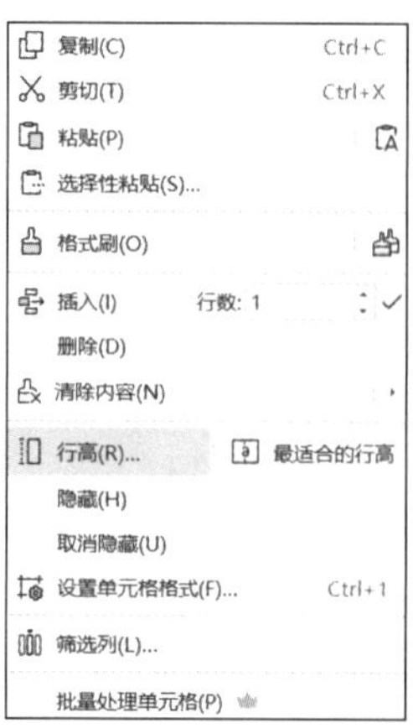

图4-18 “设置行高”快捷菜单

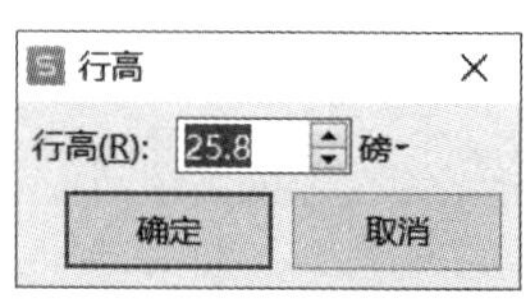

图4-19 “行高”对话框

也可以为每行设置最适合的行高，选中所有行并右击，在弹出的快捷菜单中选择“最适合的行高”，使每行的行高自适应本行文字的大小。

2. 设置单元格对齐方式

单元格对齐方式分为水平对齐和垂直对齐。水平对齐方式有4种：左对齐、居中对齐、右对齐和两端对齐。垂直对齐方式有3种：顶端对齐、垂直居中和底端对齐。以水平方向居中对齐和垂直居中为例，来说明单元格对齐方式的设置。

① 选中相应的单元格区域并右击，在弹出的快捷菜单中选择“设置单元格格式”，在弹出的“单元格格式”对话框中选择“对齐”选项卡，如图4-20所示。

② 在“水平对齐”下拉列表中选择“居中”，“垂直对齐”下拉列表中也选择“居中”，从而使单元格区域内的所有文字都居中显示。

3. 添加边框

为了美化表格，用户可以为表格添加边框。添加边框可以按如下步骤实现。

① 选中需要添加边框的单元格区域，打开“单元格格式”对话框，选择“边框”选项卡，如图4-21所示。

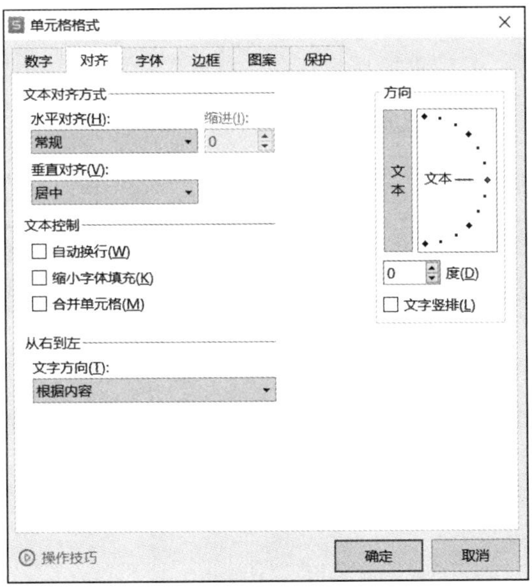

图4-20 “设置单元格格式”→“对齐”

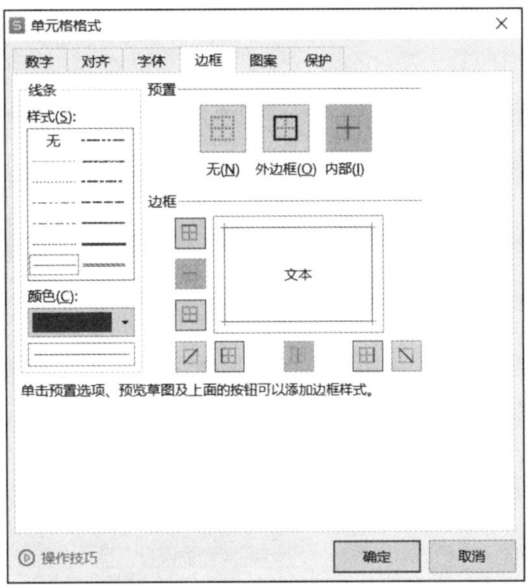

图4-21 “设置单元格格式”→“边框”

② 在左侧的“样式”中选择边框的样式，在“颜色”下拉列表中选择边框的颜色，在“预置”部分选择需要添加边框的类型，如“外边框”“内部”，单击“确定”按钮添加边框。

4. 设置单元格底纹

为了美化表格，可以给表格添加相应的底纹。打开“单元格格式”对话框，选择“图案”选项卡，如图4-22所示。在这里，用户可以设置单元格底纹的颜色、填充效果、填充的图案样式及图案颜色等，设置完成后单击“确定”按钮即可。

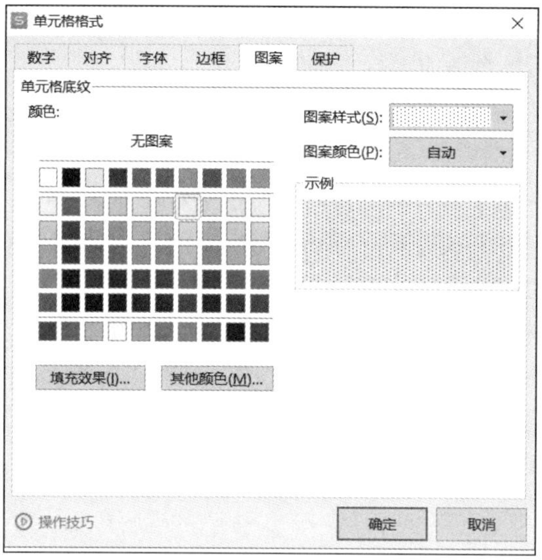

图4-22 “设置单元格格式”→“图案”

4.3.3 条件格式的设置

有时候需要将电子表格软件中的数据按照不同的条件设置不同的格式。例如，蒋老师想把所有大于90分的成绩以红色字体加粗显示出来，这时就需要设置条件格式。设置条件格式就是指设置的格式有条件限制，当满足条件时，才将单元格设置成特定的样式以突出显示，否则不应用此设置。

设置条件格式可以按如下步骤实现。

① 选中需要设置条件格式的单元格区域。

② 在“开始”选项卡中的“样式”组中，找到“条件格式”并单击其下方的按钮▾，在弹出的下拉列表中选择“新建规则”，会弹出“新建格式规则”对话框。

③ 在该对话框中，选择规则类型，如选择“只为包含以下内容的单元格设置格式”，并在下方的“编辑规则说明”中，设置“单元格值大于90”（见图4-23），单击下方的“格式”按钮，会弹出图4-24所示的“设置单元格格式”对话框。

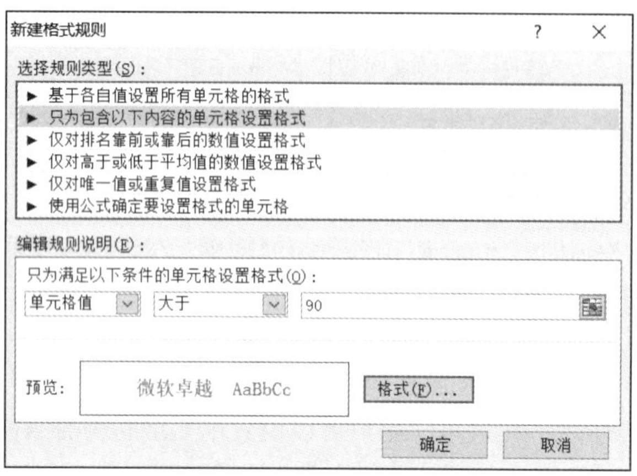

图4-23 “新建格式规则”对话框

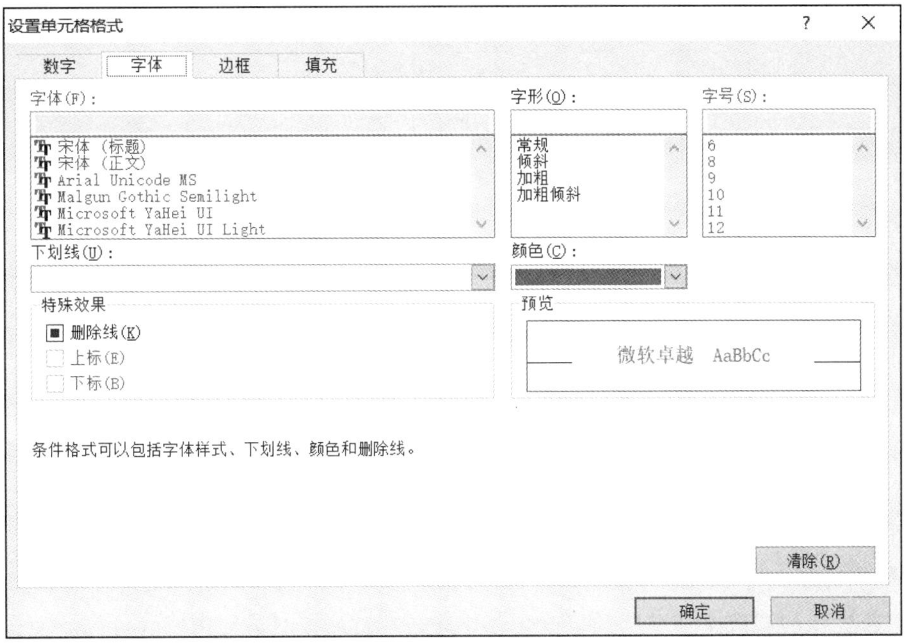

图4-24 “设置单元格格式”对话框

④ 在“设置单元格格式”对话框中可以设置字体、字形、字号、颜色等。设置完成后单击“确定”按钮，在“新建格式规则”对话框中也单击“确定”按钮，即可完成条件格式的设置。

任务实现

微课 26

扫码看视频

4.3.4 设置“学生成绩汇总表”中的格式

（1）启动WPS Office应用程序，建立一个新的工作表。

（2）添加学生成绩汇总表标题，并设置标题字体样式。

① 输入标题文字：选中A1:I1单元格区域，在“开始”选项卡的“单元格格式：对齐方式”组中，找到“合并居中”按钮并单击，在合并后的单元格中输入“学生成绩汇总表”。

② 设置标题字体样式：选中标题“学生成绩汇总表”，在“开始”选项卡的“字体设置”组中，“字体”列表框中选择“楷体”，“字号”列表框中选择“20”，字体颜色为“红色”，加粗显示。

（3）添加学生成绩汇总表的列标题，并设置标题字体样式。

在A2:I2单元格区域中，输入图4-15所示的列标题，并设置字体为“宋体”，字号为“14”，颜色为“黑色”。

（4）输入学生成绩汇总表中的数据。

① 在A3单元格中输入学号“120101”，将鼠标指针放在该单元格的右下角，这时鼠标指针会变为黑色的十字形 +，按住鼠标左键向下拖曳至A12单元格，这时A4:A12单元格中的数据会按序列自动填充，如图4-25所示。

120101
120102
120103
120104
120105
120106
120107
120108
120109
120110

图4-25 数据填充

② 在B3:B12单元格区域中分别输入学生的姓名，在C3:G12单元格区域中输入每名学生的各科成绩，完成表格文字的编辑。

（5）设置列宽和行高。

① 设置列宽：将鼠标指针放在第一列的列号“A”处，当鼠标指针变为向下的粗箭头 ⬇ 时右击，在弹出的快捷菜单中选择“列宽”，并在“列宽”对话框中输入合适的列宽。使用同样的方法，对其他列的列宽进行调整，以适应本列文字的显示。

② 设置行高：将鼠标指针放在第一行的行号“1”处，当鼠标指针变为向右的粗箭头 ➡ 时右击，在弹出的快捷菜单中选择“行高”，并在“行高”对话框中修改行高。使用同样的方法，对其他行的行高进行调整，以适应本行文字的大小。

（6）设置单元格对齐方式。

① 选中相应的单元格区域并右击，在弹出的快捷菜单中选择“设置单元格格式”，在弹出的“单元格格式”对话框中选择“对齐”选项卡。

② 在“水平对齐”下拉列表中选择“居中”，“垂直对齐”下拉列表中也选择“居中”，从而使单元格区域内的所有文字都居中显示。

（7）添加边框。

① 选中A1:I12单元格区域，打开“单元格格式”对话框，选择“边框”选项卡。

② 在左侧的“样式”中选择“粗线条”，在“颜色”下拉列表中选择“蓝色”，在“预置”部分选择“外边框”，单击“确定”按钮后可以设置表格的外边框。

③ 在“样式”中选择“细线条”，在“颜色”下拉列表中选择“蓝色”，在“预置”部分选择“内部”，单击“确定”按钮后完成表格的内边框的设置。

（8）设置单元格底纹。

① 选中A1:I1单元格区域，打开“单元格格式”对话框，选择“图案”选项卡。

② 在“单元格底纹”的“颜色”中选择“浅黄色”，在“图案样式”中选择“6.5%灰色”，“图案颜色”选择“自动”，单击“确定”按钮完成设置。表格效果如图4-26所示。

学生成绩汇总表								
学号	姓名	高等数学	实用英语	体育	信息技术	思想政治	总分	平均分
120101	杜学江	82	96	73	78	88		
120102	刘鹏举	78	87	96	62	93		
120103	陈万地	93	99	92	86	86		
120104	刘康锋	85	92	96	84	95		
120105	李北大	95	83	64	88	89		
120106	符合	99	98	81	95	91		
120107	李娜娜	58	95	94	82	90		
120108	倪冬声	95	97	72	93	95		
120109	包宏伟	95	89	94	92	91		
120110	吉祥	84	94	99	90	87		

图4-26 单元格格式设置效果

（9）设置条件格式。

① 选中“学生成绩汇总表”中的C3:G12单元格区域。

② 在“开始”选项卡中的“样式”组中，找到“条件格式”并单击其下方的按钮▾，在弹出的子菜单中选择“新建规则”，会弹出“新建格式规则”对话框。

③ 在该对话框中，“选择规则类型”为“只为包含以下内容的单元格设置格式”，并在下方的“编辑规则说明”中，设置“单元格值大于90”（见图4-27），单击下方的“格式”按钮，会弹出图4-28所示的“设置单元格格式”对话框。

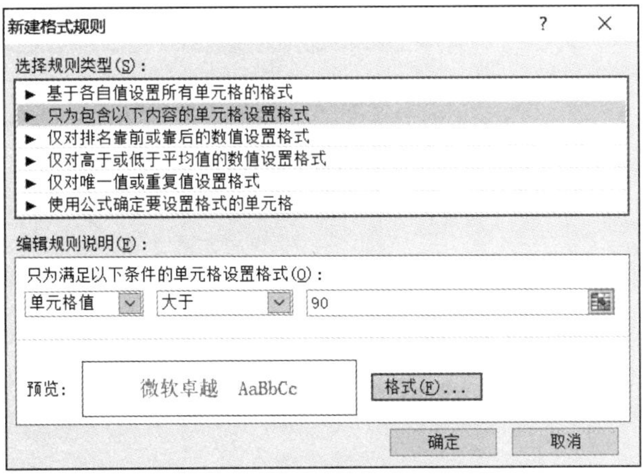

图4-27 “新建格式规则”对话框

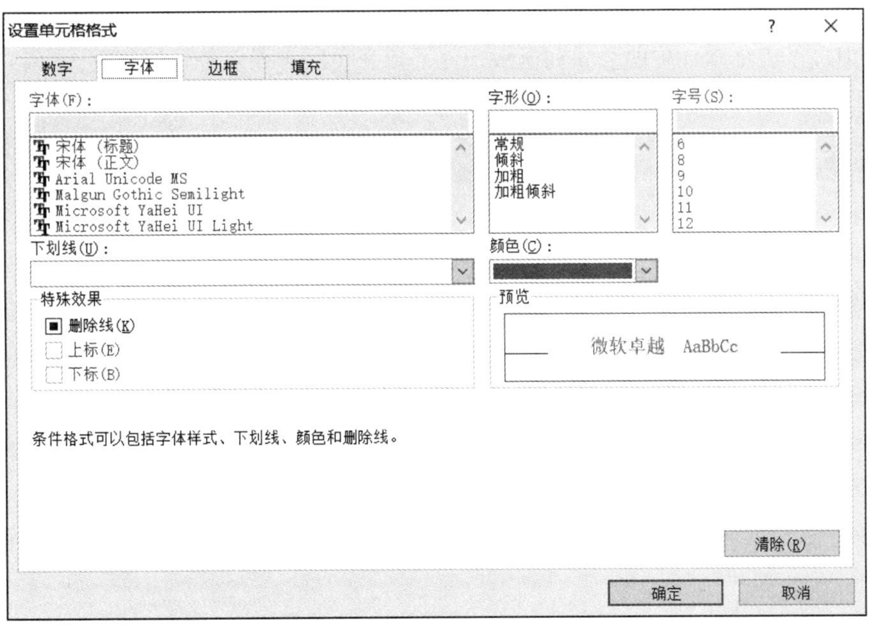

图4-28 “设置单元格格式”对话框

④ 在“字体”选项卡中设置“字形”为“加粗”，“颜色”为“红色”，单击“确定”按钮，在“新建格式规则”对话框中也单击“确定”按钮，完成条件格式的设置，表格效果如图4-29所示。

（10）保存“学生成绩汇总表”并退出。

学生成绩汇总表								
学号	姓名	高等数学	实用英语	体育	信息技术	思想政治	总分	平均分
120101	杜学江	82	96	73	78	88		
120102	刘鹏举	78	87	96	62	93		
120103	陈万地	93	99	92	86	86		
120104	刘康锋	85	92	96	84	95		
120105	李北大	95	83	64	88	89		
120106	符合	99	98	81	95	91		
120107	李娜娜	58	95	94	82	90		
120108	倪冬声	95	97	72	93	95		
120109	包宏伟	95	89	94	92	91		
120110	吉祥	84	94	99	90	87		

图4-29　条件格式设置效果

4.4 公式与函数的使用

WPS电子表格软件除了对数据进行存储和管理外，其最主要的功能在于对数据进行计算分析。电子表格软件中提供了大量的公式与函数，可以帮助用户对数据进行统计计算，提高办公效率，减少错误的发生。

任务描述

蒋老师在完成了“学生成绩汇总表”的数据录入后，需要了解同学们的考试状况，因此蒋老师利用电子表格软件中的公式和函数，计算出每位同学的总分、平均分，每门课程的最高分及最低分等。成绩汇总结果如图4-30所示。

学生成绩汇总表									
学号	姓名	高等数学	实用英语	体育	信息技术	思想政治	总分	平均分	高等数学是否及格
120101	杜学江	82	96	73	78	88	417	83.4	是
120102	刘鹏举	78	87	96	62	93	416	83.2	是
120103	陈万地	93	99	92	86	86	456	91.2	是
120104	刘康锋	85	92	96	84	95	452	90.4	是
120105	李北大	95	83	64	88	89	419	83.8	是
120106	符合	99	98	81	95	91	464	92.8	是
120107	李娜娜	58	95	94	82	90	419	83.8	否
120108	倪冬声	95	97	72	93	95	452	90.4	是
120109	包宏伟	95	89	94	92	91	461	92.2	是
120110	吉祥	84	94	99	90	87	454	90.8	是
	最高分	99	99	99	95	95	464	92.8	
	最低分	58	83	64	62	86	416	83.2	
	学生数	10	10	10	10	10			
	不及格学生数	1	0	0	0	0			
	单科平均分	89.55555556	93	86.1	85	90.5			

图4-30　成绩汇总结果

任务分析

利用电子表格软件提供的公式与函数，可以方便地完成各项统计工作。因此，本任务可以分解成以下两点。

- 公式的使用。
- 函数的使用。

相关知识

4.4.1 公式的使用

公式是工作表中用于对单元格数据进行各种运算的等式，由常量、单元格名称、单元格引用、函数和运算符等组成。通过公式可以对工作表中的数据进行加、减、乘、除等运算，在使用公式运算的过程中，可以引用同一工作表中的其他单元格、同一工作簿不同工作表中的单元格或其他工作簿中的单元格。

1. 运算符

运算符是为了对公式中的元素进行运算而规定的特殊符号，公式中的数据根据运算符的性质和级别进行运算。电子表格软件中包含4种类型的运算符：算术运算符、比较运算符、文本运算符和引用运算符。

（1）算术运算符

算术运算符用来完成基本的数学运算，结果为数字。常用的算术运算符有：加（+）、减（-）、乘（*）、除（/）、百分号（%）、乘方（^）。如在单元格内输入“=30+5*2”后按【Enter】键，结果为40。

（2）比较运算符

比较运算符用来比较两个值的大小关系，结果为真或假，真用TRUE表示，假用FALSE表示。如在单元格内输入“=8>9”后按【Enter】键，结果为FALSE。

（3）文本运算符

文本运算符可以将两个或多个文本值连接起来产生一个连续的文本值。例如，在单元格内输入“=8&9”后按【Enter】键，结果为89；在单元格内输入“="as"&"s"”后按【Enter】键，结果为ass。

（4）引用运算符

引用运算符可以将单元格区域进行合并计算。引用运算符包括：冒号（:）、逗号（,）和空格。

① 冒号：区域运算符，对两个单元格之间所有单元格（包括这两个单元格）进行引用。例如：C3:C8，指从C3至C8（包括C3和C8）的6个单元格。

② 逗号：联合运算符，可以实现合并计算。例如：SUM(C3,D3)，指对C3和D3单元格进行求和运算。

③ 空格：交叉运算符，产生同时隶属于两个引用单元格区域的引用。例如：SUM(C1:C3 C2:C3)，指对C1:C3和C2:C3这两个区域内共有的单元格中数据进行求和运算。

2. 单元格引用

用户可以在单元格内输入数据，数据所在的单元格地址代表数据所在的位置，因此在引用单元格数据时引用单元格地址即可。单元格引用可以为用户计算带来很大的方便，但当用户进行公式复制时也会出现问题。当把公式从一个单元格复制到另一个单元格时，公式会发生变化，这是由于在创建公式时使用了引用。

单元格引用分为3种：相对引用、绝对应用和混合引用。

① 相对引用。相对引用是指单元格地址会随公式所在的单元格位置的变化而发生变化，当把公式移动或复制到其他单元格后，该公式的地址也会相应地改变。

② 绝对引用。绝对引用是指单元格地址不会随着公式所在的单元格位置变化而发生变化，当把公式移动或复制到其他单元格后，该公式的地址不变。在使用绝对地址引用时，需要在行号和列号前加上"$"字符，如$A$5。

③ 混合引用。混合引用是指同时使用绝对引用和相对引用。例如$A5是混合引用，表示列地址不变，行地址变化。

3. 公式的应用

在工作表中输入公式时，需要注意以下两点。

① 以"="作为公式开始的标记。

② 所有字符以半角格式输入。

在WPS电子表格软件的工作表中，可以在单元格内编辑公式，也可以在编辑栏内输入公式，输入完成后，单击编辑栏前的✓或按【Enter】键。

4.4.2 函数的使用

电子表格软件将一组特定功能的公式组合在一起形成了函数，使用函数可以加快计算的速度，同时减少错误的发生。电子表格软件中的函数由函数名和函数参数组成，基本格式为：

=函数名(函数参数)

①"="符号：函数以"="作为开始，后面是函数名和函数参数。

② 函数名：函数的名称，代表函数的功能。每个函数都有唯一的函数名，如MIN表示求最小值，MAX表示求最大值，进行不同的计算应使用不同的函数。函数名不区分大小写。

③ 函数参数：函数中用来执行操作或计算的值，可以是常量、单元格名称、单元格引用，也可以是公式或其他函数，但指定的参数必须为有效参数值。函数中包含多个参数时，参数之间用逗号进行分隔。

输入函数有两种方法：第一种是在单元格中直接输入，先输入"="，再输入函数本身即可；第二种是单击编辑栏左侧的"插入函数"按钮fx，在弹出的"插入函数"对话框中选择需要的函数进行编辑并输入。

电子表格软件中包含很多函数，可以分为统计函数、数学与三角函数、日期与时间函数、财务函数等。常见的函数如下。

1. 求和函数：SUM(参数1,参数2,…)

该函数返回参数列表中所有参数的和，其中，参数可以是具体的值，也可以是一个单元格区域的引用，如SUM(C3,D3)表示计算C3和D3两个单元格内数据的和。

2. 求平均值函数：AVERAGE(参数1,参数2,…)

该函数返回参数列表中所有参数的平均值，其中，参数可以是具体的值，也可以是一个单元格区域的引用，如AVERAGE(C3,D3)表示计算C3和D3两个单元格内数据的平均值。

3. 求最大值函数：MAX(参数1,参数2,…)

该函数返回参数列表中所有参数的最大值，其中，参数可以是具体的值，也可以是一个单元格的引用，如MAX(5,C4,D4)表示求5、C4单元格内数据和D4单元格内数据的最大值。

4. 求最小值函数：MIN(参数1,参数2,…)

该函数返回参数列表中所有参数的最小值，其中，参数可以是具体的值，也可以是一个单元格的引用，如MIN(5,C4,D4)表示求5、C4单元格内数据和D4单元格内数据的最小值。

5. 计数函数：COUNT(参数1,参数2,…)

该函数用来计算给定数据集合或单元格区域中数据的个数，只对数字数据或能转换为数字数据的文本进行统计，错误值、空值或逻辑值等不会计算在内。例如工作表中D2、D3、D4、D5、D6中的值分别为86、90、72、65、80，则COUNT(D2:D6)的结果为5，若将D4单元格中的数据删除，则COUNT(D2:D6)的结果为4。

6. 条件函数：IF(条件,结果1,结果2)

该函数通过参数列表中的条件对值和期待值进行逻辑比较，如果条件为真则返回结果1，如果条件为假则返回结果2。例如，C2单元格中数据为95，判断C2中的值是否大于90，如果是则返回是，否则返回否，使用IF函数实现，即IF(C2>90, "是","否")，返回结果为是。

7. 条件计数函数：COUNTIF(单元格区域,条件)

该函数用来统计满足条件的单元格的个数。例如工作表中D2、D3、D4、D5、D6中的值分别为86、90、72、65、80，统计这5个单元格中值大于90的个数，使用函数COUNTIF(D2:D6,">90")实现，结果为0。

8. 条件统计函数：SUMIF(单元格区域,条件)

该函数用来对符合条件的单元格区域内的值求和。例如工作表中D2、D3、D4、D5、D6中的值分别为86、90、72、65、80，对这5个单元格中大于90的值进行求和运算，使用函数SUMIF(D2:D6,">90")实现，结果为0。

任务实现

4.4.3 计算“学生成绩汇总表”中的各项成绩

微课 27

扫码看视频

1. 打开“学生成绩汇总表”

双击“学生成绩汇总表”打开该文件。

2. 计算第一位同学的总分

① 在“学生成绩汇总表”中选中H3单元格，在单元格中输入“=C3+D3+E3+F3+G3”，输入完成后按【Enter】键，即可得到第一位同学的总分为417。

也可以在工作表的编辑栏中输入公式，如图4-31所示，输入完成后，单击编辑栏左侧的“输入”按钮✓或按【Enter】键得到结果。

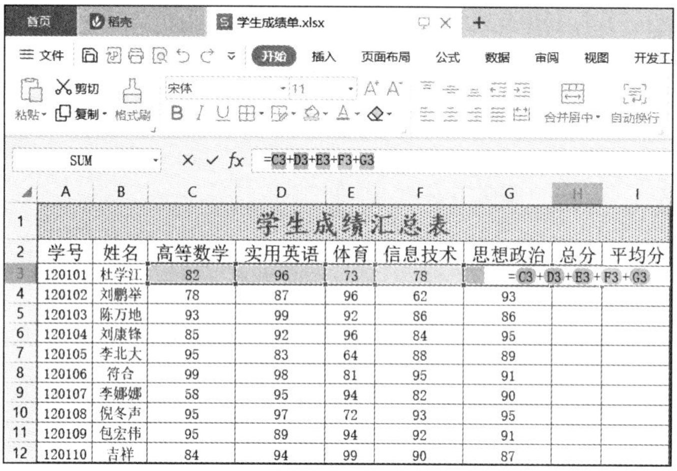

图4-31 编辑栏中输入公式

② 把鼠标指针放在H3单元格右下角，当鼠标指针变成+时，按住鼠标左键并向下拖曳鼠标直至H12单元格，松开鼠标左键，其余9名学生的总分都计算出来了，如图4-32所示。

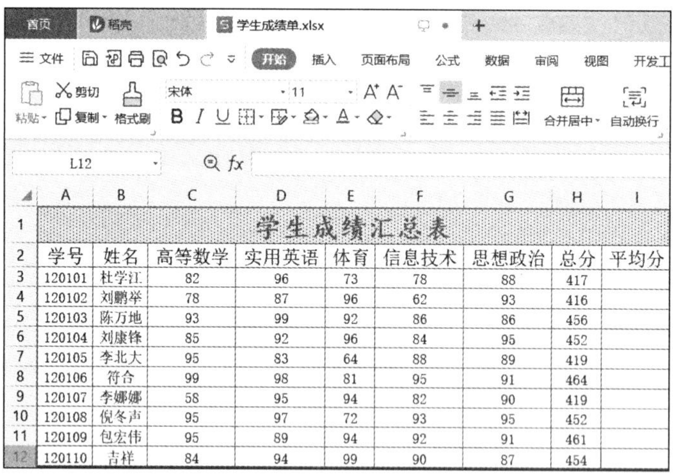

图4-32 用公式计算总分

3. 利用函数计算每位同学的平均分

① 在“学生成绩汇总表”中选中I3单元格，在单元格或编辑栏中输入“=AVERAGE(C3:G3)”，输入完成后单击编辑栏左侧的“输入”按钮或按【Enter】键得到第一名同学的平均分。

或者选中I3单元格，单击编辑栏左侧的“插入函数”按钮f_x，会弹出“插入函数”对话框，在“或选择类别”的“常用函数”的“统计”类别中找到“AVERAGE”函数，如图4-33

所示。

单击“确定”按钮，弹出“函数参数”对话框，如图4-34所示。单击“数值1”文本框，选中工作表中的C3至G3单元格后，在“数值1”文本框中会自动输入“C3:G3”，单击“确定”，在I3单元格中显示第1位同学的平均分为83.4。

② 把鼠标指针放在I3单元格右下角，当鼠标指针变成+时，按住鼠标左键并向下拖曳鼠标直至I12单元格，松开鼠标左键，其余9名学生的平均分都计算出来了，如图4-35所示。

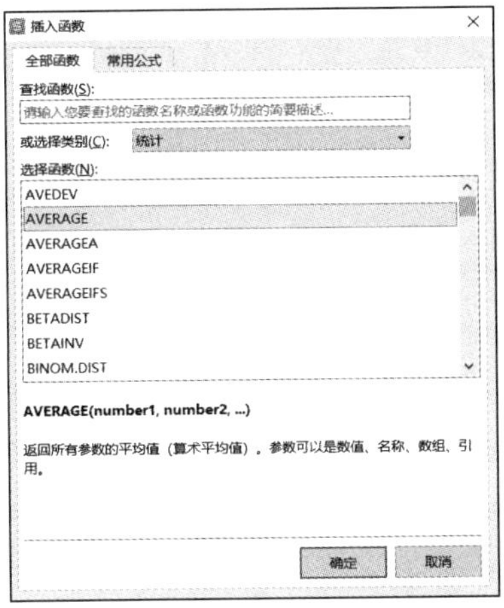

图4-33 “插入函数”对话框

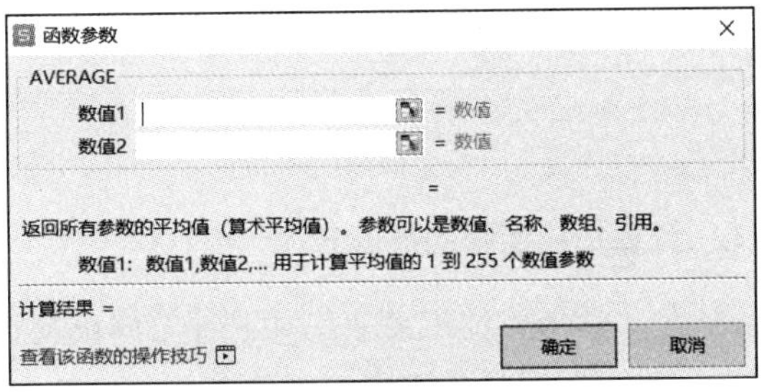

图4-34 “函数参数”对话框

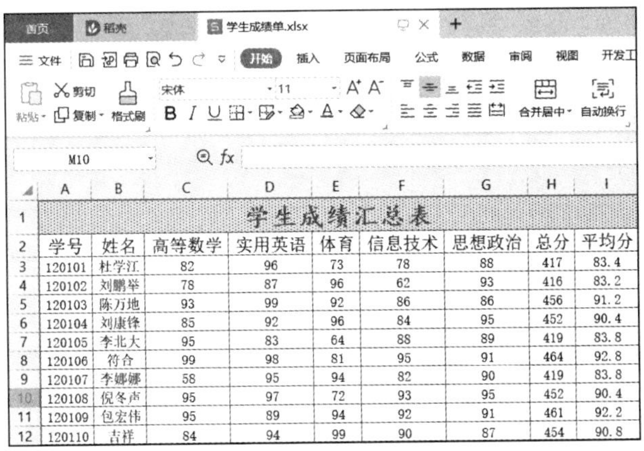

学号	姓名	高等数学	实用英语	体育	信息技术	思想政治	总分	平均分
120101	杜学江	82	96	73	78	88	417	83.4
120102	刘鹏举	78	87	96	62	93	416	83.2
120103	陈万地	93	99	92	86	86	456	91.2
120104	刘康锋	85	92	96	84	95	452	90.4
120105	李北大	95	83	64	88	89	419	83.8
120106	符合	99	98	81	95	91	464	92.8
120107	李娜娜	58	95	94	82	90	419	83.8
120108	倪冬声	95	97	72	93	95	452	90.4
120109	包宏伟	95	89	94	92	91	461	92.2
120110	吉祥	84	94	99	90	87	454	90.8

图4-35 用函数计算平均分

4. 计算每门课程的最高分

① 在“学生成绩汇总表”的B13单元格中输入“最高分”，B14单元格中输入“最低分”。

② 在“学生成绩汇总表”中选中C13单元格，在单元格或编辑栏中输入“=MAX(C3:C12)”，输入完成后，单击编辑栏左侧的“输入”按钮✓或按【Enter】键得到高等数学的最高分。

③ 把鼠标指针放在C13单元格右下角，当鼠标指针变成+时，按住鼠标左键并向右拖曳鼠标直至G13单元格，松开鼠标左键，得出每门课程的最高分。

④ 如果需要计算总分及平均分的最高分，则在第③步拖曳鼠标时直接拖曳至I13单元格即可，结果如图4-36所示。

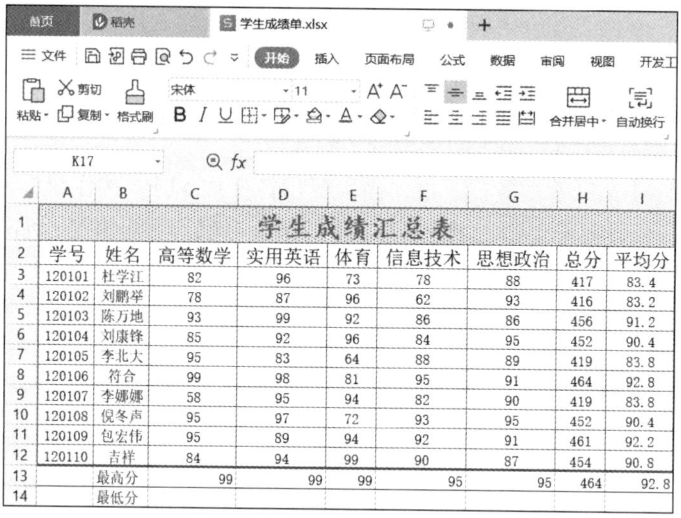

	A	B	C	D	E	F	G	H	I
1	学生成绩汇总表								
2	学号	姓名	高等数学	实用英语	体育	信息技术	思想政治	总分	平均分
3	120101	杜学江	82	96	73	78	88	417	83.4
4	120102	刘鹏举	78	87	96	62	93	416	83.2
5	120103	陈万地	93	99	92	86	86	456	91.2
6	120104	刘康锋	85	92	96	84	95	452	90.4
7	120105	李北大	95	83	64	88	89	419	83.8
8	120106	符合	99	98	81	95	91	464	92.8
9	120107	李娜娜	58	95	94	82	90	419	83.8
10	120108	倪冬声	95	97	72	93	95	452	90.4
11	120109	包宏伟	95	89	94	92	91	461	92.2
12	120110	吉祥	84	94	99	90	87	454	90.8
13		最高分	99	99	99	95	95	464	92.8
14		最低分							

图4-36 计算最高分

5. 计算每门课程的最低分

① 在“学生成绩汇总表”中选中C14单元格，在单元格或编辑栏中输入“=MIN(C3:C12)”，输入完成后，单击编辑栏左侧的“输入”按钮或按【Enter】键得到高等数学的最低分。

② 把鼠标指针放在C14单元格右下角，当鼠标指针变成+时，按住鼠标左键并向右拖曳鼠标直至G14单元格，松开鼠标左键，得出每门课程的最低分。

③ 如果需要计算各科分数、总分及平均分的最低分，则在第②步拖曳鼠标时直接拖曳至I14单元格，结果如图4-37所示。

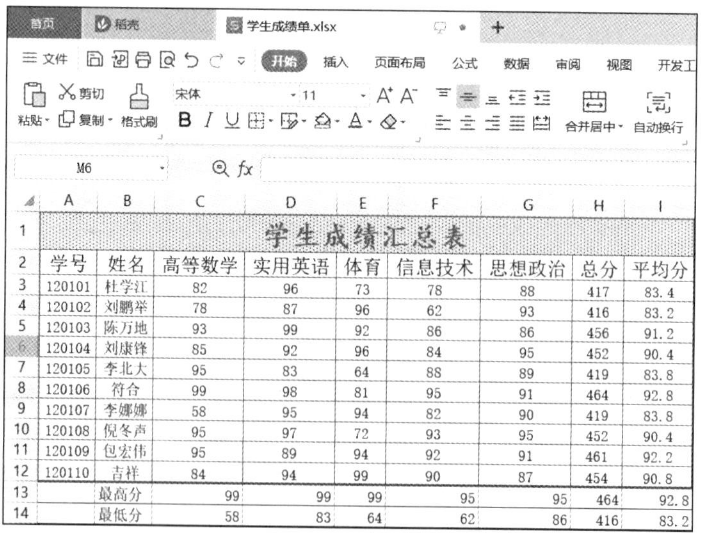

	A	B	C	D	E	F	G	H	I
1	学生成绩汇总表								
2	学号	姓名	高等数学	实用英语	体育	信息技术	思想政治	总分	平均分
3	120101	杜学江	82	96	73	78	88	417	83.4
4	120102	刘鹏举	78	87	96	62	93	416	83.2
5	120103	陈万地	93	99	92	86	86	456	91.2
6	120104	刘康锋	85	92	96	84	95	452	90.4
7	120105	李北大	95	83	64	88	89	419	83.8
8	120106	符合	99	98	81	95	91	464	92.8
9	120107	李娜娜	58	95	94	82	90	419	83.8
10	120108	倪冬声	95	97	72	93	95	452	90.4
11	120109	包宏伟	95	89	94	92	91	461	92.2
12	120110	吉祥	84	94	99	90	87	454	90.8
13		最高分	99	99	99	95	95	464	92.8
14		最低分	58	83	64	62	86	416	83.2

图4-37 计算最低分

6. 计算每门课程参加考试的学生数

① 在“学生成绩汇总表”的B15单元格中输入“学生数”。

② 在“学生成绩汇总表”中选中C15单元格，在单元格或编辑栏中输入“=COUNT(C3:C12)”，输入完成后单击编辑栏左侧的“输入”按钮✓或按【Enter】键得到参加高等数学考试的学生数。

③ 把鼠标指针放在C15单元格右下角，当鼠标指针变成+时，按住鼠标左键并向右拖曳鼠标直至G15单元格，松开鼠标左键，得出每门课程参加考试的学生数，如图4-38所示。

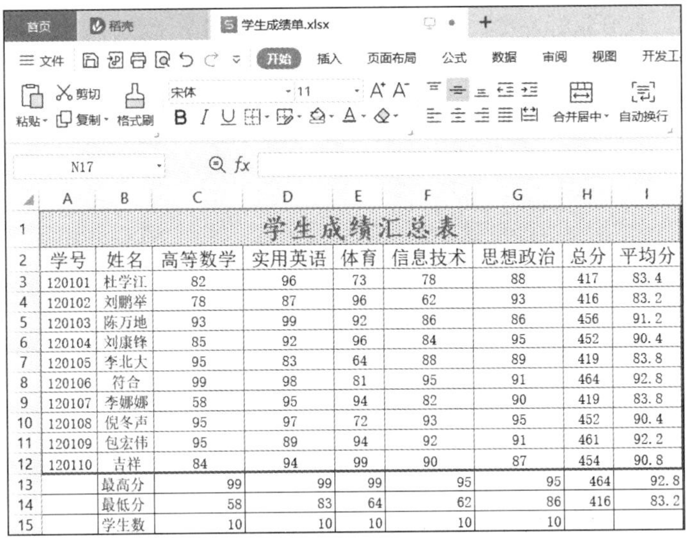

	A	B	C	D	E	F	G	H	I
1	学生成绩汇总表								
2	学号	姓名	高等数学	实用英语	体育	信息技术	思想政治	总分	平均分
3	120101	杜学江	82	96	73	78	88	417	83.4
4	120102	刘鹏举	78	87	96	62	93	416	83.2
5	120103	陈万地	93	99	92	86	86	456	91.2
6	120104	刘康锋	85	92	96	84	95	452	90.4
7	120105	李北大	95	83	64	88	89	419	83.8
8	120106	符合	99	98	81	95	91	464	92.8
9	120107	李娜娜	58	95	94	82	90	419	83.8
10	120108	倪冬声	95	97	72	93	95	452	90.4
11	120109	包宏伟	95	89	94	92	91	461	92.2
12	120110	吉祥	84	94	99	90	87	454	90.8
13		最高分	99	99	99	95	95	464	92.8
14		最低分	58	83	64	62	86	416	83.2
15		学生数	10	10	10	10	10		

图4-38　计算每门课程参加考试的学生数

7. 查看每位学生的高等数学是否及格

① 在J列显示学生的高等数学是否及格，如果及格则在相应的单元格显示“是”，否则显示“否”。在J2单元格中输入“高等数学是否及格”。

② 选中J3单元格，在单元格内输入函数“=IF(C3>=60,"是","否")”，按【Enter】键得出结果，J3单元格内显示“是”。

③ 把鼠标指针放在J3单元格右下角，当鼠标指针变成+字形状时，按住鼠标左键并向下拖曳鼠标直至J12单元格，松开鼠标左键，可查看每位学生的高等数学是否及格，如图4-39所示。

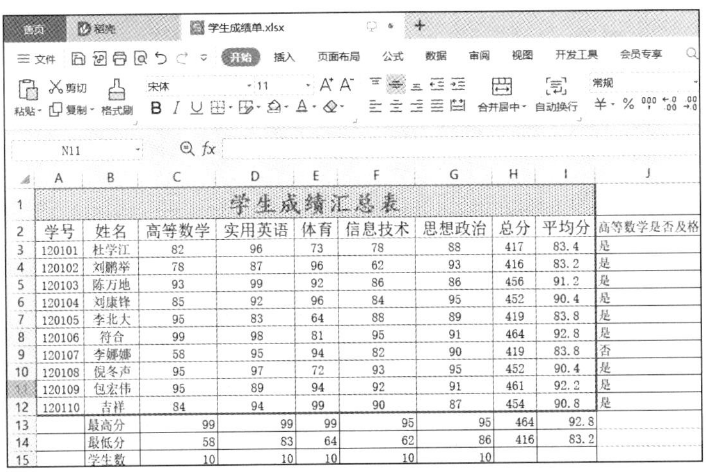

	A	B	C	D	E	F	G	H	I	J
1	学生成绩汇总表									
2	学号	姓名	高等数学	实用英语	体育	信息技术	思想政治	总分	平均分	高等数学是否及格
3	120101	杜学江	82	96	73	78	88	417	83.4	是
4	120102	刘鹏举	78	87	96	62	93	416	83.2	是
5	120103	陈万地	93	99	92	86	86	456	91.2	是
6	120104	刘康锋	85	92	96	84	95	452	90.4	是
7	120105	李北大	95	83	64	88	89	419	83.8	是
8	120106	符合	99	98	81	95	91	464	92.8	是
9	120107	李娜娜	58	95	94	82	90	419	83.8	否
10	120108	倪冬声	95	97	72	93	95	452	90.4	是
11	120109	包宏伟	95	89	94	92	91	461	92.2	是
12	120110	吉祥	84	94	99	90	87	454	90.8	是
13		最高分	99	99	99	95	95	464	92.8	
14		最低分	58	83	64	62	86	416	83.2	
15		学生数	10	10	10	10	10			

图4-39　查看每位学生的高等数学是否及格

8. 计算每门课程的不及格学生数

① 在“学生成绩汇总表”第16行显示每门课程的不及格人数，在B16单元格内输入“不及格学生数”，在C16单元格中输入“=COUNTIF(C3:C12,"<60")”，按【Enter】键得到高等数学的不及格人数。

② 把鼠标放在C16单元格右下角，当鼠标变成十字形状＋时，按住鼠标左键向右拖曳鼠标直至G16单元格，松开鼠标左健，得出每门课程的不及格学生数，如图4-40所示。

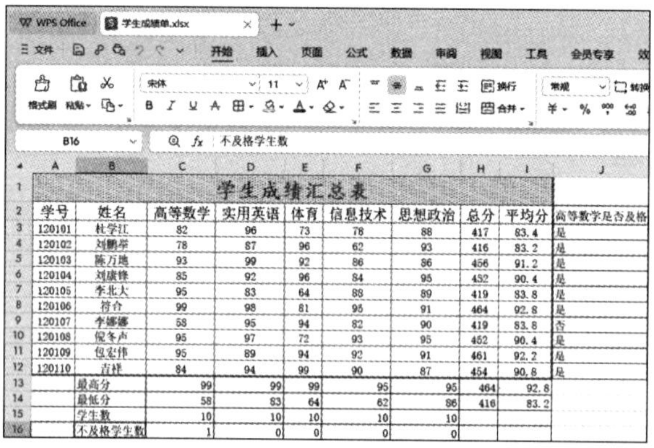

图4-40 计算每门课程的不及格学生数

9. 计算每门课程的平均分（只统计及格的学生）

① 在“学生成绩汇总表”B17单元格内输入“单科平均分”，通过SUMIF(C3:C12,">=60")函数可以计算出所有高等数学及格的学生的总分，通过COUNTIF(C3:C12,">=60")可以计算出所有高等数学及格的学生的人数。

② 在C17单元格内输入“=SUMIF(C3:C12,">=60")/COUNTIF(C3:C12,">=60")”，计算出所有高等数学及格的学生的平均分，如图4-41所示。

③ 把鼠标放在C17单元格右下角，当鼠标变成十字形状＋时，按住鼠标左键向右拖曳鼠标直至G17单元格，松开鼠标左键，得出每门课程的平均分（只统计及格学生），如图4-41所示。

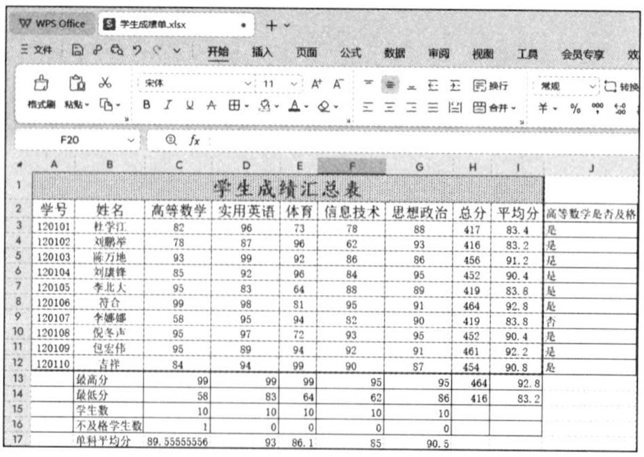

图4-41 计算每门课程的平均分（只统计及格学生）

10. 保存“学生成绩汇总表”并退出

按Ctrl+S快捷键保存文件，并退出WPS软件。

4.5 数据的统计与分析

在日常工作中，我们经常需要对数据进行统计处理以得出相应的结果，WPS 电子表格软件作为一款优秀的数据处理软件，具有强大的数据管理功能，可以对工作表中的数据进行排序、筛选及分类汇总等操作，很好地满足了用户对数据处理的需求。

任务描述

蒋老师在计算出了学生的总分及其他相关成绩后，需要对学生总分进行排序，从而筛选出可以获得奖学金的学生，并且统计出学生成绩的分布情况。WPS电子表格软件中有多种排序方法，图4-42所示的结果就应用了其中的一种。

1	学生成绩汇总表								
2	学号	姓名	高等数学	实用英语	体育	信息技术	思想政治	总分	排名
3	120106	符合	99	98	81	95	91	464	
4	120109	包宏伟	95	89	94	92	91	461	
5	120103	陈万地	93	99	92	86	86	456	
6	120110	吉祥	84	94	99	90	87	454	
7	120104	刘康锋	85	92	96	84	95	452	
8	120108	倪冬声	95	97	72	93	95	452	
9	120105	李北大	95	83	64	88	89	419	
10	120107	李娜娜	58	95	94	82	90	419	
11	120101	杜学江	82	96	73	78	88	417	
12	120102	刘鹏举	78	87	96	62	93	416	

图4-42 按总分由高到低排序结果

任务分析

利用WPS电子表格软件提供的数据排序功能，可以非常方便地对数据按照单个或多个关键字进行排序。同时我们也可以利用电子表格软件中的筛选功能，查找出满足条件的学生。因此，本任务可以分解成以下几点。

- 数据排序。
- 数据筛选。
- 数据分类汇总。

相关知识

4.5.1 数据排序

在电子表格软件中，排序是指将工作表中的数据按照文本、数字、日期和时间等的升序或降序进行排列，不但可以按照一个关键字排序，还可以按照多个关键字排序。

当按照多个关键字对数据进行排序时，第一个关键字称为主要关键字，第二个关键字及后面的其他关键字都称为次要关键字。其中，主要关键字是数据排序的首要依据，当主要关键字相同时，再按第二个关键字排序；当第二个关键字也相同时，再按第三个关键字排序，以此类推。

4.5.2 数据筛选

在电子表格软件中，数据筛选是将符合给定条件的数据显示出来，将不符合条件的数据隐藏起来。通过数据筛选，可以帮助用户快速地从众多数据中选择出需要的数据。

数据筛选分为两种：自动筛选和高级筛选。自动筛选只能完成单一条件的筛选；如果需要设置多个条件的复杂筛选，需要使用高级筛选。

在使用高级筛选时，需要在源数据的下方建立一个条件区域，将筛选条件放在条件区域中。一个条件区域需要用两行，至少用到两个单元格，第一行的单元格中用来输入指定的字段名称，第二行的单元格中用来输入字段的筛选条件值。筛选条件是由关系运算符构成的关系表达式，当筛选条件较多时，可以使用“与”“或”等逻辑运算符连接关系表达式。筛选条件设置得越合理，筛选结果越精确。

在选择了筛选条件后，系统会将不满足筛选条件的数据隐藏起来；当撤销筛选条件后，这些数据又会显示出来。

4.5.3 数据分类汇总

WPS电子表格软件提供了对数据进行分类汇总的功能，可以根据不同的条件得到不同的汇总结果。例如，使用分类汇总可以将学生信息按照性别分组显示并统计男、女生各有多少人。分类汇总分为简单分类汇总和高级分类汇总。

简单分类汇总是指对数据中心的某一列排序后再进行分类汇总。与简单分类汇总相比，高级分类汇总可以对数据中的某一列进行两种不同的汇总，汇总结果更加清晰明了，方便用户查看与分析。

任务实现

微课 28

扫码看视频

4.5.4 统计并分析学生成绩

1. 单一关键字排序

将图4-43所示的学生成绩汇总表按照总分由高到低排序。

选中H2单元格，在“开始”或“数据”选项卡下找到“排序”按钮，单击该按钮右下方的▾，在弹出的下拉列表中选择“降序”，这时表格中的总分数据按照由高到低排序，如图4-44所示。

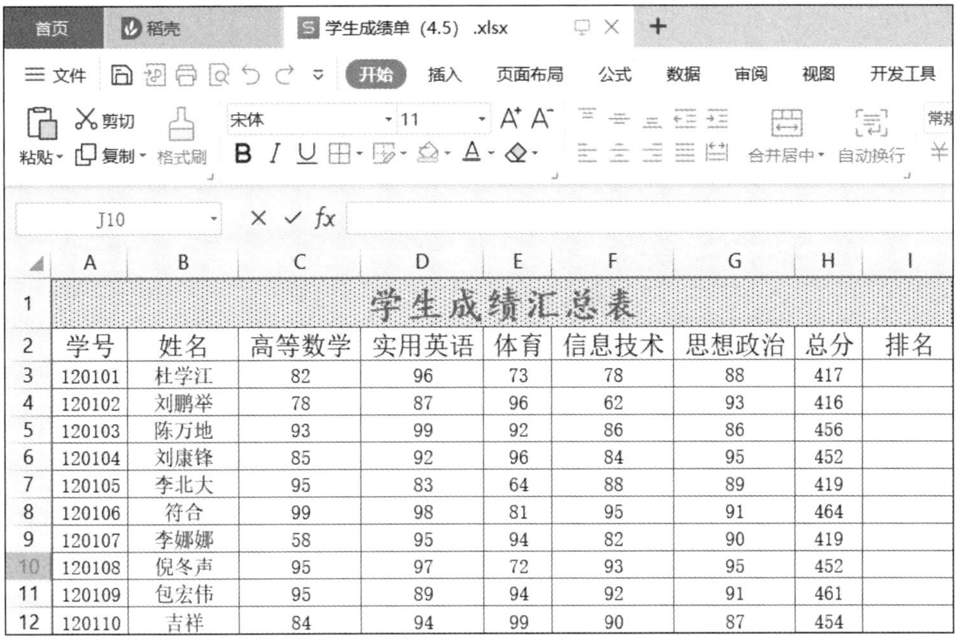

学号	姓名	高等数学	实用英语	体育	信息技术	思想政治	总分	排名
120101	杜学江	82	96	73	78	88	417	
120102	刘鹏举	78	87	96	62	93	416	
120103	陈万地	93	99	92	86	86	456	
120104	刘康锋	85	92	96	84	95	452	
120105	李北大	95	83	64	88	89	419	
120106	符合	99	98	81	95	91	464	
120107	李娜娜	58	95	94	82	90	419	
120108	倪冬声	95	97	72	93	95	452	
120109	包宏伟	95	89	94	92	91	461	
120110	吉祥	84	94	99	90	87	454	

图4-43 学生成绩汇总表

学号	姓名	高等数学	实用英语	体育	信息技术	思想政治	总分	排名
120106	符合	99	98	81	95	91	464	
120109	包宏伟	95	89	94	92	91	461	
120103	陈万地	93	99	92	86	86	456	
120110	吉祥	84	94	99	90	87	454	
120104	刘康锋	85	92	96	84	95	452	
120108	倪冬声	95	97	72	93	95	452	
120105	李北大	95	83	64	88	89	419	
120107	李娜娜	58	95	94	82	90	419	
120101	杜学江	82	96	73	78	88	417	
120102	刘鹏举	78	87	96	62	93	416	

图4-44 按总分降序排序的结果

2. 多个关键字排序

将图4-43中学生成绩汇总表按照总分由高到低排序，如果总分相同，则按照“实用英语”这门课程由高到低排序；如果这门课程成绩也相同，则按照“信息技术”这门课程由高到低排序，具体操作步骤如下。

① 选中需要排序的单元格区域，即C3:H12。

② 单击“排序”按钮右下方的▾，在弹出的下拉列表中选择“自定义排序”，弹出“排序”对话框。

③ 在对话框中，“主要关键字”选择“列H”（即“总分”列），“排序依据”选择“数值”，“次序”选择“降序”（见图4-45），这时主要关键字设置好了。

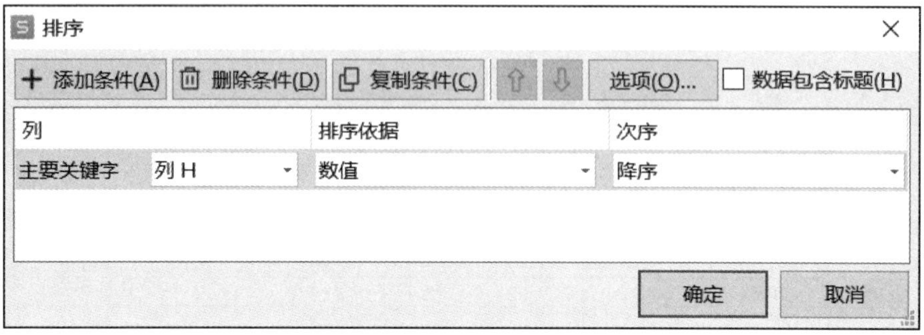

图4-45 “排序”对话框

④ 单击对话框中的“添加条件”，这时在“主要关键字”下方会出现“次要关键字”，如图4-46所示。

图4-46 添加了“次要关键字”的“排序”对话框

“次要关键字”选择“列D”（即“实用英语”列），“排序依据”选择“数值”，“次序”选择“降序”，这时次要关键字“实用英语”设置好了。

⑤ 继续单击对话框中的“添加条件”，“次要关键字”选择“列F”（即“信息技术”列），“排序依据”选择“数值”，“次序”选择“降序”。

至此，排序的主要关键字及次要关键字设置完毕，如图4-47所示。

图4-47 “排序”的主要关键字及次要关键字

⑥ 单击“确定”按钮，排序结果如图4-48所示。

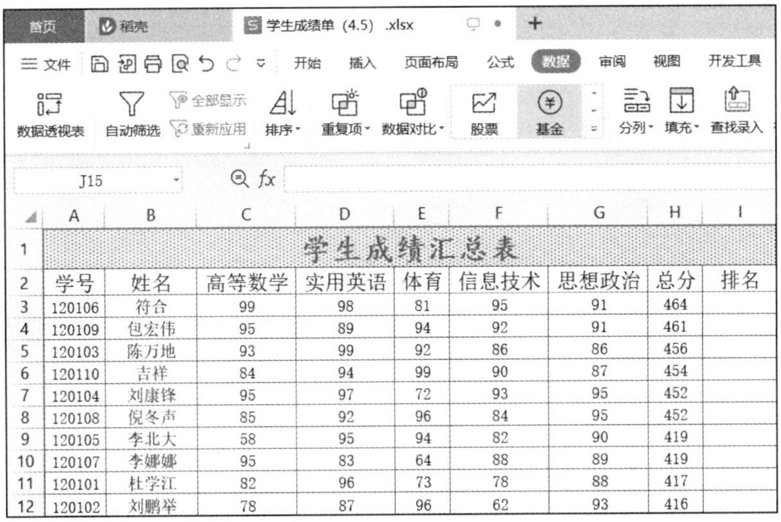

	A	B	C	D	E	F	G	H	I
1	学生成绩汇总表								
2	学号	姓名	高等数学	实用英语	体育	信息技术	思想政治	总分	排名
3	120106	符合	99	98	81	95	91	464	
4	120109	包宏伟	95	89	94	92	91	461	
5	120103	陈万地	93	99	92	86	86	456	
6	120110	吉祥	84	94	99	90	87	454	
7	120104	刘康锋	95	97	72	93	95	452	
8	120108	倪冬声	85	92	96	84	95	452	
9	120105	李北大	58	95	94	82	90	419	
10	120107	李娜娜	95	83	64	88	89	419	
11	120101	杜学江	82	96	73	78	88	417	
12	120102	刘鹏举	78	87	96	62	93	416	

图4-48 多个关键字排序结果

3. 使用RANK函数排序

使用RANK函数对工作表中数据排序时，可以不改变工作表中数据的排列顺序。使用方法为：RANK(参数1,参数2,参数3)。其中参数1和参数2都是必需的，参数1表示参与排序的数据所在单元格；参数2表示参与排序的所有单元格区域；参数3是可选的，表示排序方式，可取0或1，0表示降序排序，1表示升序排序，默认为0。

使用RANK函数对总分进行降序排序的步骤如下。

① 选中I3单元格，单击“插入函数”按钮fx，在“插入函数”对话框中搜索“RANK”，结果如图4-49所示。

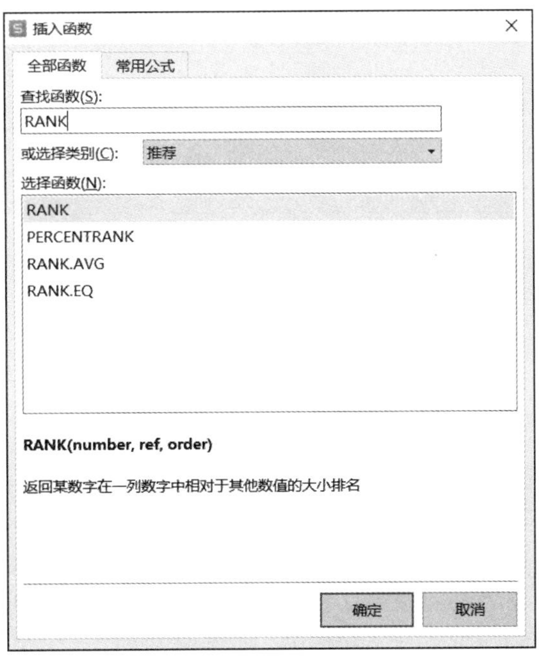

图4-49 搜索“RANK”

② 单击“确定”按钮，弹出图4-50所示的“函数参数”对话框。

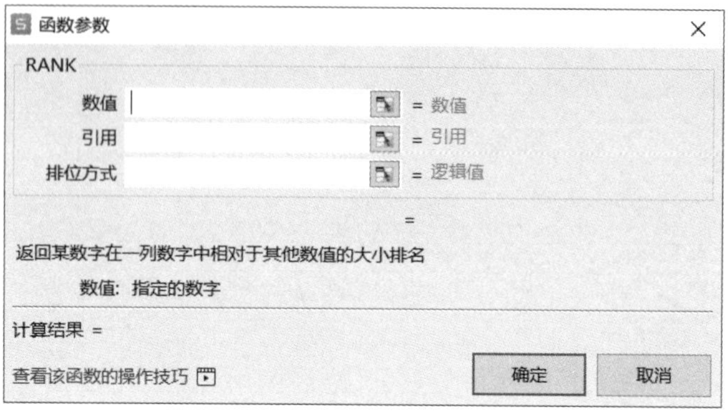

图4-50 “函数参数”对话框

③ 在该对话框中，单击“数值”文本框后，再选择H3单元格，这时在“数值”文本框中会出现“H3”。

④ 单击“引用”文本框后，再选择H3:H12单元格，在“引用”文本框中会出现“H3:H12”。在这里需要注意的是，H3:H12是单元格相对引用，当向下自动填充时，H3:H12也会发生变化。因此，应改成单元格绝对引用，即$H$3:$H$12。

⑤“排位方式”中输入0或不输入（默认为0）。

⑥ 单击“确定”按钮，RANK函数排序结果如图4-51所示。

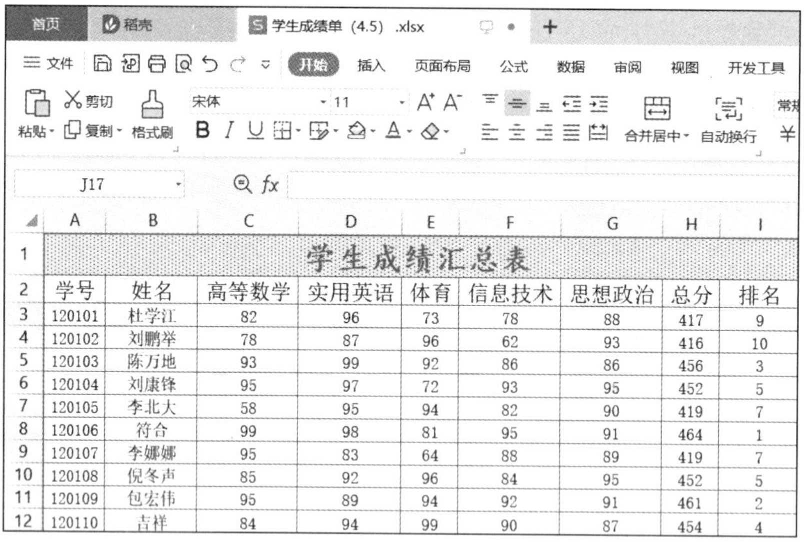

学号	姓名	高等数学	实用英语	体育	信息技术	思想政治	总分	排名
120101	杜学江	82	96	73	78	88	417	9
120102	刘鹏举	78	87	96	62	93	416	10
120103	陈万地	93	99	92	86	86	456	3
120104	刘康锋	95	97	72	93	95	452	5
120105	李北大	58	95	94	82	90	419	7
120106	符合	99	98	81	95	91	464	1
120107	李娜娜	95	83	64	88	89	419	7
120108	倪冬声	85	92	96	84	95	452	5
120109	包宏伟	95	89	94	92	91	461	2
120110	吉祥	84	94	99	90	87	454	4

图4-51 RANK函数排序结果

4. 筛选

利用筛选，选出总分在450至460之间的所有学生信息。

① 选中“学生成绩汇总表”中的A2:I12单元格区域，单击“开始”选项卡中的“筛选”按钮或者“数据”选项卡中的“筛选”按钮，这时，表中的第2行呈现可筛选状态，并且每一列字段名的右下角都出现的一个下拉按钮，如图4-52所示。

② 单击“总分”右下角的下拉按钮，会弹出“筛选”菜单，如图4-53所示。

1	学生成绩汇总表								
2	学号	姓名	高等数学	实用英语	体育	信息技术	思想政治	总分	排名
3	120101	杜学江	82	96	73	78	88	417	9
4	120102	刘鹏举	78	87	96	62	93	416	10
5	120103	陈万地	93	99	92	86	86	456	3
6	120104	刘康锋	95	97	72	93	95	452	5
7	120105	李北大	58	95	94	82	90	419	7
8	120106	符合	99	98	81	95	91	464	1
9	120107	李娜娜	95	83	64	88	89	419	7
10	120108	倪冬声	85	92	96	84	95	452	5
11	120109	包宏伟	95	89	94	92	91	461	2
12	120110	吉祥	84	94	99	90	87	454	4

图4-52　第2行呈现可筛选状态

图4-53　“筛选”菜单

③ 在“筛选”菜单中，可以设置筛选条件，单击“数字筛选”，会显示常用的筛选条件，如图4-54所示。

④ 在筛选条件中选择“大于或等于”，会弹出图4-55所示的“自定义自动筛选方式”对话框。

⑤ 在“大于或等于”后面的文本框中输入450，选择逻辑运算“与”，在下方列表框中选择“小于或等于”，在后面的文本框中输入460。

⑥ 单击“确定”按钮，筛选结果如图4-56所示。

图4-54　常用的筛选条件

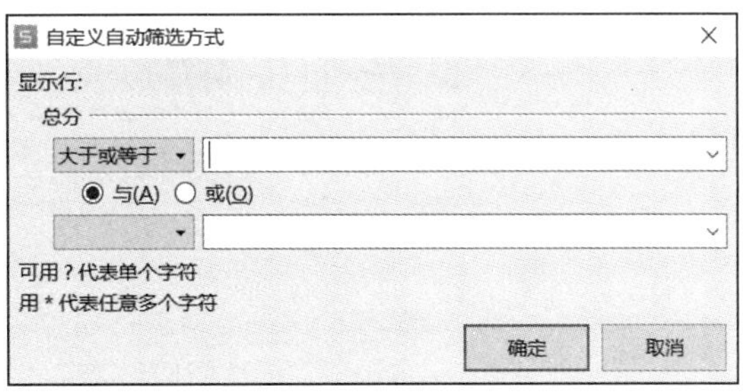

图4-55　“自定义自动筛选方式”对话框

学生成绩汇总表								
学号	姓名	高等数学	实用英语	体育	信息技术	思想政治	总分	排名
120103	陈万地	93	99	92	86	86	456	3
120104	刘康锋	95	97	72	93	95	452	5
120108	倪冬声	85	92	96	84	95	452	5
120110	吉祥	84	94	99	90	87	454	4

图4-56　自动筛选结果

5. 高级筛选

运用高级筛选，选出高等数学大于或等于90分并且总分大于或等于450分的所有学生信息。

① 输入筛选条件，在C14单元格中输入“高等数学”，C15单元格中输入“>=90”；在H14单元格中输入“总分”，H15单元格中输入“>=450”，如图4-57所示。

学生成绩汇总表								
学号	姓名	高等数学	实用英语	体育	信息技术	思想政治	总分	排名
120101	杜学江	82	96	73	78	88	417	9
120102	刘鹏举	78	87	96	62	93	416	10
120103	陈万地	93	99	92	86	86	456	3
120104	刘康锋	85	92	96	84	95	452	5
120105	李北大	95	83	64	88	89	419	7
120106	符合	99	98	81	95	91	464	1
120107	李娜娜	58	95	94	82	90	419	7
120108	倪冬声	95	97	72	93	95	452	5
120109	包宏伟	95	89	94	92	91	461	2
120110	吉祥	84	94	99	90	87	454	4
		高等数学					总分	
		>=90					>=450	

图4-57 输入筛选条件

② 在“开始”选项卡中找到“筛选”按钮，单击右下角的 ，在弹出的下拉列表中选择“高级筛选”，弹出“高级筛选”对话框，如图4-58所示。

③ 在对话框中选择方式为“将筛选结果复制到其他位置”。

④ “列表区域”为筛选的全部数据区域，单击文本框右侧的折叠对话框按钮，用鼠标选择A2:I12区域。

⑤ “条件区域”为高级筛选条件所在的单元格，单击文本框右侧的折叠对话框按钮，用鼠标选择C14:H15区域。

⑥ “复制到”文本框中输入筛选结果的放置位置，选择A16:I16单元格区域。

⑦ 如果结果中要删除相同的行，则勾选“选择不重复的记录”复选框。

⑧ 单击“确定”按钮，高级筛选结果如图4-59所示。

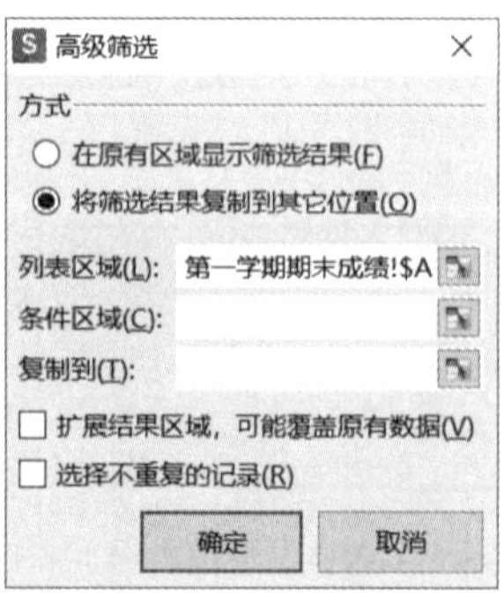

图4-58 “高级筛选”对话框

	A	B	C	D	E	F	G	H	I
1	学生成绩汇总表								
2	学号	姓名	高等数学	实用英语	体育	信息技术	思想政治	总分	排名
3	120101	杜学江	82	96	73	78	88	417	9
4	120102	刘鹏举	78	87	96	62	93	416	10
5	120103	陈万地	93	99	92	86	86	456	3
6	120104	刘康锋	95	97	72	93	95	452	5
7	120105	李北大	58	95	94	82	90	419	7
8	120106	符合	99	98	81	95	91	464	1
9	120107	李娜娜	95	83	64	88	89	419	7
10	120108	倪冬声	85	92	96	84	95	452	5
11	120109	包宏伟	95	89	94	92	91	461	2
12	120110	吉祥	84	94	99	90	87	454	4
13									
14			高等数学					总分	
15			>=90					>=450	
16	学号	姓名	高等数学	实用英语	体育	信息技术	思想政治	总分	排名
17	120103	陈万地	93	99	92	86	86	456	3
18	120104	刘康锋	95	97	72	93	95	452	5
19	120106	符合	99	98	81	95	91	464	1
20	120109	包宏伟	95	89	94	92	91	461	2

图4-59 高级筛选结果

6. 使用分类汇总统计各个总分的学生人数

① 在“开始”选项卡或“数据”选项卡中找到“排序”按钮，单击按钮右下方的 ，在下拉列表中选择“自定义排序”，设定按“总分”降序排序。

② 选中C3:I12单元格区域，单击“数据”选项卡组中的“分类汇总”按钮 ，这时会弹出“分类汇总”对话框，如图4-60所示。

③ 在“分类汇总”对话框中，“分类字段”设为“总分”，“汇总方式”设为“计数”，“选定汇总项”为“总分”，单击“确定”按钮，完成按总分字段进行分类汇总，结果如图4-61所示。

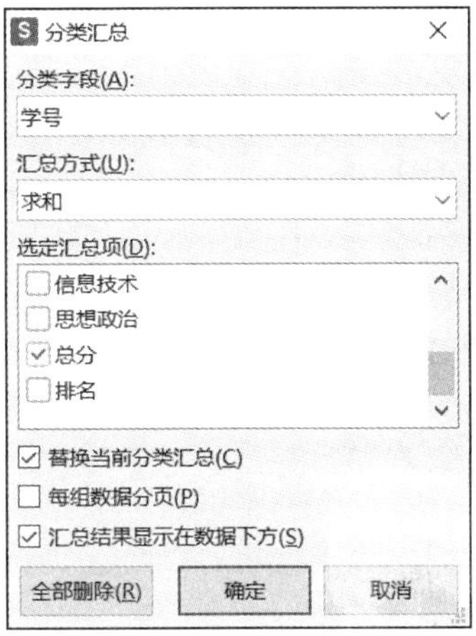

图4-60 “分类汇总”对话框

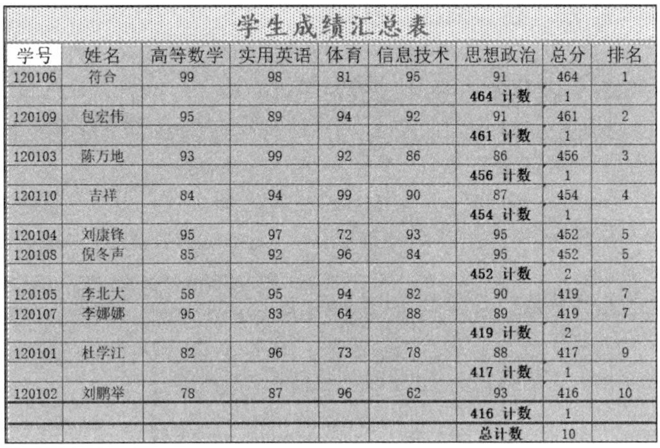

学生成绩汇总表

学号	姓名	高等数学	实用英语	体育	信息技术	思想政治	总分	排名
120106	符合	99	98	81	95	91	464	1
						464 计数	1	
120109	包宏伟	95	89	94	92	91	461	2
						461 计数	1	
120103	陈万地	93	99	92	86	86	456	3
						456 计数	1	
120110	吉祥	84	94	99	90	87	454	4
						454 计数	1	
120104	刘康锋	95	97	72	93	95	452	5
120108	倪冬声	85	92	96	84	95	452	5
						452 计数	2	
120105	李北大	58	95	94	82	90	419	7
120107	李娜娜	95	83	64	88	89	419	7
						419 计数	2	
120101	杜学江	82	96	73	78	88	417	9
						417 计数	1	
120102	刘鹏举	78	87	96	62	93	416	10
						416 计数	1	
						总计数	10	

图4-61 按总分分字段进行分类汇总结果

7. 保存“学生成绩汇总表”并退出

4.6 图表的应用

人们对图形的感知要比对数字敏感很多，看到密密麻麻的数据就会让人感觉头疼。因此，为了使数据更加直观地显示出来，我们可以使用图表。图表有助于数据可视化，让用户更准确地理解数据。

任务描述

蒋老师要了解同学们对教学内容掌握的情况，想要通过学生考试成绩的总体分布来查看，借助图表可以更直观地呈现学生的考试情况。

任务分析

利用电子表格软件中的图表操作，可将数据以图表的形式展示出来。因此，本任务可以分解成以下几点。

- 图表的组成。
- 图表的创建。
- 图表的修改与美化。
- 图表的导出。

相关知识

4.6.1 图表的组成

电子表格软件中提供了多种图表，包括柱形图、折线图、饼图、条形图等。下面以图4-62所示的簇状柱形图为例，来介绍图表中的元素以及各个元素的功能。

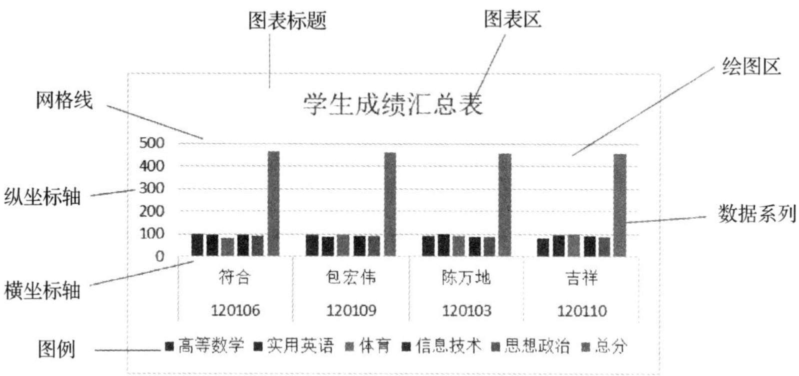

图4-62 图表的组成

① 图表区。图表区就是指图表的全部范围，如图4-62所示，外框线以内的全部内容就是图表区，可以根据实际需要对图表区进行调整。

② 图表标题。图表标题位于图表的最上方，单击标题所在的文本框可以对图表标题进行修改。

③ 绘图区。绘图区指图表区内的图形表示的范围。

④ 数据系列。数据系列是图表中的主要部分，是用点、线、面等表示的图形，用于反映数据的大小。

⑤ 网格线。网格线是指图表区内绘制的横线或竖线，可以使图表中的数据便于阅读，让用户更直观地了解数据的大小。

⑥ 纵坐标轴。纵坐标轴是指在垂直方向上的y坐标轴，坐标轴上标有刻度线、刻度标签，用户可以根据实际图表的需要来设置纵坐标轴的格式，包括最大值、最小值等。

⑦ 横坐标轴。横坐标轴是指在水平方向上的x坐标轴，坐标轴上标有刻度线、刻度标签，用户也可以根据实际图表的需要来设置横坐标轴的格式。

⑧ 图例。图例是指图表中的图形代表的数据，单击图例，可以设置填充颜色及透明度。

4.6.2　图表的创建

图表的创建可以按照以下步骤来完成。

① 选中要创建图表的源数据区域，如果需要的源数据区域不是连续的，可以在选定一部分区域后，按住【Ctrl】键再选定其他数据区域。

② 在“插入”选项卡中找到“全部图表”选项，单击右下方的，在弹出的下拉列表中选择“全部图表”，这时会弹出“图表”对话框，如图4-63所示。

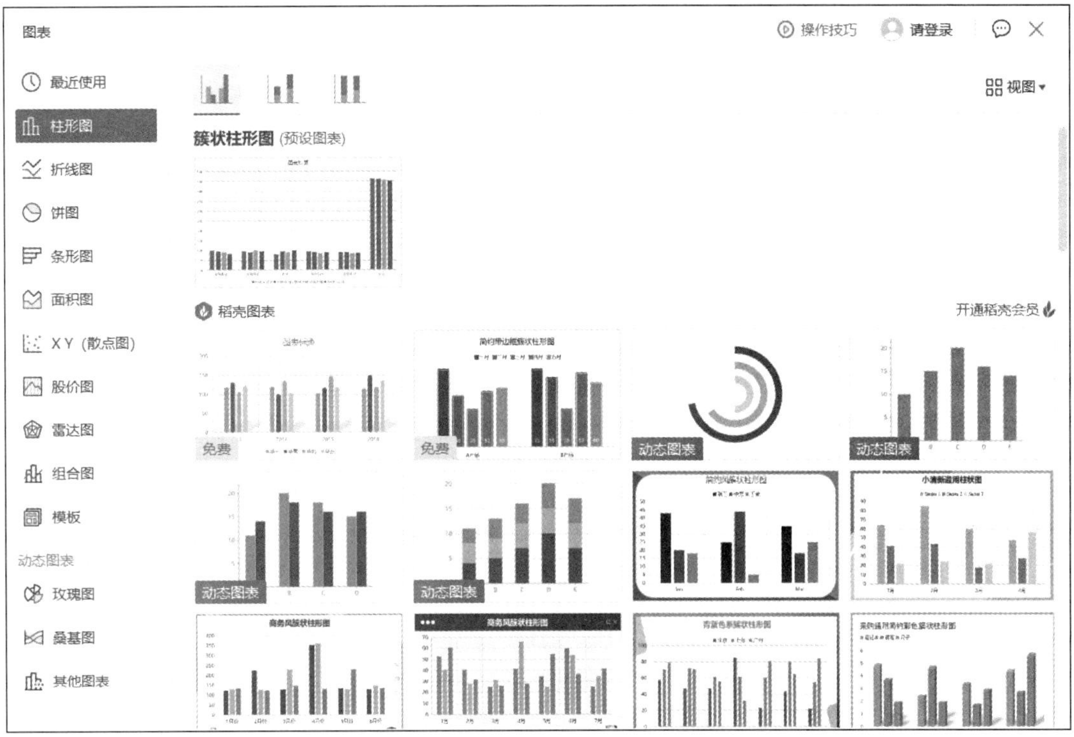

图4-63　“图表”对话框

③ 在“图表”对话框中，选择需要的图表类型，如柱形图、折线图、饼图等。

④ 单击“确定”按钮，完成图表的创建。

4.6.3　图表的修改与美化

创建图表后，用户可以进一步对图表进行修改与美化，如设置图表的背景、标签颜色、更改图表类型等。

① 设置最大和最小值。右击纵坐标轴，在弹出的快捷菜单中选择“设置坐标轴格式”，可以对坐标轴的最大和最小值进行修改。

② 美化绘图区。右击图表的绘图区，在弹出的快捷菜单中选择“设置绘图区格式”，可以为绘图区设置填充的颜色或图案等。

③ 美化图表区。设置绘图区后，右击图表的图表区，在弹出的快捷菜单中选择“设置图表区域格式”，可以为图表区设置填充的颜色或图案等。

④ 更改图表类型。在图表区内右击，在弹出的快捷菜单中选择“更改图表类型”，可以重新选择图表的类型。

4.6.4 图表的导出

图表制作完成后，可以将其导出，具体步骤如下。

① 右击图表区，在弹出的快捷菜单中选择“另存为图片”，会弹出“另存为图片”对话框。

② 在对话框中可以选择需要保存的位置，并设置图片的保存类型，如.jpg或.png等。

③ 单击“确定”按钮，完成图表的导出。

任务实现

微课 29

扫码看视频

4.6.5 创建学生成绩的图表

将总分前5名的学生的各科成绩建立簇状柱形图。

① 将学生成绩按照总分由高到低排序，排序结果如图4-64所示。

学生成绩汇总表								
学号	姓名	高等数学	实用英语	体育	信息技术	思想政治	总分	排名
120106	符合	99	98	81	95	91	464	1
120109	包宏伟	95	89	94	92	91	461	2
120103	陈万地	93	99	92	86	86	456	3
120110	吉祥	84	94	99	90	87	454	4
120104	刘康锋	95	97	72	93	95	452	5
120108	倪冬声	85	92	96	84	95	452	5
120105	李北大	58	95	94	82	90	419	7
120107	李娜娜	95	83	64	88	89	419	7
120101	杜学江	82	96	73	78	88	417	9
120102	刘鹏举	78	87	96	62	93	416	10

图4-64 学生成绩按照总分由高到低排序结果

② 选中数据源A2:G7，在“插入”选项卡中找到“全部图表”按钮，单击右下方的，在弹出的下拉列表中选择“全部图表”，会出现“图表”对话框。

③ 在“图表”对话框中选择“簇状柱形图”，这时在工作表中会建立图4-65所示的图表。

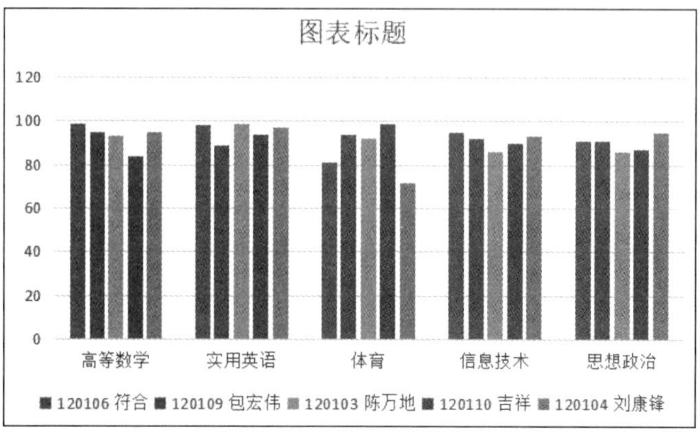

图4-65 初始簇状柱形图

④ 单击图表的空白处，然后按住鼠标左键进行拖曳，将图表移动到工作表内的适当位置。

⑤ 修改图表标题。选中图表标题并单击，这时图表标题呈现可修改状态，将图表标题设置为“学生成绩统计表”。

⑥ 修改系列生成方向。选中图表区，单击图表区右侧的“图表筛选器”按钮▽，会弹出如图4-66所示的图表筛选器菜单。

单击菜单右下角的“选择数据”，会弹出“编辑数据源”对话框，如图4-67所示。

图4-66 图表筛选器菜单

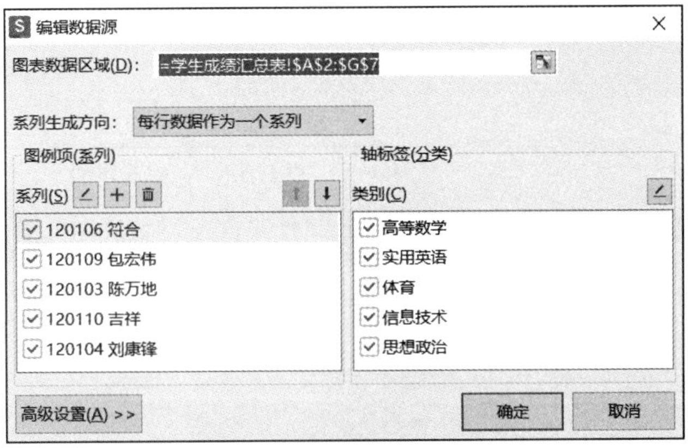

图4-67 “编辑数据源”对话框

在“编辑数据源”对话框中，将“系列生成方向”修改为“每行数据作为一个系列”，这时系列和类别会自动发生变化，单击“确定”按钮。这时图表效果如图4-68所示。

⑦ 分别选中并右击图表标题、横坐标轴、纵坐标轴标题，在弹出的快捷菜单中选择“字体”，可以分别设置字体的样式，如图4-69所示。

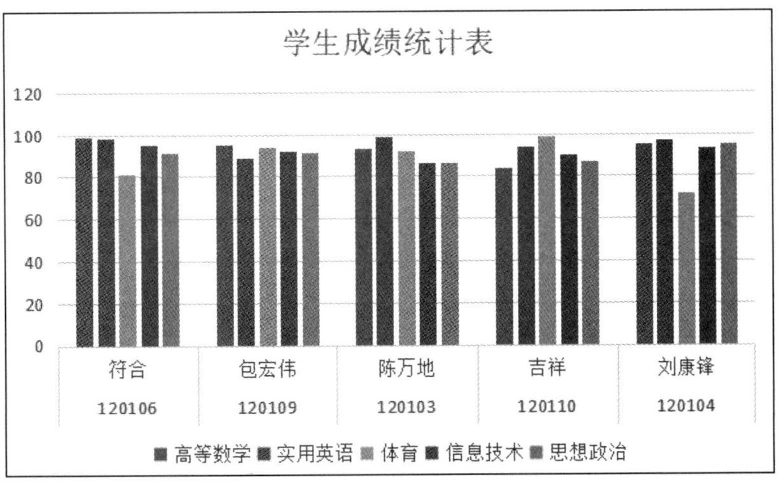

图4-68 修改系列生成方向后的图表

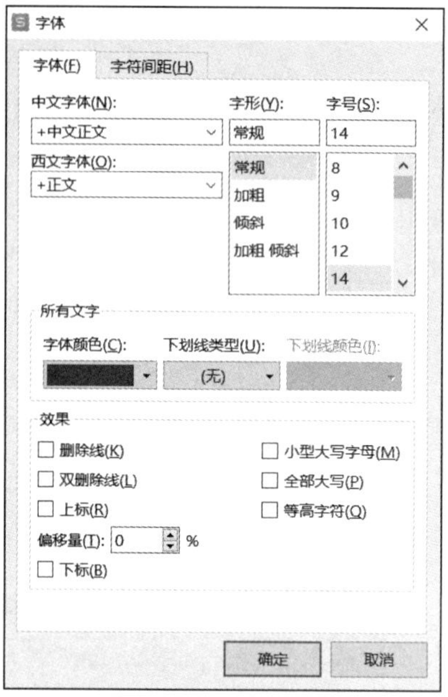

图4-69　设置标题字体样式

⑧ 单击绘图区，在右侧的“属性”区域设置绘图区的填充颜色，以使绘图区突出显示，效果如图4-70所示。

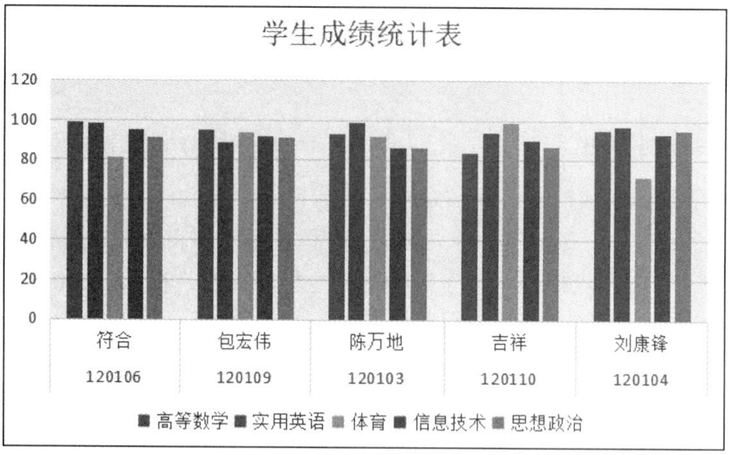

图4-70　填充后的图表效果

⑨ 设置完成后，保存文件。

【学习笔记】

电子表格软件的应用

电子表格软件简介	1. 电子表格软件的功能 2. 电子表格软件的工作界面
电子表格软件的基本操作	1. 工作簿的创建 2. 工作簿的打开 3. 工作簿的保存 4. 工作表的添加与删除 5. 工作表的重命名 6. 工作表的移动和复制 7. 工作表的隐藏
表格文字的编辑与格式设置	1. 表格文字的编辑 2. 单元格格式的设置 3. 条件格式的设置

问题与反思	

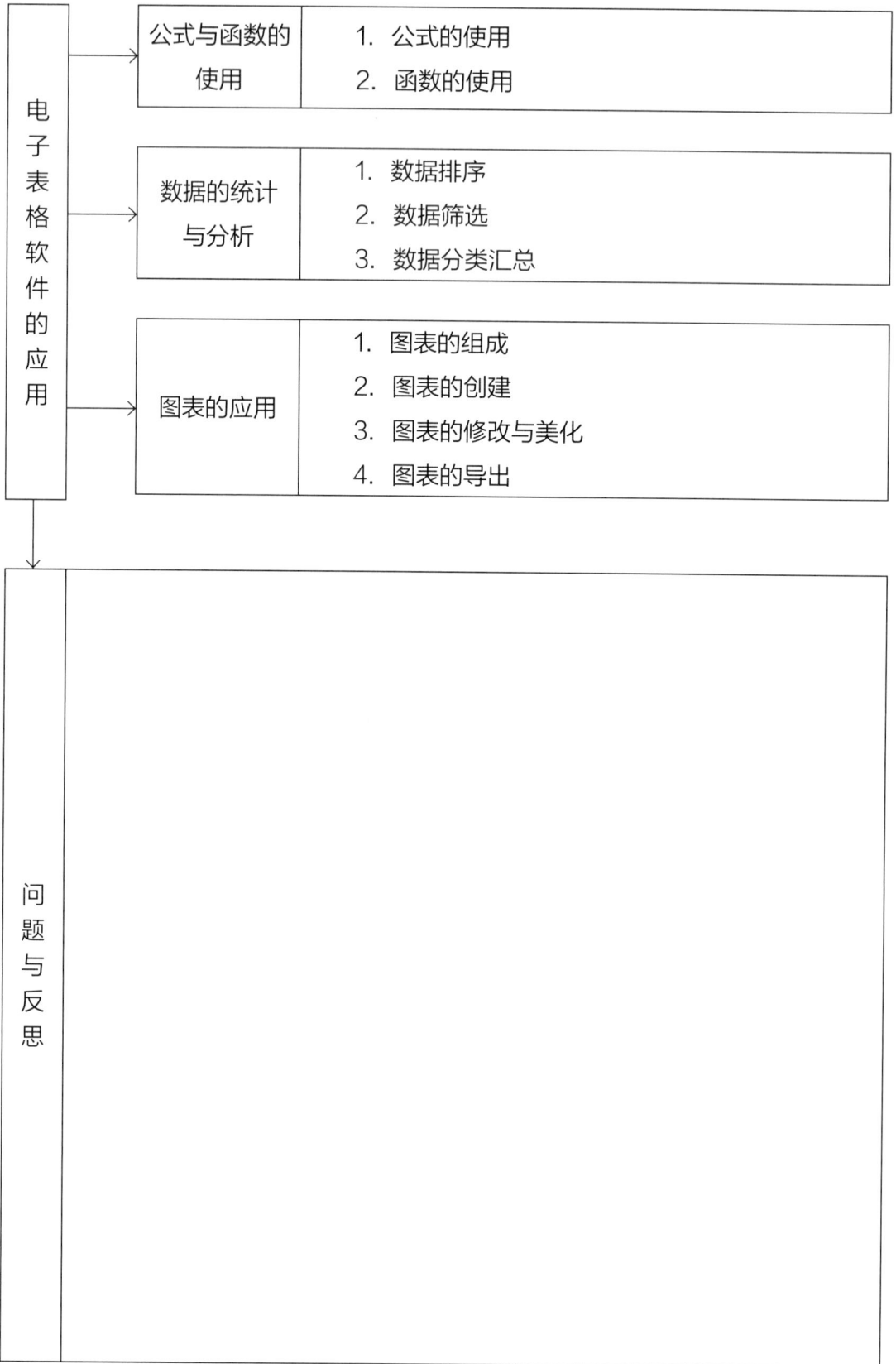

- 电子表格软件的应用
  - 公式与函数的使用
    1. 公式的使用
    2. 函数的使用
  - 数据的统计与分析
    1. 数据排序
    2. 数据筛选
    3. 数据分类汇总
  - 图表的应用
    1. 图表的组成
    2. 图表的创建
    3. 图表的修改与美化
    4. 图表的导出

问题与反思

考核评价

年级：______ 专业：______ 班级：______ 学号：______ 成绩：______

一、单选题（每题2分，共20分）

1. WPS电子表格软件保存的快捷键是（　　）。
   A. 【Ctrl+D】　　B. 【Ctrl+C】
   C. 【Ctrl+S】　　D. 【Ctrl+A】
2. WPS工作簿保存的文件类型可以是（　　）。
   A. .docx　　B. .xlsx　　C. .pptx　　D. .jpg
3. WPS电子表格软件中最小的操作对象是（　　）。
   A. 单元格　　B. 工作表　　C. 行　　D. 列
4. 电子表格软件中，单元格区域C2:D3包括的单元格分别是（　　）。
   A. C2、D3　　B. C2、D2、D3
   C. C2、C3、D3　　D. C2、C3、D2、D3
5. 求最大值的函数是（　　）。
   A. SUM　　B. MIN　　C. MAX　　D. COUNT
6. 求和的函数是（　　）。
   A. SUM　　B. MIN　　C. MAX　　D. COUNT
7. 在单元格内输入文本数据时，需要输入（　　）符号作辅助。
   A. 双引号　　B. 单引号
   C. 分号　　D. 句号
8. 在工作表中，B5单元格正下方的单元格地址是（　　）。
   A. B4　　B. A5　　C. B6　　D. C5
9. 工作表中第5行第4列的单元格地址是（　　）。
   A. A4　　B. D4　　C. D5　　D. A5
10. 引用的公式随单元格位置的变化而变化属于什么引用？（　　）
   A. 相对引用　　B. 绝对引用
   C. 混合引用　　D. 以上都不对

二、填空题（每题2分，共20分）

1. 工作表中第3行第2列的单元格地址是（　　）。
2. 工作表中，单元格区域B5:C6包括的单元格分别是（　　）。
3. 工作表中，单元格区域E2:G7包括的单元格个数是（　　）。
4. 单元格B2、B3、B4中的内容分别为78、62、90，则函数SUM(B2:B4)的结果是（　　）。
5. 求最小值的函数是（　　）。
6. 在工作表中，求及格的人数应使用（　　）函数。

7. 在工作表中，求平均成绩应使用（　　）函数。

8. 单元格E1、E2、E3中的内容分别为69、93、81，则函数MAX(E1:E3)的结果是（　　）。

9. 工作表中求排名的函数是（　　）。

10. 单元格B2中的内容是80，则公式B2*3的结果是（　　）。

三、简答题（每题10分，共20分）

1. 列举5种常用的函数，并说明其使用方法。
2. 简述工作簿、工作表、单元格之间的关系。

四、操作题（1、2题各5分，其余每题10分，共40分）

某公司的产品销售统计明细如表4-1所示，根据题目要求进行作答。

表4-1　某公司的产品销售统计明细

产品销售统计明细								
员工编号	姓名	第一季度销售额	第二季度销售额	第三季度销售额	第四季度销售额	销售总额	销售奖金	销售总额排名
0012001	王磊	¥390,000.00	¥230,500.00	¥120,000.00	¥290,000.00			
0012002	李明	¥195,000.00	¥286,000.00	¥256,000.00	¥340,000.00			
0012003	肖晓燕	¥450,000.00	¥500,000.00	¥390,000.00	¥360,000.00			
0012004	张勇	¥200,000.00	¥150,000.00	¥182,000.00	¥189,000.00			
0012005	杨涛	¥450,000.00	¥660,000.00	¥510,000.00	¥389,000.00			
0012006	韩冰	¥399,000.00	¥460,000.00	¥400,000.00	¥460,000.00			
0012007	陈莉莉	¥190,000.00	¥120,000.00	¥198,000.00	¥168,000.00			
0012008	李玉英	¥380,000.00	¥360,000.00	¥390,000.00	¥460,000.00			
0012009	张君	¥120,000.00	¥90,000.00	¥190,000.00	¥260,000.00			
0012010	赵云	¥180,000.00	¥90,000.00	¥168,000.00	¥192,000.00			

1. 新建一个工作簿，并创建“产品销售统计明细”表，完成表中内容的编辑。
2. 设置恰当的行高和列宽，以适应单元格中内容的显示。
3. 用函数计算销售总额、销售奖金（为销售总额的5%）。
4. 用函数计算销售总额排名。
5. 以姓名和销售总额为数据区，建立一个簇状柱形图。

项目5 演示文稿软件的应用

05

人们总说一张图片胜过千言万语。那些既提供丰富内容，又具有视觉吸引力的演示文稿令人十分难忘。无论你是向客户演示还是在内部演示，设计精良的演示文稿都能为现场演示或视频会议增添直观的视觉感受。演示文稿软件能把静态文件转换成动态文件，也能把复杂的问题变得通俗易懂，使之更加生动，给人留下深刻的印象。WPS演示文稿软件是一款优秀的国产软件，可用于制作和播放多媒体演示文稿。

本项目将以WPS演示文稿软件为例来讲解制作演示文稿的一些基本操作，以及丰富幻灯片的内容等知识，以帮助读者快速掌握演示文稿的制作方法。

学习目标

知识目标

（1）掌握演示文稿的基本操作，如新建、保存和打开等，熟悉使用模板快速创建演示文稿的方法，能够熟练地添加、删除、移动和复制幻灯片

（2）掌握幻灯片的美化方法，能够熟练地在演示文稿中插入多媒体和动画效果

（3）掌握演示文稿播放的设置技巧，能够熟练地放映演示文稿

能力目标

（1）掌握科学使用演示文稿软件的能力

（2）掌握演示文稿制作的能力

（3）掌握幻灯片中多媒体的处理能力

（4）提高实际动手能力，能够通过制作演示文稿传播知识和文化

（5）将演示文稿灵活应用于日常生活的能力

素养目标

（1）培养学生的办公软件综合应用素养

（2）培养学生的美学素养

（3）培养学生科学使用应用软件的素养

知识图谱

演示文稿软件的应用知识图谱，如图5-1所示。

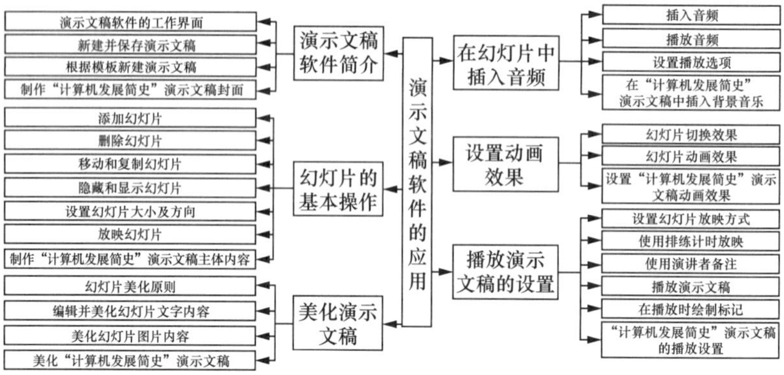

图5-1　演示文稿软件的应用知识图谱

5.1 演示文稿软件简介

微课 30

扫码看视频

WPS演示文稿软件是金山公司出品的WPS办公软件中的一个组件。它可以用于制作工作总结、企业宣传片、培训课件、产品介绍短片、咨询方案、婚庆礼仪方案、音乐动画和电子相册等。WPS演示文稿软件适合公司管理人员、文秘、教师、公务员和企业宣传创意员等从业人员使用。

任务描述

张明同学想为同学们介绍计算机的发展简史，从而激起同学们学习的兴趣。于是他使用WPS演示文稿软件制作了幻灯片，来向同学们做精彩的展示。

任务分析

作为刚刚接触WPS演示文稿软件的新手，张明首先需要熟悉WPS演示文稿软件，包括软件的工作界面、演示文稿的新建和保存等。因此，本任务可以分解成以下几点。

- 演示文稿软件的工作界面。
- 演示文稿的新建和保存。
- 根据模板新建演示文稿。

相关知识

5.1.1 演示文稿软件的工作界面

一打开WPS演示文稿软件，张明就被简洁又清晰的软件界面深深地吸引了。WPS演示文稿软件工作界面如图5-2所示。

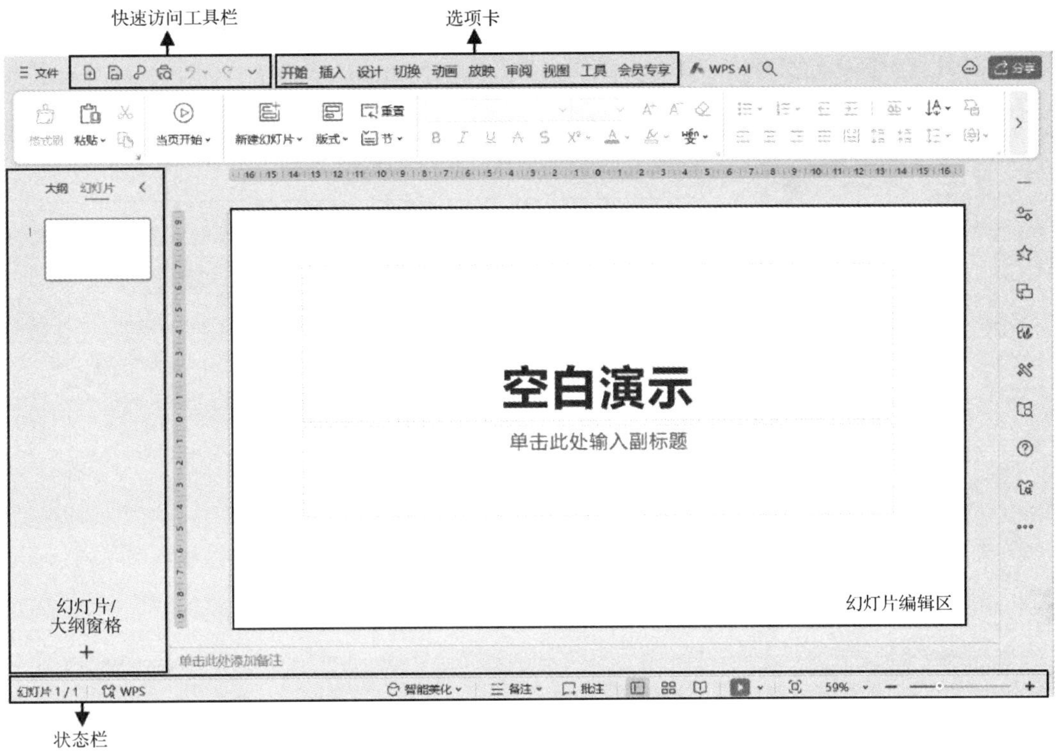

图5-2 WPS演示文稿软件工作界面

1. 快速访问工具栏

我们平时在使用WPS演示文稿软件进行办公时，有些功能的使用频率非常高，比如保存，当我们修改了演示文稿中的内容，就需要频繁地使用“文件”菜单项下的“保存”功能。那么，如果我们想要简化这一步骤，该如何做呢？可以使用快速访问工具栏。

WPS演示文稿软件工作界面中，默认在左上角显示快速访问工具栏，如图5-3所示，里面包括新建、打开、保存、输出为PDF、打印、直接打印、打印预览、撤销和恢复等快捷功能。

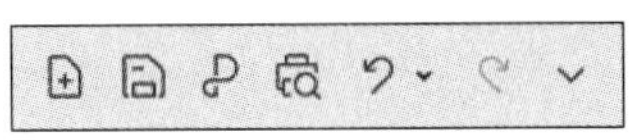
图5-3 快速访问工具栏

2. 选项卡

选项卡（见图5-4）里包括了WPS演示文稿软件里大部分的功能。单击不同的选项卡，会显示不同的操作工具。

图5-4 选项卡

3. 幻灯片/大纲窗格

幻灯片/大纲窗格如图5-5所示，在此可以查看所有幻灯片和切换幻灯片。

4．幻灯片编辑区

幻灯片编辑区是幻灯片内容的主要编辑区域，如图5-6所示。

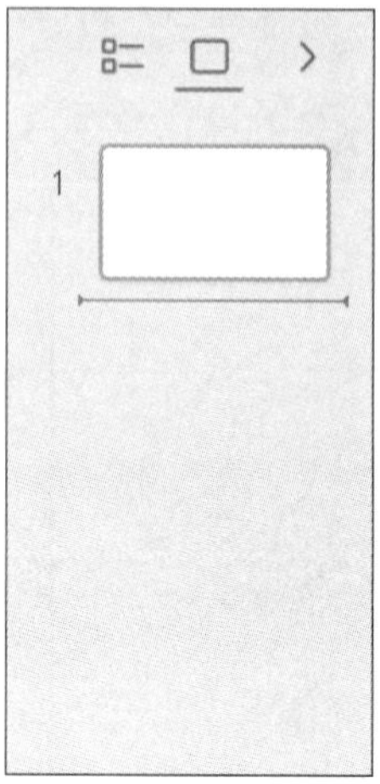

图5-5　幻灯片/大纲窗格

图5-6　幻灯片编辑区

5．状态栏

状态栏位于页面的最下方，由状态信息区、视图控制区、缩放比例控制区三部分组成。状态栏如图5-7所示。

图5-7　状态栏

在状态栏的视图工具中可以设置不同的显示视图。幻灯片默认采用“普通视图”。在该工具部分调整是否显示备注面板，快速切换“幻灯片浏览”和“阅读视图”，以及调整“放映方式”。还可调整页面“缩放比例”，拖动滚动条可快速调整，缩放比例左侧是“最佳显示比例”按钮。

5.1.2　新建并保存演示文稿

1．WPS演示文稿软件的启动和退出

（1）选择“开始”→“所有程序”→“WPS Office”命令启动WPS演示文稿软件。也可以通过双击桌面的快捷图标启动WPS应用程序，进入WPS演示文稿软件工作界面。

（2）退出WPS演示文稿软件，单击“文件”→“退出”即可。也可以单击窗口右上角的关闭按钮，若文件未保存，WPS演示文稿软件将会提醒用户保存。

2．创建新的演示文稿

如果需要创建新的演示文稿，可以单击“文件”→“新建”→“新建在线演示文档”即可。

3．保存演示文稿

单击快速访问工具栏里的按钮或单击“文件”→“保存”，弹出如图5-8所示的“另

存为”对话框。然后在对话框中指定保存位置、文件名和文件类型，最后单击“保存”按钮即可。

图5-8　“另存为”对话框

5.1.3　根据模板新建演示文稿

对幻灯片制作初学者来说，要想设计出既美观又专业的演示文稿是一件比较困难的事，而使用模板来帮助我们完成幻灯片的制作则是很有效的方法。幻灯片模板为我们完成了幻灯片设计方面的大部分工作，只需填入相应的内容，即可快速制作出优秀的幻灯片。

WPS演示文稿软件为我们提供了丰富的在线模板，我们可以直接下载使用。在线模板分为收费和免费两类，下面我们以使用免费模板为例进行介绍。

新建空白演示文稿，在“设计”选项卡中单击全文美化按钮，弹出“全文美化”对话框，如图5-9所示。

图5-9　“全文美化”对话框

单击分类导航“专区”中的“免费专区”，效果如图5-10所示。

图5-10　单击“免费专区”模板

在下方的模板列表中选择要使用的模板，单击其缩略图。在美化预览区可以对该模板进行预览，如图5-11所示。确定使用该模板则单击“应用美化”按钮，即可开始下载模板。

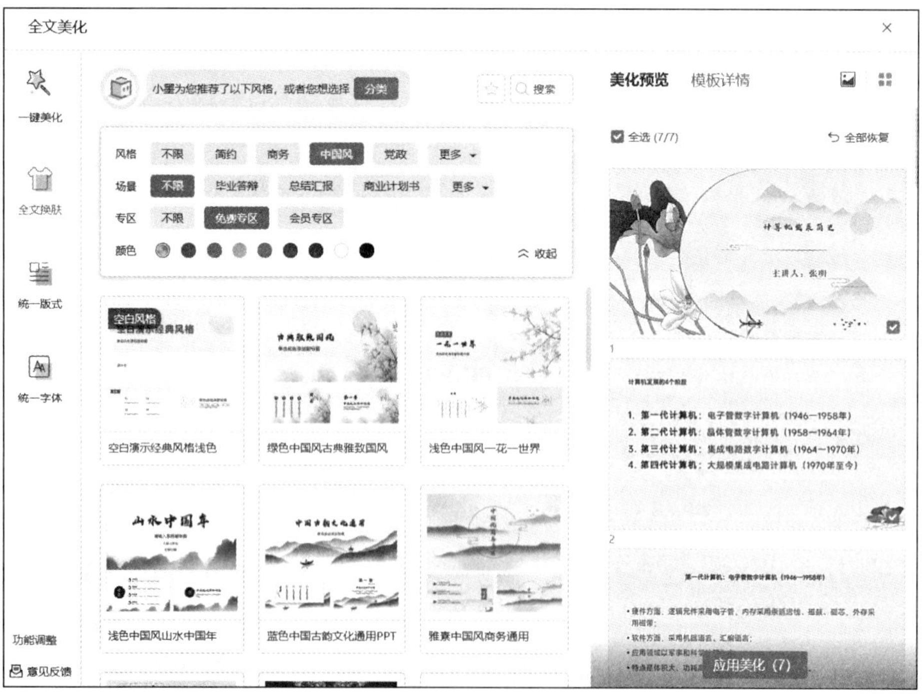

图5-11　预览要使用的模板

模板下载完成后即可被应用到幻灯片中，在首页幻灯片中输入封面文字，如图5-12所示。

图5-12　输入封面文字

继续完成其他幻灯片的编辑，完成后保存演示文稿即可。

任务实现

5.1.4　制作“计算机发展简史”演示文稿封面

（1）双击桌面的 快捷图标启动WPS应用程序，进入WPS演示文稿应用程序工作界面。

（2）单击“新建”选项卡中“演示”，再单击“空白演示文稿”，创建一个新的演示文稿。

（3）在“设计”选项卡中单击 按钮，弹出“全文美化”对话框。在打开的对话框中选择“绿色小清新通用”模板，然后单击右下角的“应用美化”按钮。

（4）在幻灯片的文本框中输入“计算机发展简史”和“主讲人：张明”。

（5）单击 按钮，将演示文稿保存在C盘“10_张明”文件夹中，命名为“计算机发展简史.ppt”。

至此，张明完成了演示文稿封面的制作，如图5-13所示。

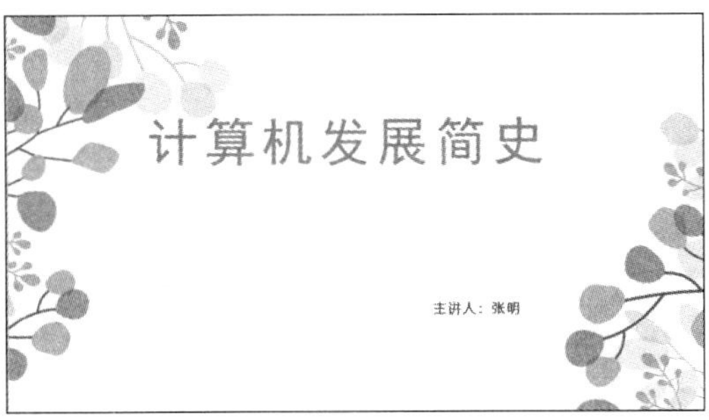

图5-13　演示文稿封面

5.2　幻灯片的基本操作

演示文稿通常是由多张幻灯片组成的，因此我们首先需要掌握幻灯片的基本操作，如幻灯片的添加、删除、移动和复制等。

任务描述

张明同学完成的演示文稿封面得到了同学和老师的肯定，这给了他莫大的鼓舞。于是他趁热打铁，继续使用WPS演示文稿软件制作后面的各张幻灯片。

任务分析

张明同学需要在第一张幻灯片的基础上继续完成后面的各张幻灯片。因此，本任务可以分解成以下几点。

- 添加幻灯片。
- 删除幻灯片。
- 移动和复制幻灯片。
- 隐藏和显示幻灯片。
- 设置幻灯片大小及方向。
- 放映幻灯片。

相关知识

5.2.1 添加幻灯片

默认情况下，在新建的空白演示文稿中只有一张幻灯片，而一篇演示文稿通常需要使用多张幻灯片来表达需要演示的内容，这时就需要在演示文稿中添加新的幻灯片。

在演示文稿中添加幻灯片的方法主要有以下几种。

（1）通过功能区：单击“开始”选项卡下的按钮，即可在当前幻灯片下方添加一张空白幻灯片。

（2）通过快捷菜单：在幻灯片窗格中右击，在弹出的快捷菜单中选择“新建幻灯片”命令，即可在当前幻灯片下方添加一张空白幻灯片。

（3）通过快捷按钮：在幻灯片窗格中使用鼠标指针指向某张幻灯片，该幻灯片下方会出现“新建幻灯片”按钮，单击该按钮，即可在当前幻灯片下方添加一张空白幻灯片。

（4）通过快捷键：在幻灯片窗格中选择某张幻灯片后按【Enter】键，可快速在该幻灯片的下方添加一张空白幻灯片。

5.2.2 删除幻灯片

在编辑演示文稿的过程中，如果要删除幻灯片，可通过以下两种方法实现。

（1）通过快捷菜单：选中需要删除的幻灯片并右击，在弹出的快捷菜单中选择“删除幻灯片”命令即可。

（2）通过快捷键：选中需要删除的幻灯片，按【Delete】键即可。

5.2.3 移动和复制幻灯片

移动幻灯片即调整幻灯片的位置，而复制幻灯片即创建一张相同的幻灯片。移动和复制幻灯片均可跨文档操作，下面分别进行讲解。

1. 移动幻灯片

移动幻灯片的方法如下。

（1）通过命令操作：在幻灯片窗格中右击要移动的幻灯片，在弹出的快捷菜单中选择“剪切”命令，或在选中幻灯片后按【Ctrl+X】快捷键进行剪切；然后右击目标位置的前一张幻灯片，在弹出的快捷菜单中选择“粘贴”命令，或在选中目标位置的前一张幻灯片后按【Ctrl+V】快捷键进行粘贴。

（2）通过鼠标拖动：在幻灯片窗格选中要移动的幻灯片，按住鼠标左键不放并拖动鼠标，当拖动到需要的位置后释放鼠标左键。

2. 复制幻灯片

复制幻灯片的方法如下。

（1）复制到任意位置：在幻灯片窗格中右击要复制的幻灯片，在弹出的快捷菜单中选择“复制”命令，或在选中幻灯片后按【Ctrl+C】快捷键进行复制；然后右击目标位置的前一张幻灯片，在弹出的快捷菜单中选择“粘贴”命令，或在选中目标位置的前一张幻灯片后按【Ctrl+V】快捷键进行粘贴。

（2）快速复制：在幻灯片窗格中右击要复制的幻灯片，在弹出的快捷菜单中选择“复制幻灯片”命令，即可快速创建一张相同的幻灯片。

5.2.4 隐藏和显示幻灯片

WPS演示中可以随意地隐藏和显示幻灯片来方便我们的工作。隐藏的幻灯片和其他幻灯片一样，都存在于文件中，只是在幻灯片放映时并不显示，在“普通视图”和“幻灯片浏览”视图中都是可见的，且在“普通视图”下同样可对隐藏的幻灯片进行任意的添加、编辑、删除等操作。

在“普通视图”或“幻灯片浏览”视图下选定需要隐藏的幻灯片，然后右击，在弹出的快捷菜单中选择“隐藏幻灯片”即可隐藏幻灯片。隐藏的幻灯片在旁边的幻灯片编号上会出现隐藏幻灯片图标，如图5-14所示，快捷菜单上的“隐藏幻灯片”也会显示为选中状态。

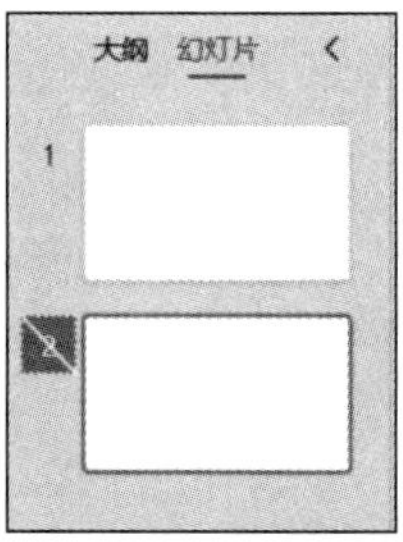

图5-14 隐藏幻灯片

隐藏幻灯片的另一种方法是：在选中要隐藏的幻灯片后，单击“放映”→“隐藏幻灯片”。

如果不想使幻灯片隐藏，可先选中不想隐藏的幻灯片，然后在弹出的快捷菜单中选择“隐藏幻灯片”，如图5-15所示，使其变为显示的状态。

图5-15　将隐藏幻灯片设置为显示

5.2.5　设置幻灯片大小及方向

微课 32

扫码看视频

1. 选择“设计”选项卡

在幻灯片中，先选择“设计”选项卡，如图5-16所示。

图5-16　选择“设计”选项卡

2. 打开幻灯片大小选项

在右侧部分可找到“幻灯片大小”选项，如图5-17所示。

图5-17　“幻灯片大小”选项

3. 选择尺寸样式

单击“幻灯片大小”后可直接选择标准尺寸样式，或选择“自定义大小”选项，如图5-18所示。

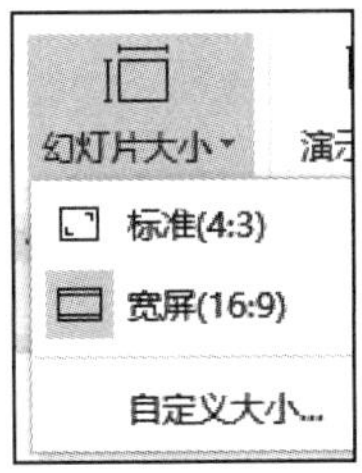

图5-18 “幻灯片大小”的属性

4. 设置幻灯片大小及纸张大小

在“页面设置”对话框中，也可以设置幻灯片大小以及纸张大小，如图5-19所示。

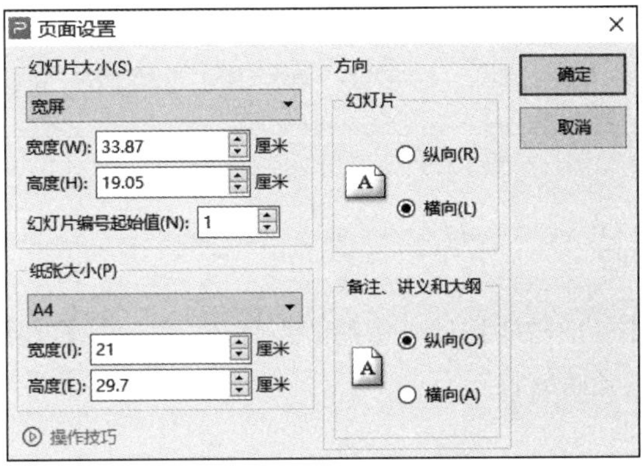

图5-19 “页面设置”对话框

5. 选择幻灯片方向

在“页面设置”对话框的右侧面板中，可设置幻灯片方向，有“纵向”和“横向”两种选择。此处选择“纵向”，单击“确定”按钮，设置效果如图5-20所示。

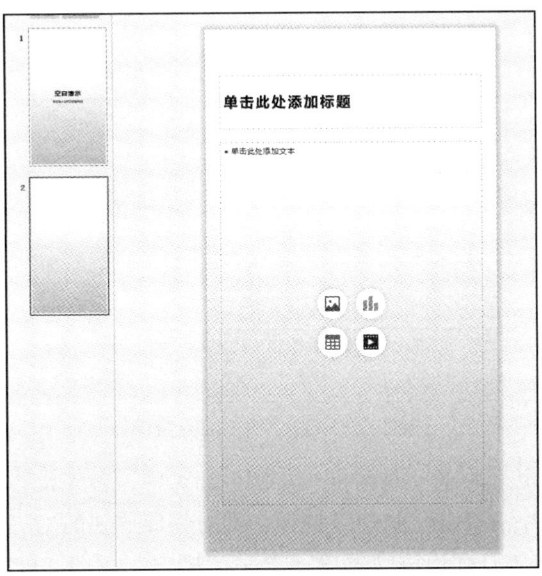

图5-20 设置幻灯片方向

5.2.6 放映幻灯片

我们花费大量时间和精力制作演示文稿，最主要的目的是放映和演示。下面来讲解幻灯片的放映设置。

1. 从头开始放映

打开演示文稿，单击“放映”选项卡中的“从头开始”，如图5-21所示，或按快捷键【F5】，即可从当前演示文稿的第一页开始放映。

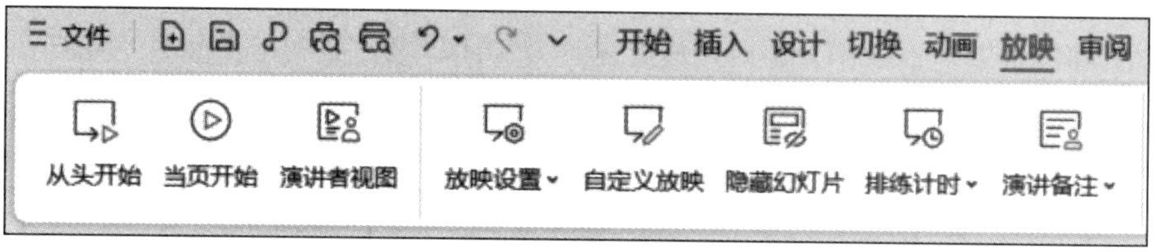

图5-21 从头开始放映演示文稿

2. 从当前页开始放映

打开演示文稿，单击“放映”选项卡中的“当页开始”，或按快捷键【Shift+F5】，即可从当前演示文稿的当前页开始放映。

3. 自定义放映

打开演示文稿，单击“放映”选项卡中的“自定义放映”，弹出“自定义放映”对话框，如图5-22所示。在“自定义放映”对话框中单击“新建”。

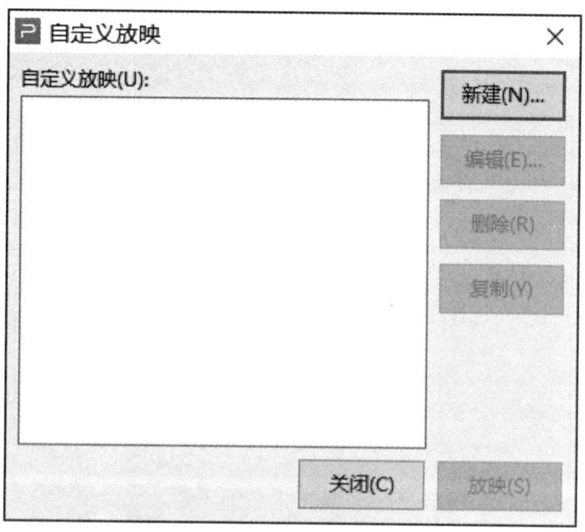

图5-22 自定义放映演示文稿

在弹出的“定义自定义放映”对话框（见图5-23）中，首先设置“幻灯片放映名称”，然后选择要放映的幻灯片，单击“添加”按钮，即可将要放映的幻灯片加入幻灯片放映列表中。单击和可自定义幻灯片放映顺序，单击“确定”按钮，即自定义添加了一个放映模式。

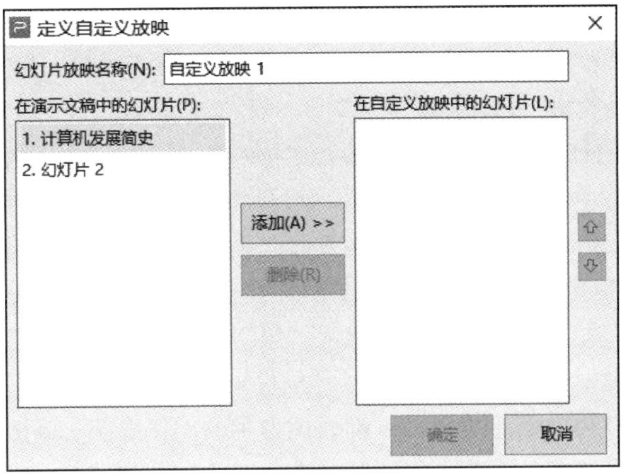

图5-23 “定义自定义放映”对话框

4. 设置放映方式

打开演示文稿，单击“放映”选项卡中的“放映设置”。在弹出的“设置放映方式”对话框中可详细设置放映方式，包括“放映类型”“放映选项”“多显示器”“放映幻灯片”“换片方式”等，如图5-24所示。根据需要进行设置，完成后单击“确定”即可。

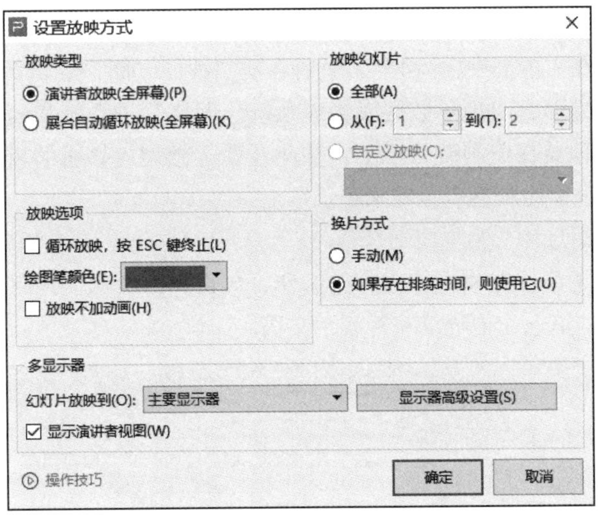

图5-24 “设置放映方式”对话框

任务实现

5.2.7 制作“计算机发展简史”演示文稿主体内容

（1）双击打开5.1.4节保存的“计算机发展简史.ppt”，进入WPS演示文稿软件的工作界面。

（2）单击“开始”选项卡下的 按钮，即可在当前幻灯片下方添加一张空白幻灯片。

（3）在第二张幻灯片标题框处输入“计算机发展的4个阶段”。文本框处输入“1. 第一代计算机：电子管数字计算机（1946—1958年）2. 第二代计算机：晶体管数字计算机（1958—1964年）3. 第三代计算机：集成电路数字计算机（1964—1970年）4. 第四代计算机：大规模集成电路计算机（1970年至今）”。

（4）创建第三张幻灯片，在标题框中输入“第一代计算机：电子管数字计算机（1946—1958年）”。在文本框中输入4个无序列表项“硬件方面，逻辑元件采用电子管，内存采用汞延迟线、磁鼓、磁芯，外存采用磁带；软件方面，采用机器语言、汇编语言；应用领域以军事和科学计算为主；特点是体积大、功耗高、可靠性差、速度慢、价格昂贵。”

（5）创建第四张幻灯片，在标题框中输入“第二代计算机：晶体管数字计算机（1958—1964年）”。在文本框中输入4个无序列表项“硬件方面，逻辑元件采用晶体管，内存采用磁芯，外存采用磁盘；软件方面，出现了以批处理为主的操作系统、高级语言及其编译程序；应用领域以科学计算和事务处理为主，并开始进入工业控制领域；特点是体积缩小、能耗降低、可靠性提高、运算速度提高。”

（6）创建第五张幻灯片，在标题框中输入“第三代计算机：集成电路数字计算机（1964—1970年）”。在文本框中输入4个无序列表项“硬件方面，逻辑元件采用中、小规模集成电路，内存仍采用磁芯；软件方面，出现了分时操作系统以及结构化、规模化程序设计方法；特点是速度更快，可靠性有了显著提高，价格进一步下降，产品走向通用化、系列化和标准化；开始进入文字处理和图形图像处理领域。”

（7）创建第六张幻灯片，在标题框中输入“第四代计算机：大规模集成电路计算机（1970年至今）”。在文本框中输入4个无序列表项“硬件方面，逻辑元件采用大规模和超大规模集成电路；软件方面，出现了数据库管理系统、网络管理系统和面向对象语言等；1971年世界上第一台微处理器在美国硅谷诞生，从此开始了微型计算机的新时代；应用领域从科学计算、事务管理、过程控制逐步走向家庭。”

（8）创建第七张幻灯片，为空白幻灯片。

至此，张明完成了演示文稿主体内容的制作，如图5-25所示。他感觉收获满满，但是传播知识并帮助更多人的信念让他继续完善演示文稿。

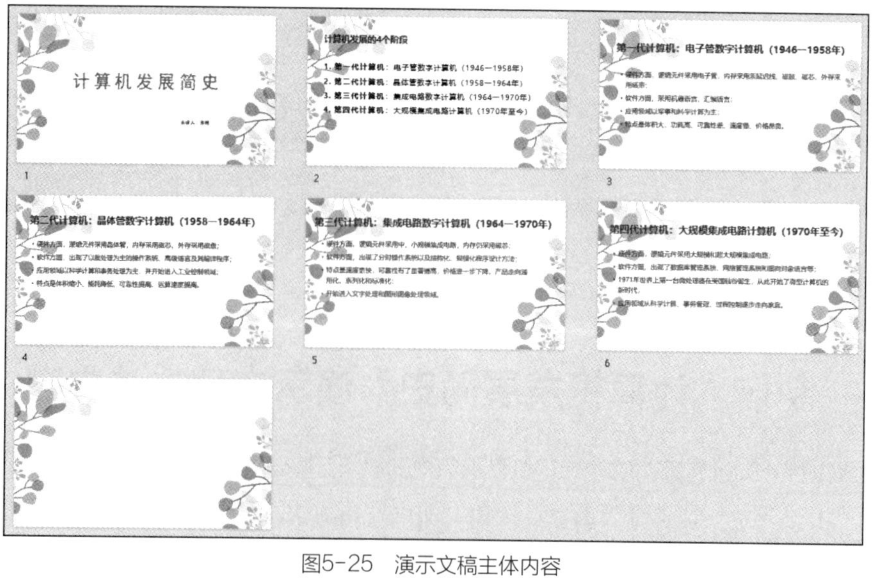

图5-25　演示文稿主体内容

5.3 美化演示文稿

任务描述

张明同学完成的演示文稿的主体内容仅有简单的文字，看上去并没那么吸引人。于是张明同学开始对演示文稿进行美化。

任务分析

张明同学需要对演示文稿的各张幻灯片进行美化。因此，本任务可以分解成以下几点。

- 幻灯片美化原则。
- 美化幻灯片文字内容。
- 美化幻灯片图片内容。

相关知识

5.3.1 幻灯片美化原则

微课33

扫码看视频

幻灯片美化的8个原则如下。

1. 一个中心

每张幻灯片只需要一个中心。也就是说，同一个时刻，只让一个焦点吸引观众的视线，其余的都作为点缀。人在同一时刻最好只关注一个焦点，这样，容易理解、容易记忆，也便于交流。中心分散的直接后果就是画面“乱”，中心多了，内容再精彩、颜色再协调、风格再接近，都会让人眼花缭乱。

要突出一个中心，有以下几个方法：集中、删减、主角凸显。

（1）集中。把相同或相似的内容集中到一个区域，按照一定的顺序排列。

（2）删减。把不必要的文字及图片删除，只保留最核心的内容。

（3）主角凸显。凸显的方式有几种：放大文字、把颜色调整醒目、把对象置于画面中心或左上角，不让配角抢了风头。

2. 整齐划一

每张幻灯片不仅需要突出中心，版面也需要整齐划一。不同的对齐模式有不同的艺术效果。

（1）左对齐：应用最广的对齐模式，让人一目了然。在正式或非正式的演示文稿里都可应用，最容易被人接受，但也是最缺乏个性的对齐模式，并不能给人留下深刻的印象。

（2）右对齐：独特的对齐模式，而且可增强内容之间的关联性，经常在主标题与副标题之间采用。人们视线由左向右，在视线还处于左侧时，往往会感到几个对象在右侧是连为一体的，强化对象间的关联感。

（3）居中对齐：居中对齐往往给人一种规则而严谨的感觉，常用于政务、商务、科研等领域，也是初学者经常使用的一种对齐模式。

（4）顶端对齐：顶端对齐符合人们自上而下的观看习惯。如果数个对象顶端对齐，无论怎么样，顶端的第一排总是对齐的，这给人一种规则、严谨的感觉。

（5）底端对齐：如果图表本身存在上下的区别，也就是存在“站立”感觉，或者其底部有明显统一的元素，则应采用底端对齐模式，这样可给人层次感。

（6）两端对齐：所有文字的左边和右边都能自动调整，整齐排列。

（7）分页对齐：相同的内容（如标题等）即使处在不同的页面，位置与样式等一般不会发生变化。相似的内容（即在整个幻灯片处于并列关系的内容）在不同页面也应处于同样的位置，否则在翻页时显得不够专业。

3. 画面统一

微课 34

扫码看视频

画面统一讲究的是色彩、质感、大小、风格的一致性。统一要站在演示文稿的角度，强调整个演示文稿中各个页面的一致性。比如同级的文字采用同样的字体、字号、颜色和搭配图标；整个演示文稿中的图表尽可能不要采用多种风格，颜色的变换要有规律性，而不是随意去设置等。

4. 善于着色

颜色是设计的核心，是美化幻灯片的关键。在WPS演示文稿软件中对颜色的调整可以按颜色、色系和风格来实现。

相近色的幻灯片，比较素雅、正式和严谨，画面看起来也比较统一，幻灯片初学者可以多加应用。对比色的幻灯片，反差较大、变化多端、吸引眼球，但颜色把握不好会让观众眼花缭乱。

5. 对比强烈

对比是辨认的基础，也是产生冲击力的前提。对比主要是通过颜色的差异来实现的。

例如，在深色背景上用白色文字，在浅色背景上用黑色文字；有时候为了强调或者凸显艺术效果，也可以用彩色文字。但有一个最基本的要求：看得清。标题与正文之间、图表中各个对象之间都需要有形式或颜色的区别。

一般来说，每页幻灯片的大标题不宜过分醒目，只要有一定的“分量”，能够引起注意即可。但正文中图表的分量要足够高、足够重，图表内各个对象之间需要用明显的色彩差别来区别。

内容配色的基本标准是协调：对比而又一体，相近而又不同。

6. 稳定均衡

幻灯片页面一般都是由主画面、次画面相互烘托、共同组成的。

主画面分量重、颜色深、表达关系深刻，让人过目不忘，一般是由深色的图片、图表、大号艺术字体组成的，并且居于幻灯片的中心或底部，偶尔也居于中心偏左或偏右的位置；次画面分量轻、颜色浅，主要用于解释说明主画面，一般由浅色的图表、线条以及字号较小的文字构成，并且分布在幻灯片的顶部或左右边缘。

7. 协调视觉度

幻灯片一般都是图、表、文字三者的结合，纯图片、纯表格或者纯文字的幻灯片都会让观众感到枯燥。图版率即图片或图形占幻灯片画面的比率，图版率越高，画面越形象、生动，带给观众的视觉冲击力越强。视觉度指文字、图、表和动画等元素在版面中产生的视觉强弱度。总体上，文字的视觉度最低，其次是表，接着是图，视觉度最高的当然是动画。在幻灯片制作中常常强调：少用文字，能用表用表，能用图用图，动画在某些类型的幻灯片里更是必不可少的法宝。视觉度的强弱决定了我们对图片的取舍和使用方式。

8. 突破边界，设计新时尚

（1）半透明文本框，设计新时尚

采用新的设计理念制作的半透明文本框，赋予文本玻璃、水晶、磨砂或塑料质感，让漂亮的背景若隐若现，让画面更像一幅风景画。

（2）一个底框，让画面不凌乱

Logo、奖状、头像等的图片经常大规模放置，而且它们很不规则和统一。为它们添加统一的底框，如半透明矩形等，效果将大不相同。

（3）图示化可以更精彩

能用图片就要坚决使用图片，尽量把那些枯燥的文字去除，用形象的图标、图表、图片代替。

（4）突破边界，才能开阔视野

要突破边界，可用颜色鲜艳、冲击力较强的元素，如箭头、绸带、动画等。

（5）增加底座，让柱形图连为一体

柱形图往往是独立的，即使用了坐标轴，有时候也会给人分散的感觉。如果给它们增加底座，把柱形图都放置在底座上，效果会大不一样。

（6）去除背景，图片更生动

图片直接粘贴到幻灯片里，仍然是图片，跟幻灯片的结合效果较差。但是如果把这些图片的背景去掉，再放置到幻灯片里，并设置一定的环境，这些图片就不再是图片，而是一个个鲜活的“精灵”。

（7）把内容融入模板，让画面浑然一体

如果善于利用模板的特点，把内容融入模板，人们看到的就是一张张生动的画卷。

（8）以小见大，往往比总体更有表现力

以小见大，只显示对象的局部，将大大激发观众的好奇心和新鲜感。只是要注意：局部一定要美，要有代表性，要让观众一看就懂，否则会适得其反。

5.3.2 编辑并美化幻灯片文字内容

微课 35

扫码看视频

文本是演示文稿中最基本的元素，每张幻灯片或多或少都会有一些文字信息。所以，文本内容的编辑与美化就显得尤为重要。本节主要介绍如何在幻灯片中编辑并美化文字。

1. 使用大纲视图

在编辑演示文稿时，如果需要输入具有不同层次结构的文字，可以切换到大纲视图模式，在视图窗格中输入。

在大纲视图中，一个方框代表一张幻灯片，红色方框代表当前幻灯片。单击方框选中幻灯片后按【Delete】键，可以删除该幻灯片。

2. 使用文本框

在幻灯片中可以插入文本框，然后在其中编辑并美化文字，满足不同的幻灯片设计需求。

在幻灯片中插入文本框的方法为：选中要插入文本框的幻灯片，切换到“插入”选项卡，单击“文本框”按钮下方的下拉按钮，在弹出的下拉列表中根据需要选择“横向文本框”命令或“竖向文本框”命令，此时鼠标指针呈“+”形状，在幻灯片中按住鼠标左键并拖动到适当位置再释放鼠标左键，即可插入文本框。插入文本框后，将鼠标光标定位其中，即可输入文字内容。也可以选择插入“其他样式”文本框，使幻灯片更加美观，如图5-26所示。

图5-26 插入文本框

3. 更改幻灯片版式

幻灯片版式是指占位文本框在幻灯片中的默认布局方式，WPS演示文稿软件中内置了多种幻灯片版式。新建的演示文稿中第一张幻灯片默认使用“标题幻灯片”版式，新建的第二张及其后的幻灯片默认使用“标题和内容”版式。在“开始”选项卡中单击“版式”下拉按钮，如图5-27所示，在弹出的下拉列表中即可查看或更改幻灯片版式。

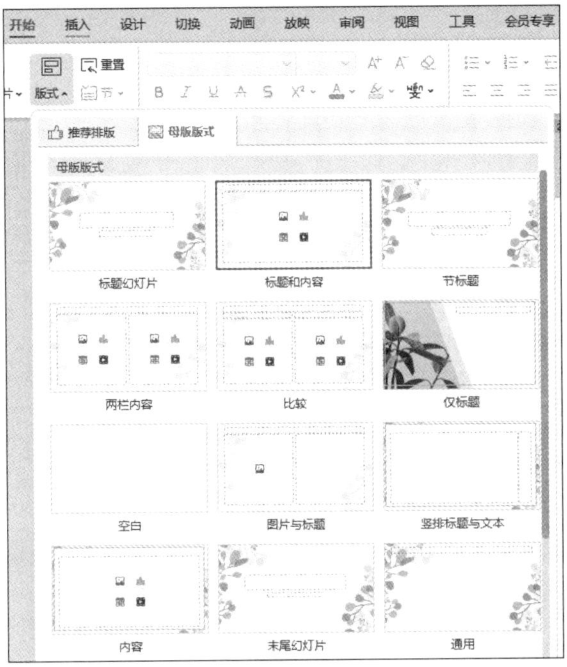

图5-27 查看或更改幻灯片版式

5.3.3 美化幻灯片图片内容

WPS演示文稿软件中提供了丰富的图片处理功能，可以轻松插入计算机中的图片，并可以根据需要对图片进行裁剪、设置亮度或对比度以及设置特殊效果等操作。

1. 插入计算机中的图片

在幻灯片内插入图片的方法与在文档中插入的方法类似，只需切换到“插入”选项卡，单击“图片”按钮（见图5-28），选项“本地图片”，在弹出的“插入图片”对话框中选择要插入的图片，然后单击“打开”按钮。

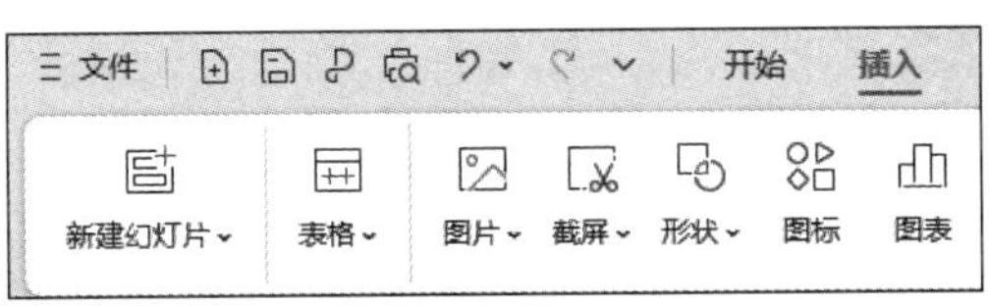

图5-28 插入图片

此外，还有以下两种插入图片的方法。

- **单击占位符图标插入：**单击占位符图标，在弹出的对话框中选择图片并插入。
- **直接复制粘贴：**打开存放图片的文件夹，选择需要插入的图片后执行“复制”操作，然后切换到演示文稿中执行“粘贴”操作。

> **注意** 使用占位符图标插入的图片将会被插入占位文本框中，图片大小也会受到占位文本框大小的限制。插入图片后，可以直接拖动图片来调整图片位置，拖动图片四周的控制点来调整图片大小，拖动图片上方的旋转按钮来旋转图片。

2. 裁剪图片

WPS演示文稿软件提供了图片裁剪功能，可以对插入的图片进行调整，以剪除不需要的部分。选中图片，切换到“图片工具”选项卡，单击“裁剪”按钮，此时图片四边将出现黑色控制点，将鼠标指针移向控制点并按住鼠标左键进行拖动，裁剪图片到需要的大小后按【Enter】键或在其他空白处点击即可，如图5-29所示。

图5-29　裁剪图片

裁剪图片后，图片并不是真的被剪除了，而是被隐藏了；若需要还原图片，只需反方向裁剪图片。

3. 将图片裁剪为各种形状

除了可以按矩形裁剪图片外，还可以将图片裁剪为任意形状。选中图片，切换到“图片工具”选项卡，单击“裁剪”下拉按钮，选择“裁剪”，在弹出的形状列表中选择要裁剪的形状，此时图片会变成相应的形状，拖动图片四周的控制点可以改变形状的比例和大小，完成后按【Enter】键即可。

4. 美化图片

插入图片后，可以对图片进行美化操作。选中图片，切换至“图片工具”选项卡，可设置图片边框、阴影效果、倒影效果以及柔化边缘效果等，使图片更加美观，如图5-30所示。

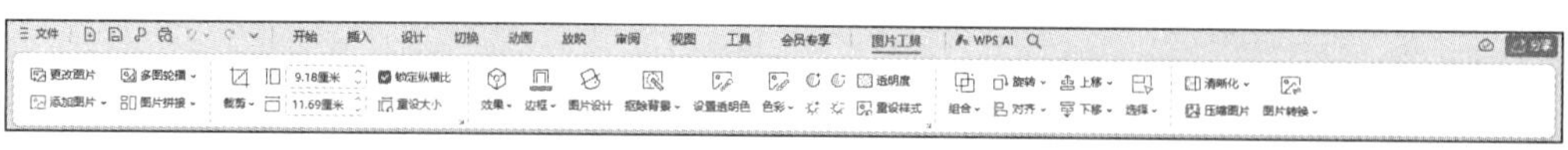

图5-30　“图片工具”选项卡

任务实现

5.3.4　美化“计算机发展简史”演示文稿

（1）双击打开5.2.7节保存的“计算机发展简史.ppt”，进入WPS演示文稿软件的工作界面。

（2）设置第二张幻灯片标题文字为“微软雅黑”字体，大小为36，居中。单击“插入”选项卡，然后单击“形状”下拉按钮，在弹出的列表中单击“智能图形”下的“更多”，在打开的“智能图形”窗口中选择“免费”下的“4项”，选择其中的一个智能图形，在其中填写文本，效果如图5-31所示。

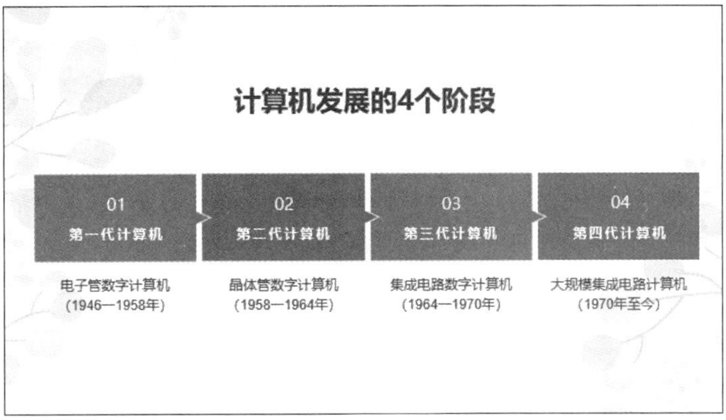

图5-31　第二张幻灯片效果

（3）设置第三至第六张幻灯片标题文字为“微软雅黑”字体，大小为36，居中。左侧文本框中文字为“微软雅黑”字体，大小为24，加项目符号。在右侧插入一张相应计算机的图片。效果如图5-32至图5-35所示。

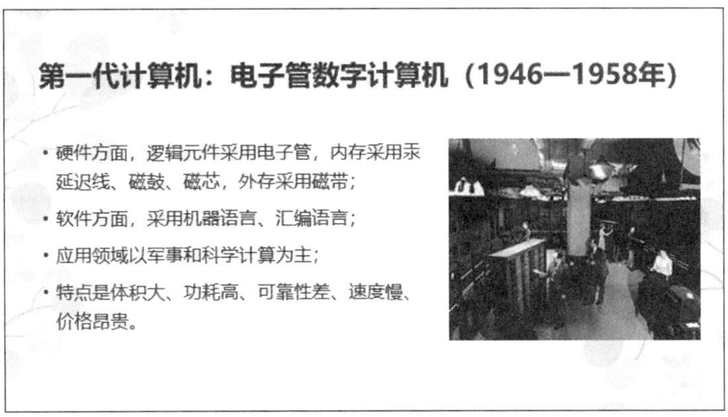

图5-32　第三张幻灯片效果

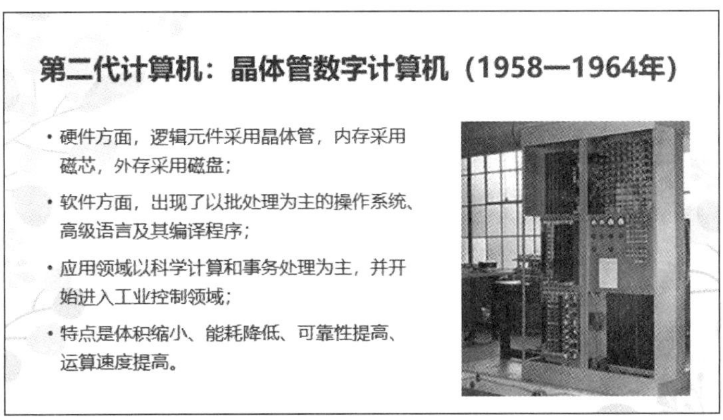

图5-33　第四张幻灯片效果

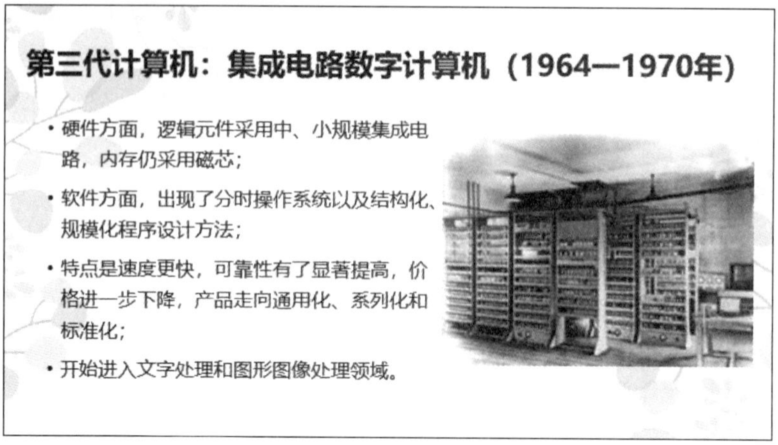

图5-34　第五张幻灯片效果

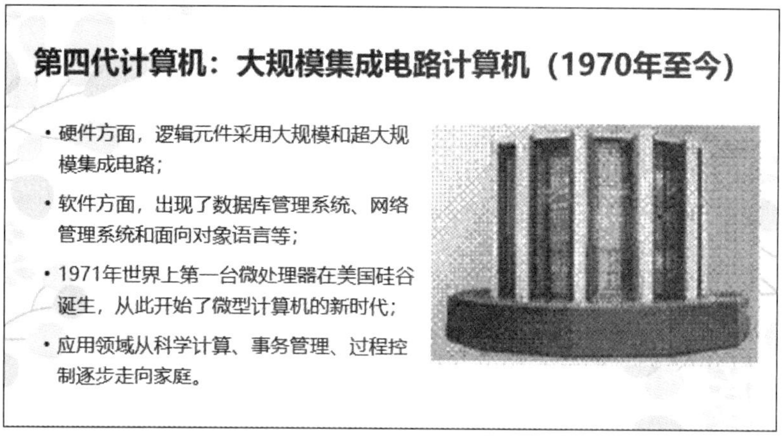

图5-35　第六张幻灯片效果

（4）在“插入”选项卡中选择“艺术字”。在下拉列表中选择“更多艺术字”→“免费”→“简约风”，在文本框中输入“谢谢”，如图5-36所示。

图5-36　第七张幻灯片效果

（5）最后设置第二张幻灯片与第三至第六张幻灯片的链接。选中第二张幻灯片中的“电子管数字计算机（1946—1958年）”并右击，在弹出的快捷菜单中选择“超链接”命令，弹出“插入超链接”对话框；选择“本文档中的位置”，如图5-37所示，然后选择第三张幻灯片，单击“确定”按钮即可建立链接。采用同样的方法建立第二张幻灯片与第四至第六张幻灯片的链接。还可以在第三至第六张幻灯片中制作返回第二张幻灯片的链接。

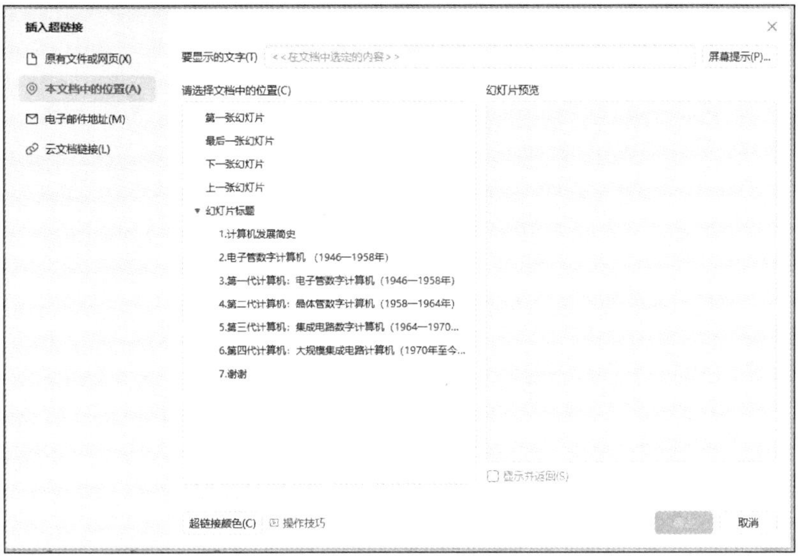

图5-37 设置幻灯片链接

至此，张明完成了演示文稿展示内容的制作。

5.4 在幻灯片中插入音频

微课 36

扫码看视频

任务描述

现在，张明同学基本完成了演示文稿的制作。为了让自己的演示文稿更加吸引人，能够更好地传播知识，他打算给幻灯片增加背景音乐。

任务分析

张明同学需要给幻灯片插入背景音乐。因此，本任务包含以下几个知识点。

- 添加计算机中的音频。
- 播放音频。
- 设置播放选项。

相关知识

演示文稿并不是一个“无声的世界”。为了突出演示文稿展示时的气氛，可以为演示文稿添加背景音乐。

5.4.1 插入音频

WPS演示文稿软件支持多种格式的音频文件，例如 MP3、WAV、WMA、AIF和MID等。下面介绍如何在幻灯片中插入计算机中的音频文件。

打开演示文稿，切换到“插入”选项卡，单击“音频”下拉按钮，如图5-38所示。

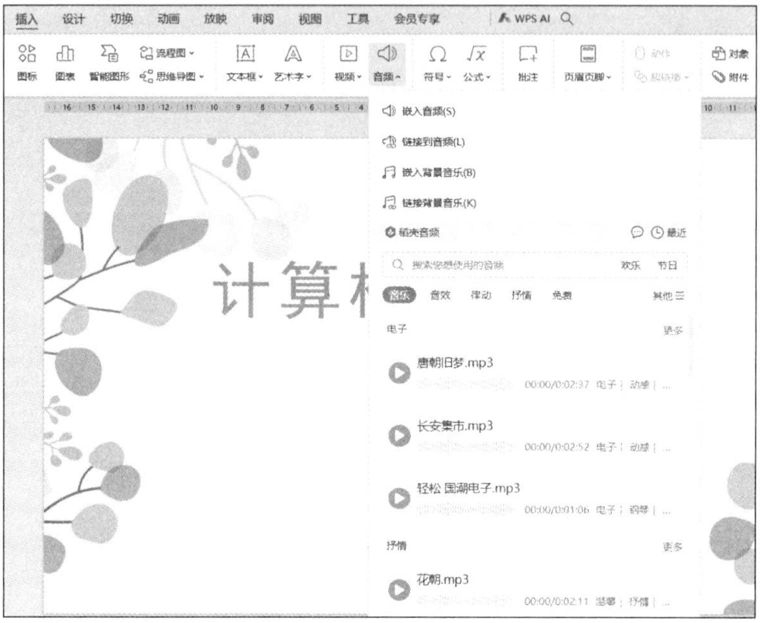

图5-38 打开音频下拉列表

在音频下拉列表中选择“嵌入音频”，在弹出的“插入音频”对话框中，选中要插入的音频文件，如图5-39所示。

图5-39 “插入音频”对话框

单击“打开”按钮，将所选音频文件插入幻灯片，然后将幻灯片中的音频图标拖放到适合的地方即可。

插入的音频文件默认只会在当前幻灯片中播放，如果希望将其设置为背景音乐在所有幻灯片中播放，可以在选中音频图标后单击“音频工具”选项卡中的“设为背景音乐”按钮。

5.4.2 播放音频

添加音频后，可以播放音频、试听音频。除了通过放映幻灯片来试听音频，还可以通过以下两种方法直接播放音频，播放音频部分如图5-40所示。

- 选中音频图标，出现音频控制面板，单击“播放”按钮。
- 选中音频图标，切换到“音频工具”选项卡，单击“播放”按钮。

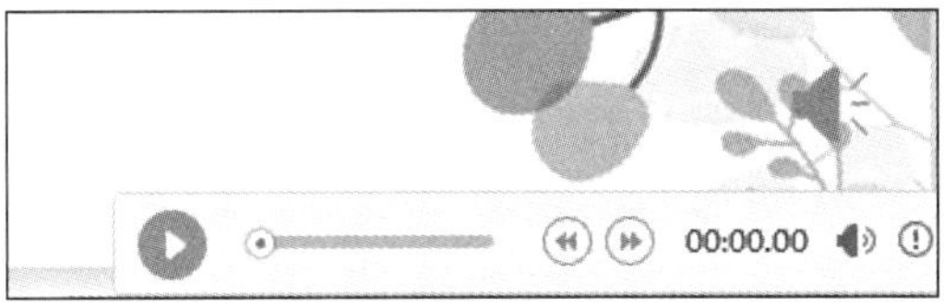

图5-40 播放音频

5.4.3 设置播放选项

在幻灯片中插入音频后，还可以根据需要对音频的播放选项进行设置，例如让音频自动播放、循环播放或调整音量大小等。选中音频图标，切换到“音频工具”选项卡，在其中即可对播放选项进行设置。

- **音量**：单击“音量”下拉按钮，在弹出的下拉列表中可以设置音量大小。
- **裁剪音频**：单击“裁剪音频”按钮，在弹出的对话框中可以对音频文件进行裁剪。
- **淡入和淡出**：在该选项组中可以设置音量由小变大开始播放以及音量由大变小结束播放。
- **设置开始方式**：在“开始”选项中，可以选择音频开始播放的方式。若选择“自动”，则会在进入该幻灯片时自动播放。若选择“单击”，则需要单击音频图标才能播放。
- **跨幻灯片播放**：选择“跨幻灯片播放”选项，可在后方设置播放至第几页停止，在切换到下一张幻灯片时音频不会停止播放，而是播放到设置的页结束。
- **循环播放**：勾选“循环播放，直至停止”复选框，则音频会一直循环播放，直到幻灯片播放完毕。
- **放映时隐藏**：勾选“放映时隐藏”复选框，则可以在放映幻灯片时不显示音频图标。
- **设为背景音乐**：单击“设为背景音乐”按钮，可以使音频文件在所有幻灯片中播放。

任务实现

5.4.4 在“计算机发展简史”演示文稿中插入背景音乐

（1）双击打开5.3.4节保存的“计算机发展简史.ppt”，进入WPS演示文稿软件的工作界面。

（2）打开第一张幻灯片，在“插入”选项卡中单击“音频”下拉按钮，在下拉列表中选择“嵌入音频”，弹出“插入音频”对话框，选中要插入的音频文件，单击“打开”按钮，将所选音频文件插入幻灯片，然后将幻灯片中的音频图标拖放到适合的地方。

（3）选中音频图标后单击“音频工具”选项卡中的“设为背景音乐”按钮，效果如图5-41所示。

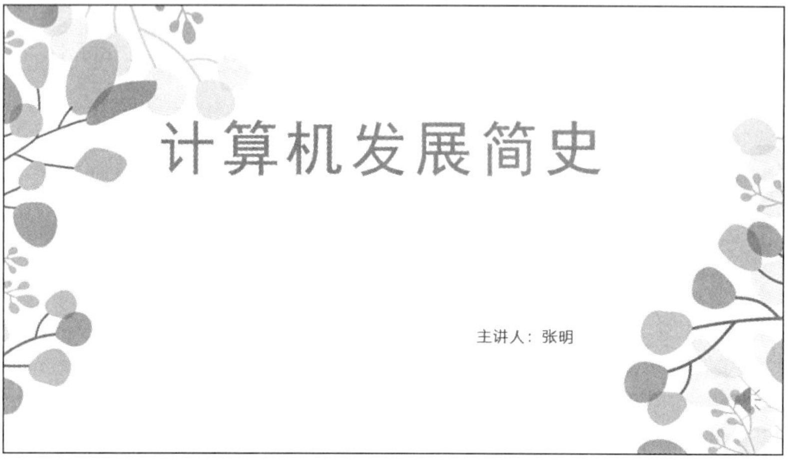

图5-41　在第一张幻灯片中插入音频

（4）单击音频图标，在播放面板中试听音频。

至此，张明完成了在演示文稿中加入背景音乐。

5.5 设置动画效果

微课 37

扫码看视频

任务描述

张明继续给幻灯片设置动画效果。

任务分析

张明同学要给幻灯片添加幻灯片切换动画和动画效果。因此，本任务包含以下几个知识点。

- 幻灯片切换动画。
- 幻灯片动画效果。

相关知识

一个好的演示文稿除了要有丰富的文本内容，还要有合理的排版设计、鲜明的色彩搭配以及自然的动画效果。在WPS演示文稿软件中提供了丰富的动画效果，使用它们可以为演示文稿的文本、图片、图形和表格等对象创造出更精彩的视觉效果。

5.5.1 幻灯片切换效果

幻灯片切换效果是指在放映幻灯片时，一张幻灯片从屏幕上消失，另一张幻灯片显示在屏幕上的效果。用户可以在“切换”选项卡中设置幻灯片的切换效果。

1. 添加幻灯片切换效果

为幻灯片添加切换效果，可以使演示文稿的放映更加生动。WPS演示文稿软件中提供了多种切换效果，用户可以通过以下两种方法进行添加。

（1）选中要添加切换效果的幻灯片，切换到“切换”选项卡，如图5-42所示。

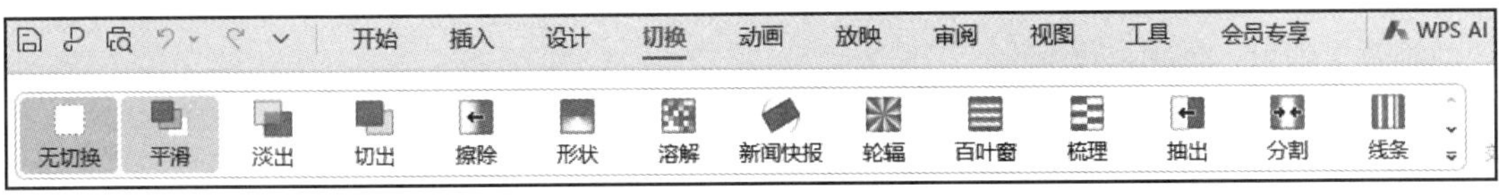

图5-42 “切换”选项卡

（2）在“切换”选项卡中单击 按钮，打开“切换动画”窗格，在下拉列表中选择要应用的切换效果即可，如图5-43所示。

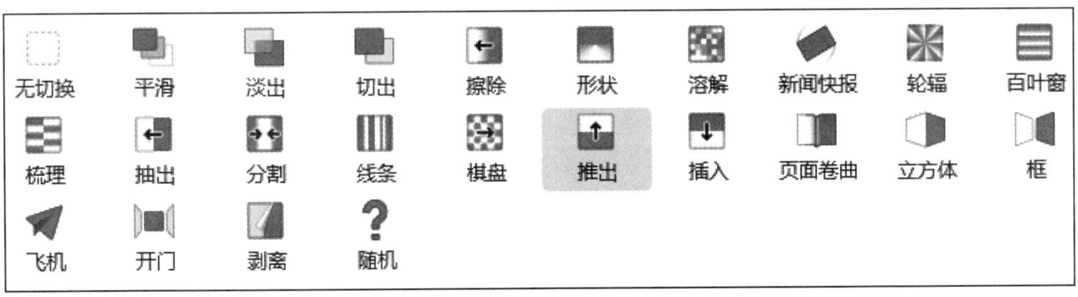

图5-43 “切换动画”窗格

2. 设置切换效果

为幻灯片添加切换效果后，还可以对切换动画进行详细设置，下面分别介绍。

- 速度：该选项用于设置切换动画的播放速度，其单位为“秒”，数值越大，动画播放时间越长，播放速度越慢。
- 声音：该选项用于设置幻灯片的切换音频。
- 单击鼠标时换片：选择该选项，则可以通过单击的方式切换到下一张幻灯片；取消勾选该复选框，则无法通过单击的方式进行切换。
- 自动换片：选择该选项，幻灯片将在播放一定时间后自动进行切换，其播放时间可以在后面的文本框中进行设置，其单位为“秒”。
- 排练当前页：选择该选项，可以对该幻灯片进行排练计时，从而预估该幻灯片需要放映的时间。
- 应用于所有幻灯片：可以将当前幻灯片所选切换效果及相关设置应用到该演示文稿的所有幻灯片中。

5.5.2 幻灯片动画效果

微课 38

扫码看视频

对象的动画效果分为进入动画、强调动画、退出动画和动作路径动画这几类。进入动画即对象出现时的动画效果；强调动画即对象在显示过程中的动画效果；退出动画即对象消失时的动画效果；而动作路径动画是指对象按照指定轨迹运动的动画效果。

1. 为对象添加一个动画效果

用户可以为对象添加任意一种类型的动画效果，操作方法如下。

打开演示文稿，选中某幻灯片内的图片或文字，切换到“动画”选项卡，选择列表框中的动画效果即可，如图5-44所示。

图5-44 在“动画”选项卡中选择动画效果

也可以单击“智能动画”按钮，打开“智能动画”下拉列表，如图5-45所示，在“智能动画”下拉列表中单击选择所要设置的动画效果。

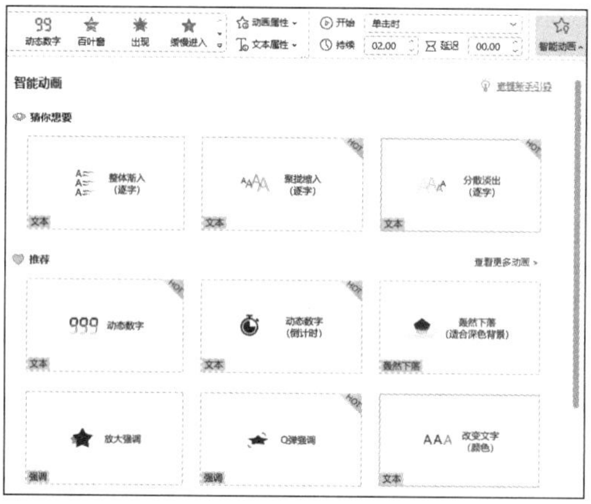

图5-45 “智能动画”下拉列表

添加动画效果后，我们还可以对动画效果进行设置。在“动画”选项卡中单击“动画窗格”按钮就可以在幻灯片右侧弹出“动画窗格”对话框，如图5-46所示。

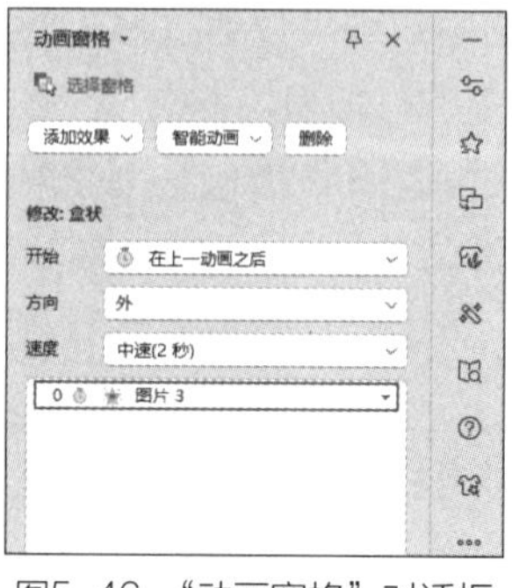

图5-46 “动画窗格”对话框

2. 为对象添加多个动画效果

用户可以为同一个对象添加多个动画效果，添加多个动画效果后，在放映幻灯片时，程序会按照动画效果的排列顺序依次进行播放。

再次选中对象，在“动画窗格”中单击“添加效果”按钮即可为对象添加多个动画效果，如图5-47所示。

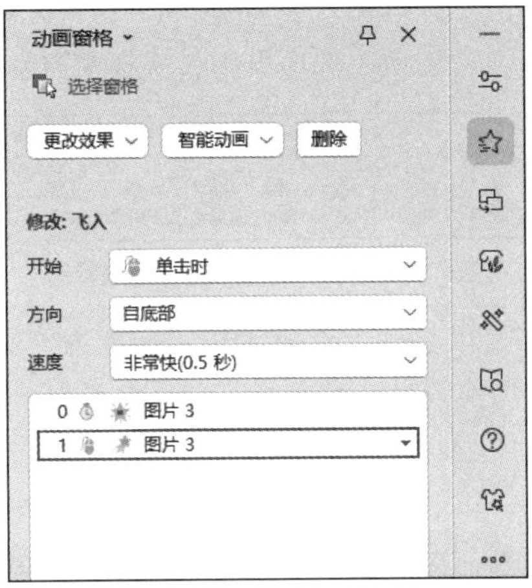

图5-47　添加多个动画效果

为对象添加多个动画效果后，可以在动画列表中看到所有的动画效果，拖曳动画效果条目可以调整动画效果播放顺序。

3. 设置自动重复播放动画效果

默认设置的动画效果只能播放一遍，并且需要单击才能播放。对于某些动画效果，我们可以通过设置自动播放和重复播放，以实现特殊的动画效果。

选中要设置的图形或文字，打开“动画窗格”，选中要设置自动播放的动画效果。在上方的“开始”下拉列表中选择“在上一动画之后”，如图5-48所示。

选中要设置的图形或文字，打开“动画窗格”，选中要设置自动播放的动画效果。单击其后的下拉按钮，在打开的下拉列表（见图5-49）中选择“计时”命令。

弹出“百叶窗”对话框，在“计时”选项卡中设置“开始”方式为“在上一动画之后”，设置“重复”为“直到幻灯片末尾”，如图5-50所示。

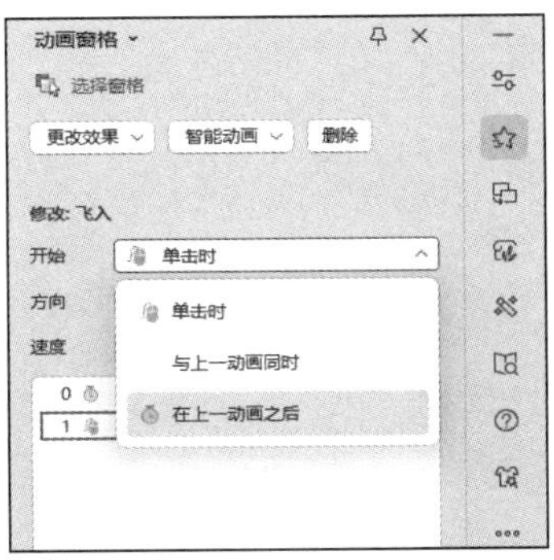

图5-48　设置自动播放动画效果

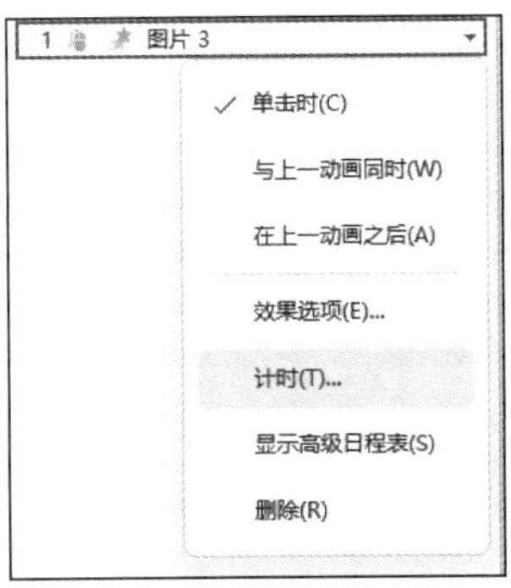

图5-49　下拉列表

图5-50　设置重复播放动画效果

任务实现

5.5.3 设置“计算机发展简史”演示文稿动画效果

（1）双击打开5.4.4节保存的“计算机发展简史.ppt”，进入WPS演示文稿工作界面。

（2）选择第一张幻灯片，在“切换”选项卡中，选择“溶解”效果，如图5-51所示。

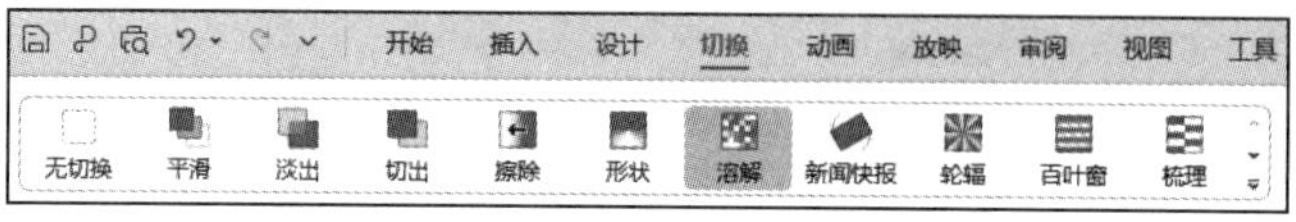

图5-51 设置第一张幻灯片切换效果

（3）选择第二张幻灯片，在“切换”选项卡中，设置为“立方体”切换效果。第三至第六张幻灯片均设置为“推出”切换效果。第七张幻灯片设置为“分割”切换效果。

（4）选择第三张幻灯片中的图片，在“动画”选项卡中，选择“盒状”效果，如图5-52所示。

图5-52 设置图片动画效果

（5）打开第三张幻灯片中图片的“动画窗格”对话框，设置“开始”为“在上一动画之后”，“方向”为“外”，“速度”为“中速(2秒)”，如图5-53所示。

图5-53 设置图片动画效果属性

（6）仿照（4）（5）的操作，依次设置第四至第六张幻灯片中图片的动画效果。

（7）选择第七张幻灯片中的文字，在“动画”选项卡中，选择“飞入”效果。打开该文字的“动画窗格”对话框，设置“开始”为“在上一动画之后”，“方向”为“自左上部”，“速度”为“非常快(0.5秒)”。

至此，张明完成了在演示文稿中加入幻灯片切换效果和动画效果。

5.6 播放演示文稿的设置

微课 39

扫码看视频

任务描述

为了使自己的演示文稿能够自动播放，张明同学给演示文稿进行播放设置。

任务分析

张明同学要给演示文稿进行播放设置。因此，本任务包含以下几个知识点。

- 设置幻灯片放映方式。
- 使用排练计时放映。
- 使用演讲者备注。
- 播放演示文稿。
- 在播放时绘制标记。

相关知识

播放演示文稿设置是演示文稿制作的最后环节，一次成功的演示文稿演讲与对演示文稿播放的精确控制密不可分。本节将介绍演示文稿播放设置的相关知识。

5.6.1 设置幻灯片放映方式

在放映幻灯片前，通常需要对放映选项进行设置。切换到“放映”选项卡，单击“放映设置”按钮，即可打开“设置放映方式”对话框，如图5-54所示，在其中可以对放映方式进行相关设置。

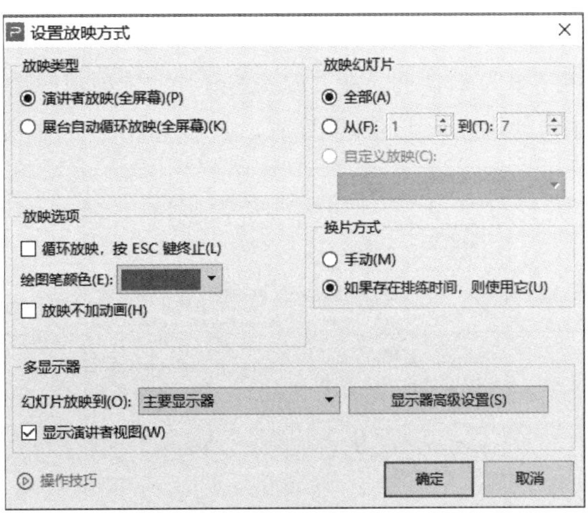

图5-54 “设置放映方式”对话框

1. 设置放映类型

按幻灯片放映时操作对象的不同，可以将放映类型分为“演讲者放映”和“展台自动循环放映”两种，其区别如下。

- **演讲者放映（全屏幕）**：该方式为常规放映方式，由演讲者亲自播放演示文稿。使用这种方式，演讲者具有完全的控制权，可以自行切换幻灯片或暂停放映。
- **展台自动循环放映（全屏幕）**：该方式是一种自动运行的全屏放映方式，放映结束后将自动重新放映。观众不能自行切换幻灯片，但可以单击超链接或动作按钮。

2. 设置可放映的幻灯片

在“设置放映方式”对话框的“放映幻灯片”选项组中，可以选择可放映的幻灯片。默认选择“全部”选项，即放映所有幻灯片。如果选择“从……到……”选项，则可以设置只播放某几张连续的幻灯片。

如果需要自定义可放映的幻灯片，可以在“放映”选项卡中，单击“自定义放映”按钮。弹出“自定义放映”对话框，如图5-55所示，单击“新建”按钮。

弹出“定义自定义放映”对话框，如图5-56所示，可以在“幻灯片放映名称”文本框中输入放映序列名称。在下方的幻灯片列表中依次选中要放映的幻灯片，然后单击“添加”按钮，将它们添加到右侧的播放列表中，单击“确定”按钮。

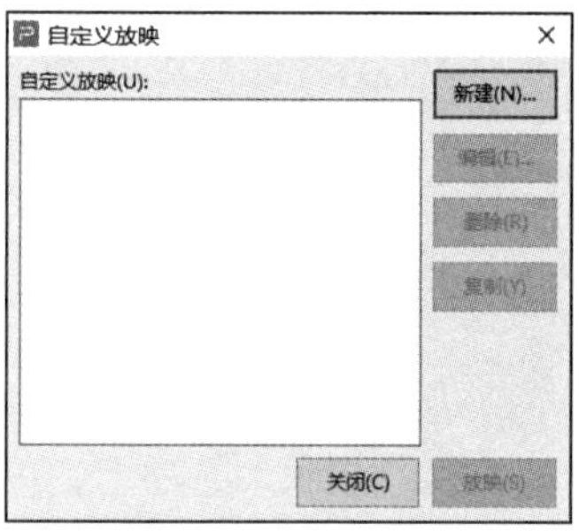

图5-55 “自定义放映”对话框

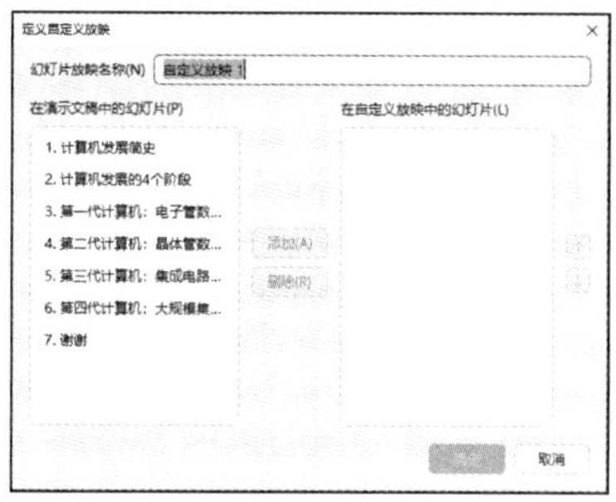

图5-56 “定义自定义放映”对话框

返回“自定义放映”对话框，可以看到新建的放映序列已经出现在“自定义放映”下拉列表中，单击“关闭”按钮关闭对话框。

重新打开“设置放映方式”对话框，在“放映幻灯片”选项组中选择“自定义放映”单选项。在下方的下拉列表中选择刚才新建的放映序列，如图5-57所示，单击“确定”按钮即可。

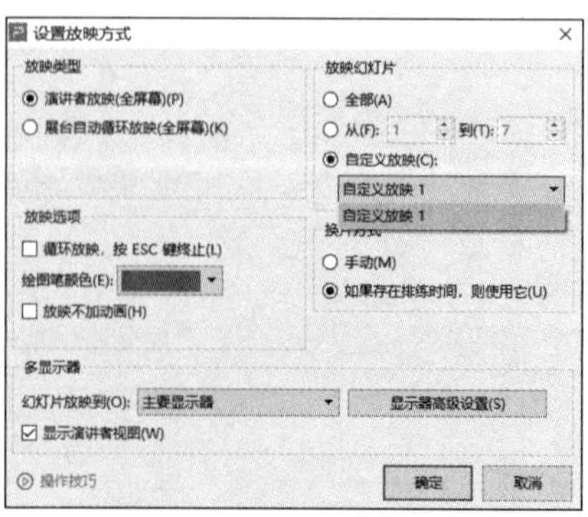

图5-57 设置自定义放映序列

5.6.2 使用排练计时放映

微课 40

扫码看视频

排练计时功能就是用户在正式放映前用手动控制的方式进行换片，并模拟演讲过程，让程序将手动换片的时间记录下来。此后，就可以按照这个换片时间自动进行放映，无须人为控制。

录制与保存排练计时的方法如下。打开演示文稿，切换到“放映”选项卡，单击“排练计时”按钮，此时将开始播放幻灯片，同时出现“预演”工具栏，自动记录每张幻灯片的放映时间。用户可以模拟现场演讲放映幻灯片，当放映结束时，会出现信息提示框，单击“是”按钮，即可保留排练计时。

录制了排练计时后，在“设置放映方式”对话框的“换片方式”选项组中选择“如果存在排练时间，则使用它”选项，即可在放映时按照记录的时间自动播放幻灯片。

5.6.3 使用演讲者备注

用户在放映幻灯片并进行演讲时，常常希望对幻灯片进行一些备注，同时又不希望观众看到这些备注信息，此时可以使用演讲者备注功能。

选择要添加备注的幻灯片，在“放映”选项卡中单击“演讲备注”按钮下的“演讲备注”，弹出“演讲者备注”对话框，如图5-58所示，在“幻灯片”文本框中输入备注信息，单击“确定”按钮。

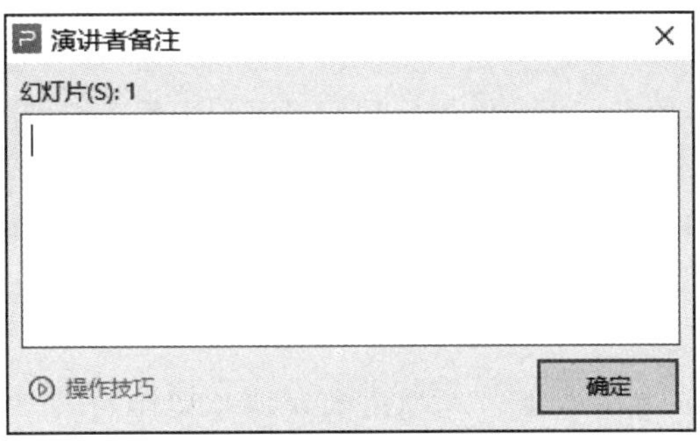

图5-58 “演讲者备注”对话框

在放映幻灯片的过程中，如果用户希望查看该幻灯片的备注信息，可以在屏幕中右击，在弹出的快捷菜单中选择“演讲备注”命令，在弹出的“演讲者备注”对话框中即可看到该幻灯片的备注信息。

> **提示**
>
> 用户可以为每张幻灯片单独设置备注信息，当使用双屏放映时，在放映过程中打开的“演讲者备注”对话框不会出现在放映屏幕中。

5.6.4 播放演示文稿

幻灯片的放映可分为两种情况，一种是单屏放映，即在操作者自己的计算机屏幕上放映；另一种是双屏放映，使用双屏放映时，可以将演讲者视图和播放视图分别显示在不同的屏幕上，观众将只能看到幻灯片播放过程及绘制的屏幕标记。要使用双屏放映，可在“设置放映方式”对话框中单击“幻灯片放映到”右侧的下拉列表进行设置。

连接好播放设备并完成相应设置后即可播放演示文稿。打开演示文稿，切换到“放映”选项卡，单击“从头开始”或“从当前开始”按钮即可开始放映。此外，按【F5】键，即可从头开始放映幻灯片；按【Shift】+【F5】快捷键，即可从当前幻灯片开始放映。

在放映幻灯片的过程中，用户可以通过以下几种方式对幻灯片进行控制。

- **通过鼠标控制**：在屏幕中单击，可以切换到下一张幻灯片。
- **通过键盘控制**：按空格键、【Enter】键、→或↓键、【N】键、【Page Down】键，可以切换到下一张幻灯片；按←或↑键、【P】键、【Page Up】键，可以切换到上一张幻灯片。
- **通过快捷菜单控制**：在放映的幻灯片中右击，在弹出的快捷菜单中选择“上一张”“下一张”“第一页”或“最后一页”命令进行切换。
- **通过快捷菜单快速定位**：在放映的幻灯片中右击，在弹出的快捷菜单中选择“定位”→“按标题”命令，可以选择要播放的幻灯片。

> **提示**　在放映时按【Esc】键，或在屏幕中右击，在弹出的快捷菜单中选择“结束放映”命令，可结束幻灯片放映。

5.6.5　在播放时绘制标记

若想在放映幻灯片时为重点内容添加标记，可以利用程序提供的绘图工具来实现。绘图工具包括“圆珠笔”“水彩笔”和“荧光笔”3种样式。在幻灯片放映时，单击屏幕左下角的按钮，在弹出的菜单中即可选择绘图工具。其中“圆珠笔”可绘制细线条；“水彩笔”可绘制粗线条；“荧光笔”可绘制半透明带状线条。选择绘图工具后即可在屏幕中进行绘制，单击按钮可以选择笔头颜色。

放映幻灯片时，在屏幕中右击，在弹出的快捷菜单中打开“墨迹画笔”子菜单，如图5-59所示，也可以选择绘图工具。

图5-59　“墨迹画笔”子菜单

任务实现

5.6.6 “计算机发展简史”演示文稿的播放设置

（1）双击打开5.5.3节保存的“计算机发展简史.ppt”，进入WPS演示文稿工作界面。

（2）切换到“放映”选项卡，单击“放映设置”按钮，即可打开“设置放映方式”对话框，在其中可以对放映方式进行相关设置。在“放映类型”中选择“展台自动循环放映(全屏幕)”，如图5-60所示。

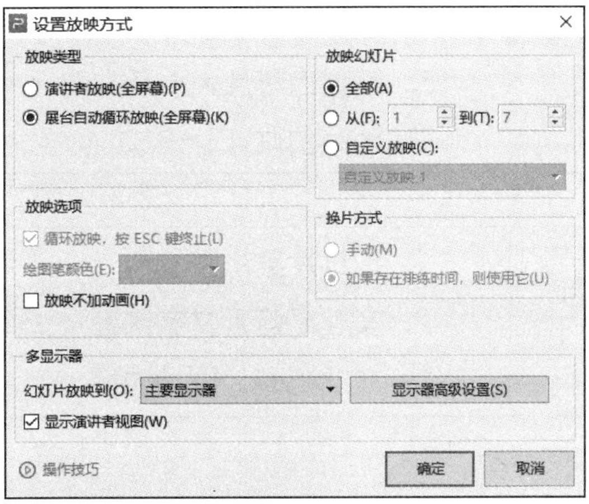

图5-60 选择“展台自动循环放映（全屏幕）”

（3）单击“排练计时”按钮，此时将开始播放幻灯片，同时出现“预演”工具栏，自动记录每张幻灯片的放映时间。当放映结束时，会出现信息提示框，单击“是”按钮，即可保留排练计时。录制了排练计时后，在“设置放映方式”对话框的“换片方式”选项组中选择“如果存在排练时间，则使用它”选项，即可在放映时按照记录的时间自动播放幻灯片。

（4）在“放映”选项卡中，单击“从头开始”按钮即可开始放映演示文稿。

至此，张明完成了演示文稿的全部工作，他真正地体会到自己做了一件有意义的事。他对计算机的热爱也感染了周围的同学们。

【学习笔记】

演示文稿软件的应用

演示文稿软件简介	1. 演示文稿的工作界面 2. 新建并保存演示文稿
幻灯片的基本操作	1. 添加幻灯片 2. 删除幻灯片 3. 移动和复制幻灯片 4. 隐藏和显示幻灯片 5. 设置幻灯片大小及方向 6. 放映幻灯片
美化演示文稿	1. 幻灯片美化原则 2. 美化幻灯片文字内容 3. 美化幻灯片图片内容

问题与反思	

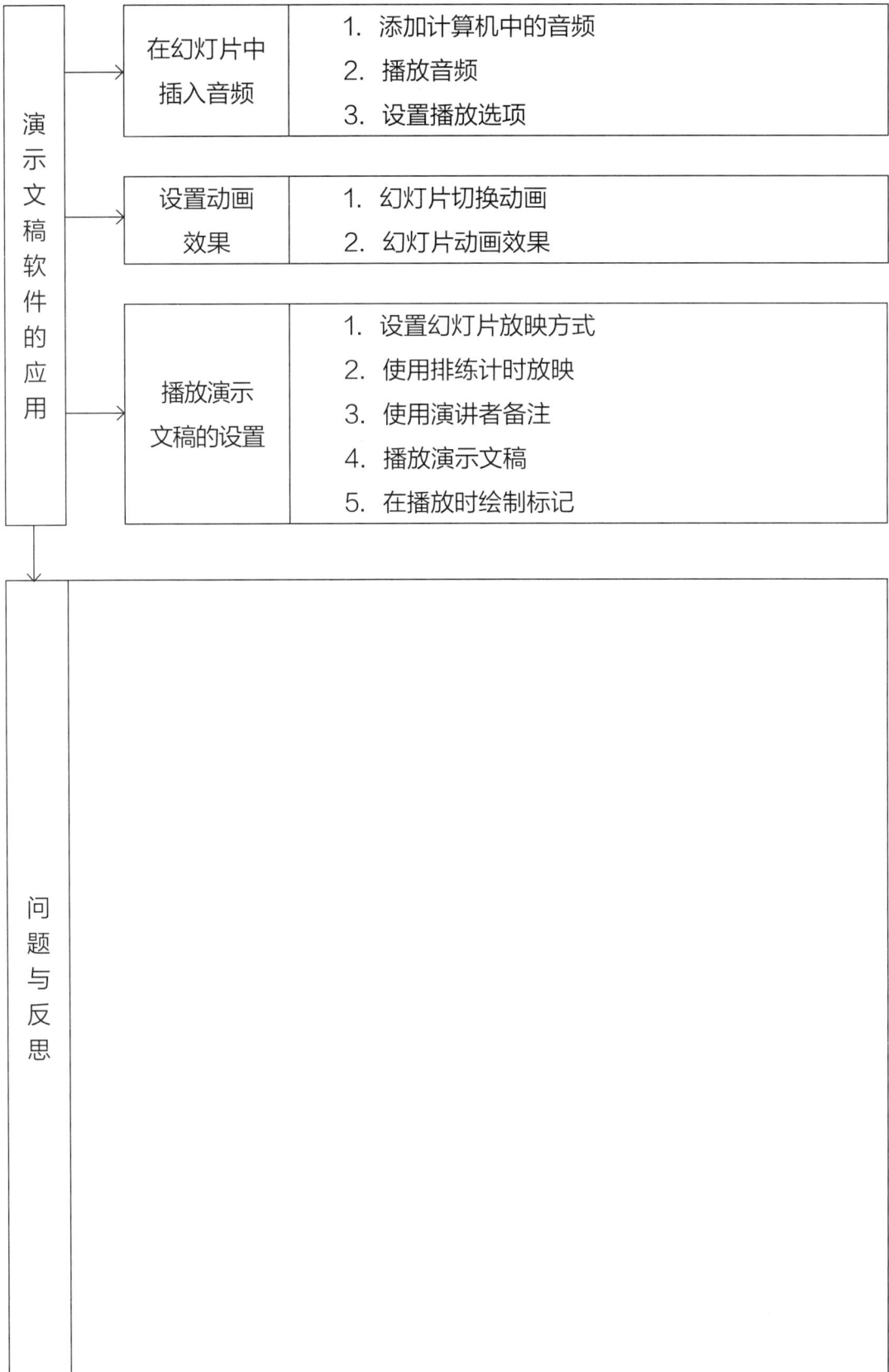

<table>
<tr><td rowspan="3">演示文稿软件的应用</td><td>在幻灯片中插入音频</td><td>1. 添加计算机中的音频
2. 播放音频
3. 设置播放选项</td></tr>
<tr><td>设置动画效果</td><td>1. 幻灯片切换动画
2. 幻灯片动画效果</td></tr>
<tr><td>播放演示文稿的设置</td><td>1. 设置幻灯片放映方式
2. 使用排练计时放映
3. 使用演讲者备注
4. 播放演示文稿
5. 在播放时绘制标记</td></tr>
</table>

问题与反思	

考核评价

年级：______ 专业：______ 班级：______ 学号：______ 成绩：______

一、单选题（每题4分，共52分）

1. 在WPS演示文稿软件中，如要终止幻灯片的放映，可直接按（　　）。

A. 【Alt＋F4】快捷键　　B. 【Esc】键

C. 【Ctrl＋C】快捷键　　D. 【End】键

2. 在当前演示文稿中要删除一张幻灯片，采用（　　）方式是错误的。

A. 在幻灯片视图，选择要删除的幻灯片，选择“文件”→“删除幻灯片”命令

B. 在幻灯片视图，选中要删除的幻灯片，按【Delete】键

C. 在大纲视图，选中要删除的幻灯片，按【Delete】键

D. 在幻灯片视图，选择要删除的幻灯片，单击“剪切”命令

3. 在演示文稿中，（　　）是无法打印出来的。

A. 幻灯片中的图片　　B. 幻灯片中的动画

C. 母版上设置的标志　　D. 幻灯片的展示时间

4. 在美化演示文稿版面时，以下不正确的说法是（　　）。

A. 套用模板后将使整套演示文稿有统一的风格

B. 可以对某张幻灯片的背景进行设置

C. 可以对某张幻灯片修改配色方案

D. 套用模板、修改配色方案、设置背景，都只能使各张幻灯片风格统一

5. 某一文字对象设置了超链接后，不正确的说法是（　　）。

A. 在演示该页幻灯片时，当鼠标指针移到文字对象上会变成

B. 在幻灯片视图中，当鼠标指针移到文字对象上会变成

C. 该文字对象的颜色会以默认的配色方案显示

D. 可以改变文字的超级链接颜色

6. 在WPS演示文稿软件中自定义动画时，以下不正确的说法是（　　）。

A. 各种对象均可设置动画　　B. 动画设置后，先后顺序不可改变

C. 可配置音频　　D. 可将对象设置成播放后隐藏

7. 在WPS演示文稿软件中，已设置了幻灯片的动画，但没有动画效果，应切换到（　　）。

A. 幻灯片视图　　B. 幻灯片浏览视图

C. 大纲视图　　D. 幻灯片放映

8. 对插入的图片，不能进行的操作的是（　　）。

A. 放大或缩小　　B. 移动位置

C. 设置自定义动画　　D. 修改其中的图形

9. 在WPS演示文稿软件中，幻灯片的添加不可在（　　）下进行。

A. 幻灯片放映视图　　B. 大纲视图

C. 幻灯片浏览视图　　D. 幻灯片视图

10. WPS演示文稿软件提供了多种（　　），它包含相应的配色方案、母版和字体样式等，可供用户快速生成风格统一的演示文稿。

A. 新幻灯片　　B. 模板　　C. 配色方案　　D. 母版

11. 在WPS演示文稿软件中，有关复制幻灯片的说法错误的是（　　）。

A. 可以在浏览视图中按住【Shift】键，并拖动幻灯片实现复制幻灯片

B. 在普通视图中，可以使用“复制”和“粘贴”命令实现复制幻灯片

C. 可以在演示文稿内使用幻灯片副本实现复制幻灯片

D. 选定幻灯片后选择“插入”菜单中的“幻灯片副本”命令实现复制幻灯片

12. 在WPS演示文稿软件中，创建超链接的方法是（　　）。

A. 从“插入”菜单中选择“超链接”

B. 从“设计”菜单中选择“超链接”

C. 从“视图”菜单中选择“超链接”

D. 从“动画”菜单中选择“超链接”

13. 在WPS演示文稿中，可以用来做自定义动画的对象有（　　）。

①文字　②图片　③Flash动画　④自选图形　⑤视频

A. ①②③④⑤　　B. ①②③④　　C. ①②③　　D. ①②④⑤

二、判断题（每题2分，共18分）

1. 在WPS演示文稿软件中，幻灯片只能按顺序连续播放。（　　）

2. 小华在建立演示文稿的时候选择了一种喜欢的模板，制作过程中对模板不满意，她可以随时更改设计模板。（　　）

3. 演示文稿文本框中的文字不能设置相应的项目符号和编号。（　　）

4. 在演示文稿里可以对文字、图片设置超链接，但对其他的对象就不可以。（　　）

5. 在一张空白版式的演示文稿中，不能输入文字，只能插入艺术字。（　　）

6. 在演示文稿里，图表中的元素不可以设置动画效果。（　　）

7. 在浏览视图方式下是不能改变幻灯片内容的。（　　）

8. 在WPS演示文稿软件中，启动幻灯片放映的方法是直接按【F3】键。（　　）

9. 在WPS演示文稿软件中，图片进行修改后不能再恢复原状。（　　）

三、操作题（每题15分，共30分）

1. 某学校初中七年级二班的物理老师要求学生两人一组制作一份物理课件。小曾与小张自愿组合，他们制作完成的第一章后三节内容见素材文档“第3～5节.pptx”，前两节内容存放在文本文件“第1～2节.pptx”中。小张需要按下列要求完成课件的整合制作。

（1）为演示文稿“第1～2节.pptx”指定一个合适的设计主题；为演示文稿“第3～5节.pptx”指定另一个设计主题，两个主题应不同。

（2）将演示文稿“第3～5节.pptx”和“第1～2节.pptx”中的所有幻灯片合并到“物理课件.pptx”中，要求所有幻灯片保留原来的格式，以后的操作均在文档“物理课件.pptx”中进行。

（3）在“物理课件.pptx”的第3张幻灯片之后插入一张版式为“仅标题”的幻灯片，输入

标题文字“物质的状态”，在标题下方制作一张射线列表式关系图，样例参考“关系图素材及样例.docx”，所需图片在素材文件夹中。为该关系图添加适当的动画效果，要求同一级别的内容同时出现、不同级别的内容先后出现。

（4）在第6张幻灯片后插入一张版式为“标题和内容”的幻灯片，在该幻灯片中插入与素材“蒸发和沸腾的异同点.docx”文档中所示相同的表格，并为该表格添加适当的动画效果。

（5）将第4张、第7张幻灯片分别链接到第3张、第6张幻灯片的相关文字上。

（6）除标题页外，为幻灯片添加编号及页脚，页脚内容为“第一章　物态及其变化”。

（7）为幻灯片设置适当的切换效果，以丰富放映效果。

2. 校摄影社团在今年的摄影比赛结束后，希望可以借助WPS将优秀作品在社团活动中进行展示。这些优秀的摄影作品保存在素材文件夹中，并以Photo(1).jpg～Photo(12).jpg命名。现在，请你按照如下需求，在WPS中完成制作工作。

（1）利用WPS创建一个相册，并包含Photo(1).jpg～Photo(12).jpg这12幅摄影作品。在每张幻灯片中包含4张图片，并将每幅图片的阴影设置为“居中偏移”。

（2）设置相册主题为素材文件夹中的“相册主题.pptx”样式。

（3）为相册中每张幻灯片设置不同的切换效果。

（4）在标题幻灯片后插入一张新的幻灯片，将该幻灯片设置为“标题和内容”版式。在该幻灯片的标题位置输入“摄影社团优秀作品赏析”；并在该幻灯片的内容文本框中输入3行文字，分别为“湖光春色”“冰消雪融”和“田园风光”。

（5）将素材文件夹中的“ELPHRG01.wav”音频文件作为该相册的背景音乐，并在幻灯片放映时开始播放。

（6）将该相册保存为“美景.pptx”文件。

项目6 其他常用软件的应用

06

近些年来，我国充分认识到使用国产基础软件的重要性。在国家的大力倡导下，很多信息技术（Information Technology，IT）企业开始投入基础软件的研发，原有的国产基础软件厂商也得到了国家在资金和项目上的政策倾斜。软件国产化是我国软件产业领域的一个重要议题，在推进软件国产化过程中，应该充分利用技术路线图实现技术、资源、市场的科学、合理配置，把握软件产业技术发展规律，实现资源整合与研发协同，提高软件产业的融合创新与抗风险能力。

学习目标

知识目标

（1）掌握MindMaster的使用方法

（2）了解格式工厂的使用方法

（3）掌握墨刀的使用方法

（4）了解讯飞输入法的使用方法

（5）掌握HBuilderX工具的使用方法

（6）掌握PDFelementX工具的使用方法

能力目标

（1）掌握绘制思维导图的基本操作

（2）掌握编辑视频的基本技巧

（3）掌握产品原型设计的基本技能

（4）掌握输入法的基本使用

（5）掌握网页前端开发软件的基本使用

（6）掌握PDF编辑软件的基本操作

素养目标

（1）培养学生对国产软件行业发展的认同感与责任感

（2）培养学生开拓进取和不断创新的精神

知识图谱

其他常用软件的知识图谱如图6-1所示。

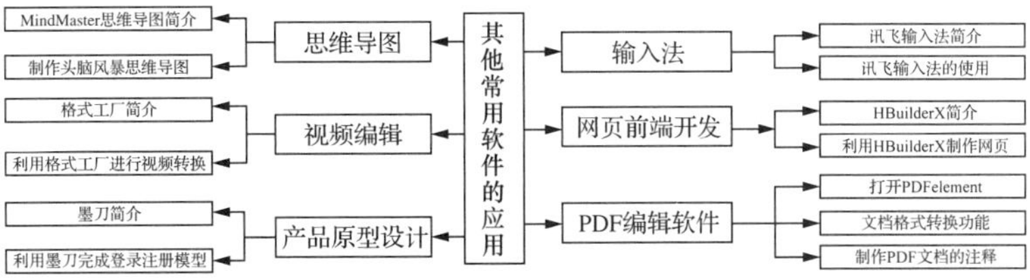

图6-1 其他常用软件知识图谱

6.1 思维导图

微课 41

扫码看视频

思维导图是表达发散性思维的工具，像大脑的神经元一样，以中心关键词开始，逐层地扩展出去。思维导图通过色彩、图形、文字等将层级关系进行有效的连接，充分运用左右脑的机能，协调逻辑与想象、科学与艺术之间的平衡。

任务描述

本学期即将结束，老师留了作业，让同学们自己画一张图来总结本学期的知识点。同学们使用了各种各样的工具，有的用Word工具，有的用Photoshop工具，而张明同学想要与众不同。他决定利用了MindMaster思维导图制作一张图来向大家进行展示。

任务分析

张明作为刚刚接触思维导图的新手，需要从以下几个方面了解MindMaster思维导图。

- MindMaster思维导图的作用。
- MindMaster思维导图提供的样式。
- MindMaster思维导图的使用方法。

相关知识

6.1.1 MindMaster 思维导图简介

作为能够提高我们工作、学习效率，促进思维发展的工具，思维导图软件自问世以来就不断受到众人的一致好评。MindMaster是一款免费的国产思维导图软件，如图6-2所示。兼容Word、PPT、图片等多种文件格式，能够轻松实现跨平台使用。MindMaster设计者全力打造易用、高效的可视化思维导图软件，不断提高软件的可扩展性、跨平台性、稳定性和性能，致力于使用先进的软件技术帮助用户在真正意义上提高效率。

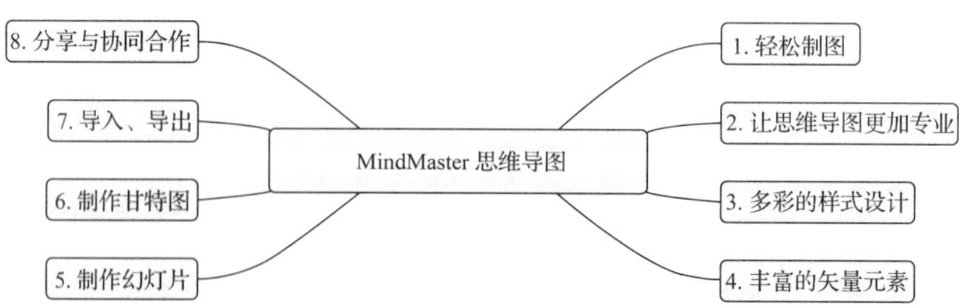

图6-2 MindMaster思维导图

无论是界面风格设计还是操作方式，MindMaster都是基于国内用户的操作习惯而开发的。每一个快捷键的设计，每一个操作细节都可以看出软件设计者背后的用心。

MindMaster提供12种不同布局样式，除了常规布局之外，还提供了单向导图、树状图、组织架构图、鱼骨图（头向左）、鱼骨图（头向右）、水平时间线、S形时间线、垂直时间线、圆圈图、气泡图及扇状放射图等。

任务实现

6.1.2　制作头脑风暴思维导图

（1）打开MindMaster思维导图软件，进入软件首页，单击“新建”，如图6-3所示，然后你会看到有很多精美的模板，可以直接单击这些模板开启绘图之旅，也可以双击空白模板中的思维导图来创建。

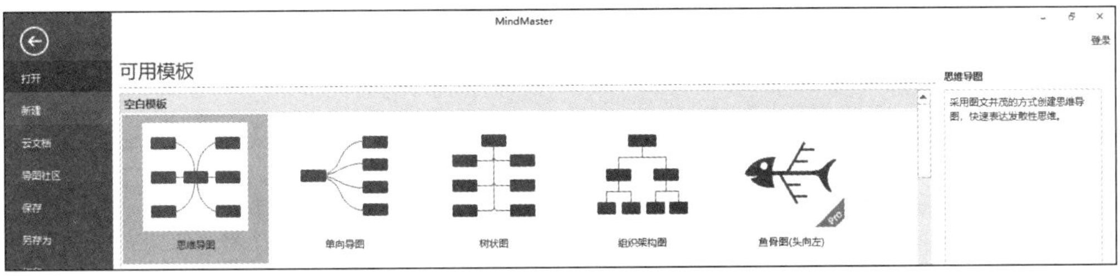

图6-3　新建窗口

（2）进入画布之后，我们能看到一个大大的中心主题在屏幕正中央，如图6-4所示。接下来我们将围绕着这个中心主题进行一系列的创作，双击“中心主题”，就能对其内容进行编辑、修改。

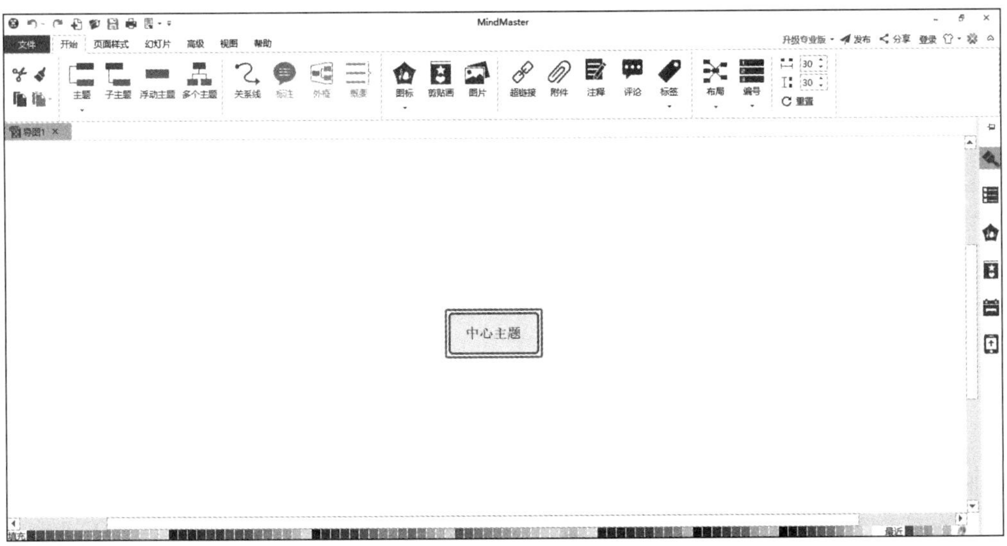

图6-4　新建画布

（3）确定好中心主题之后，就可以添加子主题了，可以单击“开始”选项卡下的“子主题”进行添加（见图6-5），还可以使用快捷键【Ctrl】+【Enter】进行添加。注意，如果想添加同级主题，只需要按【Enter】键。

（4）如果想让两个有关联的主题连接起来怎么办？单击“开始”选项卡下的“关系线”，如图6-6所示，然后分别单击需要连接的两个主题，这样就可以在二者间建立联系了。

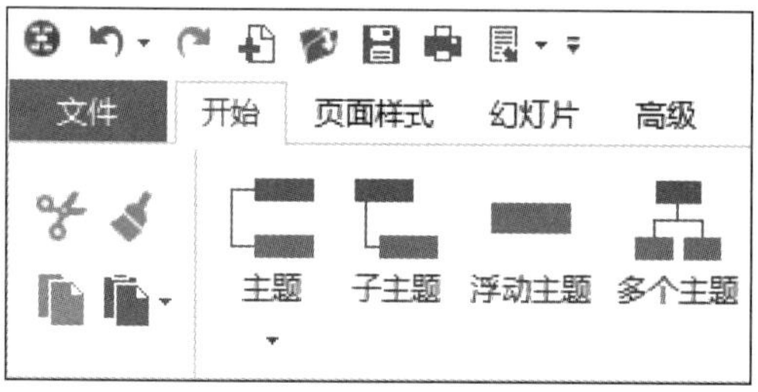

图6-5　添加子主题

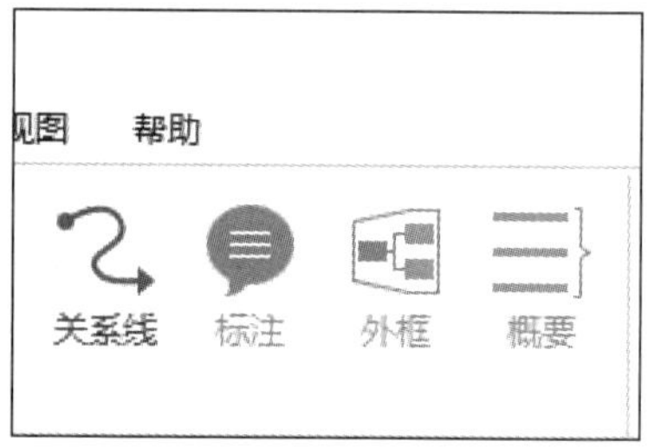

图6-6　添加关系线

（5）双击关系线，即可在线条上添加描述，表明两个主题的联系。在右侧出现的“关系线格式”列表中可更换连接线的形状、文本样式等，也可以对字体的样式、大小、颜色等进行更换，如图6-7所示。

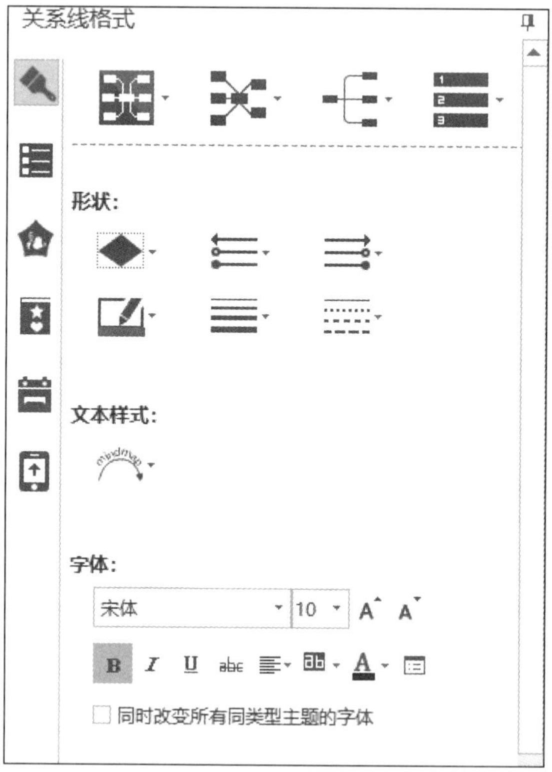

图6-7　“关系线格式”列表

（6）在创建思维导图的过程中，我们需要充分进行头脑风暴，然后将自己想到的关键词不断记录下来，然后不断地调整、填充内容，增加子主题。在这个过程中，我们可以使用概要这个功能，它的作用是使用花括号的方式，将相关主题进行归纳，以做进一步说明。选中需要添加概要的主题，单击菜单栏中的“概要”，即可一键添加概要，如图6-8所示。

（7）MindMaster支持用户插入外框，外框可以囊括相关的主题内容，方便备注说明。这一项功能在实际操作中是十分有用的，可以将思维聚集在一起，帮助用户理解、消化。单击“开始”选项卡下的“外框”即可，如图6-9所示。

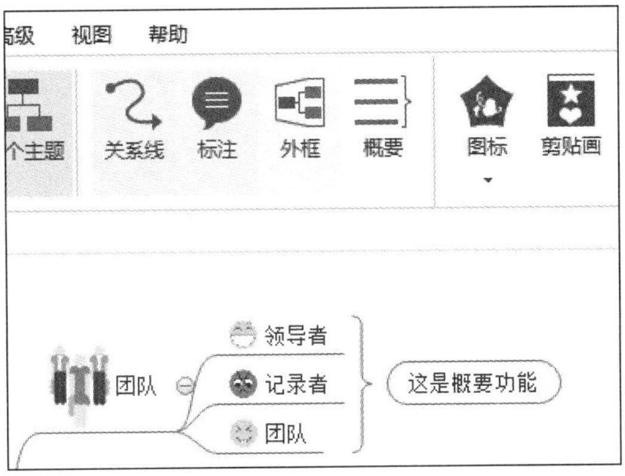

图6-8　添加概要

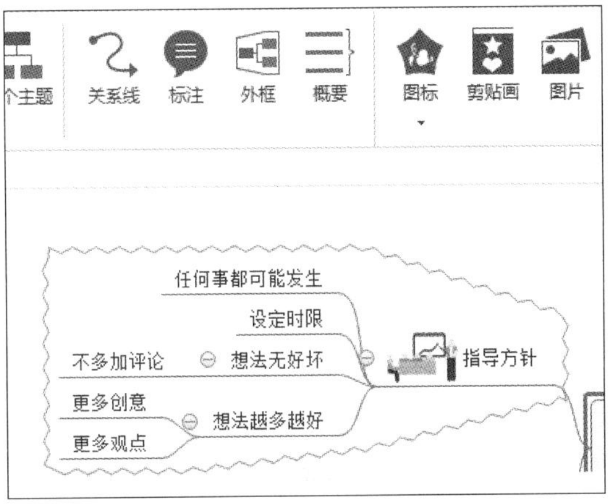

图6-9　添加外框

（8）如果想让思维导图更加生动，可以通过“图标”功能，为图片添加一些有趣的表情图标。单击“图标”按钮，然后在右边出现的若干种图标中，如图6-10所示，选择合适的图标插入文档中，如图6-11所示。

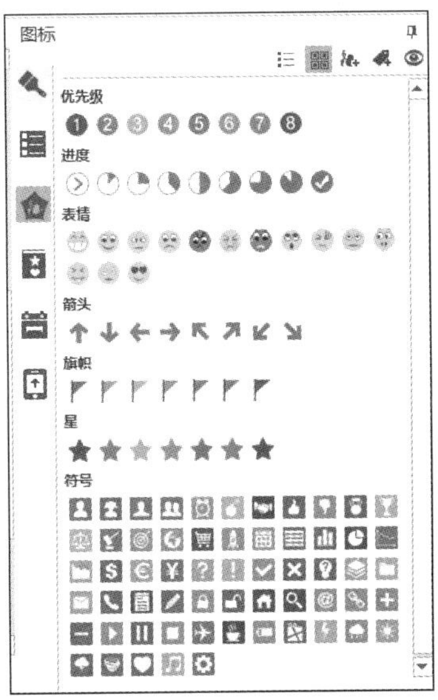

图6-10　添加图标

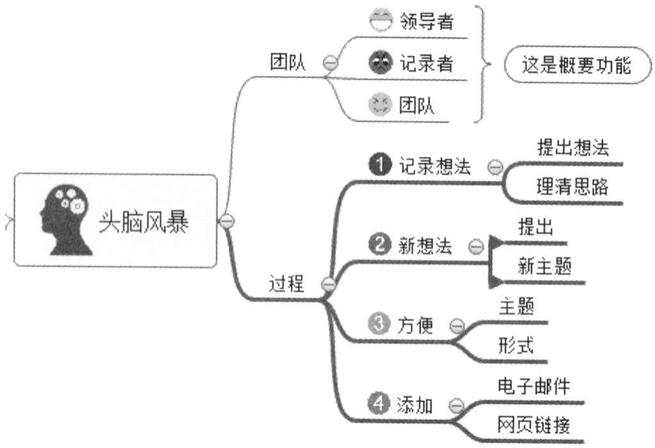

图6-11　添加图标之后的效果

（9）如果觉得这些还不能满足创作需求，还可以通过“剪贴画”来添加更多精美的剪贴画，如图6-12所示，这些剪贴画都是设计师精心原创设计的。根据不同的场景选择合适的剪贴画添加到画布中，如图6-13所示。

图6-12　添加剪贴画

（10）接下来继续美化，让思维导图更美观。找到右侧的工具并单击，会出现一些编辑选项，如图6-14所示，可以在这里修改主题、背景、彩虹色、效果等，尽情发挥我们的想象自由创作吧！

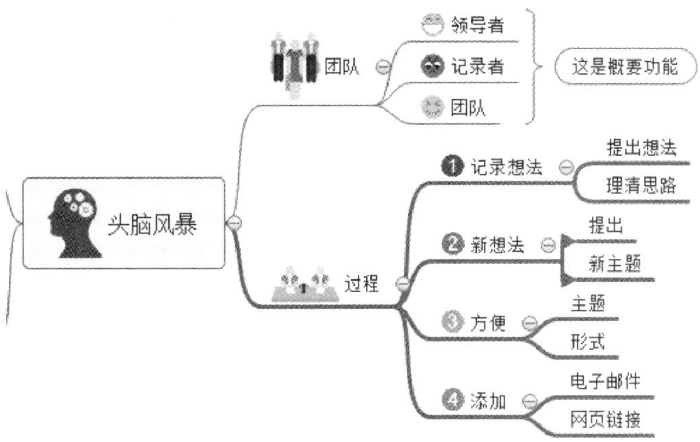

图6-13 添加剪贴画之后的效果

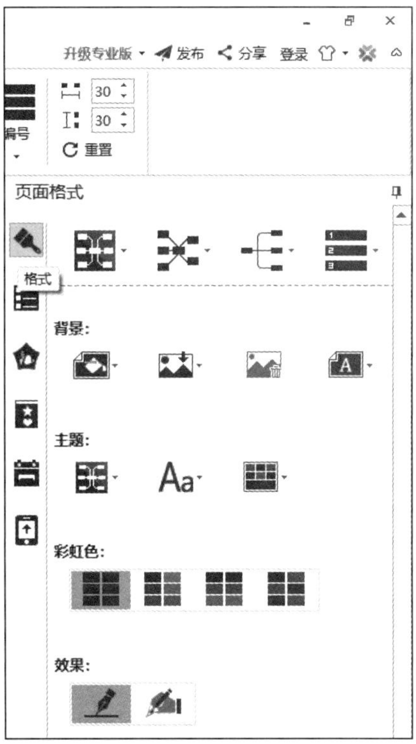

图6-14 美化样式

（11）使用MindMaster独有的“幻灯片”功能，可以将思维导图自动拆分为幻灯片；还可以将思维导图导出为PPT格式的文件，即使是在没有安装演示文档软件的计算机上，也可以用PPT文档演示幻灯片。单击“幻灯片”选项卡，如图6-15所示，即可创建幻灯片预览。

图6-15 “幻灯片”选项卡

（12）大功告成以后就得将我们的思维导图进行保存了。这里我们以导出“图片”类型为例进行说明，其他类型操作类似。单击“文件”，回到软件初始界面，单击“导出和发送”选项，然后选择“图片”类型，如图6-16所示，这时需要在右侧再次选择需要导出图片的类型。然后单击“图片格式”，弹出“导出”对话框，填入文件名，选择保存路径和保存类型，如图6-17所示，单击“保存”按钮即可。

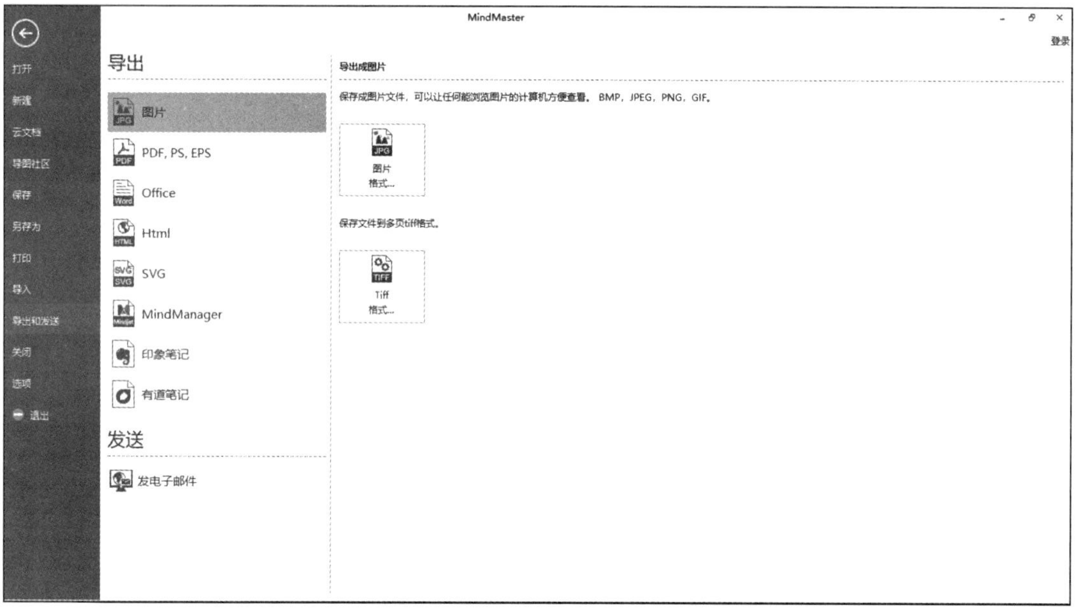

图6-16　导出和保存思维导图

图6-17　“导出”对话框

6.2 视频编辑

格式工厂（Format Factory）是由上海格诗网络科技有限公司开发的，可免费使用、任意传播的多媒体格式转换软件。

任务描述

由于张明同学利用MindMaster制作的思维导图特别出众，老师想让他给大家做技术分享，并把分享的视频录下来进行分享。可是老师录制的却是ASF格式的视频，张明想利用格式工厂把视频转换成MP4格式，存在自己的手机上，以便后期慢慢地欣赏。

任务分析

张明作为刚刚接触格式工厂的新手，需要从以下几个方面了解格式工厂。

- 格式工厂的作用。
- 格式工厂提供的转换格式。
- 格式工厂的使用方法。

相关知识

6.2.1 格式工厂简介

格式工厂是一款多功能的多媒体格式转换软件，适用于Windows操作系统。它可以实现大多数视频、音频以及图像之间不同格式的相互转换。转换时可以设置文件输出配置、增添数字水印等，只要装了格式工厂软件就无须再去安装其他多种转换软件。格式工厂可以完成如下常用的格式转换。

（1）视频：MP4、3GP、MPG、AVI、WMV、FLV、SWF、RMVB 等常用格式。

（2）音频：MP3、WMA、AMR、OGG、AAC、WAV等常用格式。

（3）图像：JPG、BMP、PNG、TIF、ICO、GIF、TGA等常用格式。

任务实现

6.2.2 利用格式工厂进行视频转换

（1）首先打开格式工厂软件主界面，如图6-18所示。

（2）单击“选项”按钮，弹出图6-19所示的对话框，设置输出文件夹。

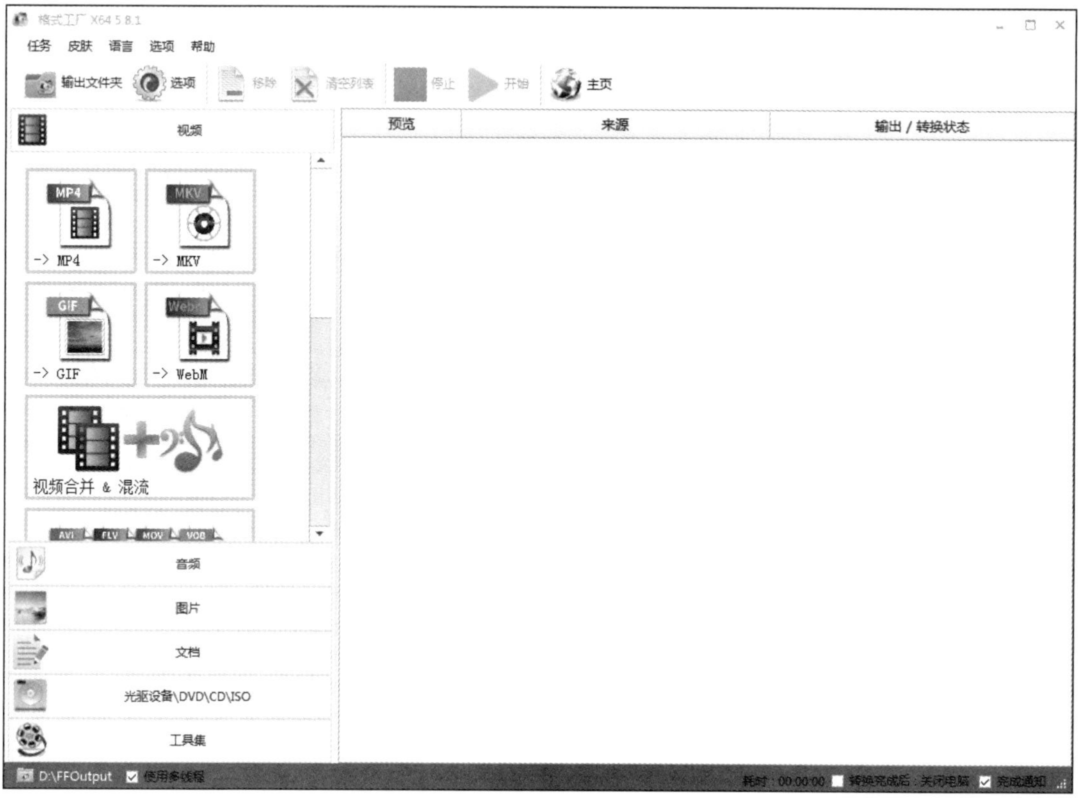

图6-18　打开格式工厂软件主界面

图6-19　设置输出文件夹

（3）单击“视频”选项卡中的“MP4”按钮，添加需要转换的原始文件，如图6-20所示。

图6-20 添加原始文件

（4）单击“选项”按钮可以截取原始视频中的一部分进行转换，也可以手动设置“开始时间”和“结束时间”，如图6-21所示。

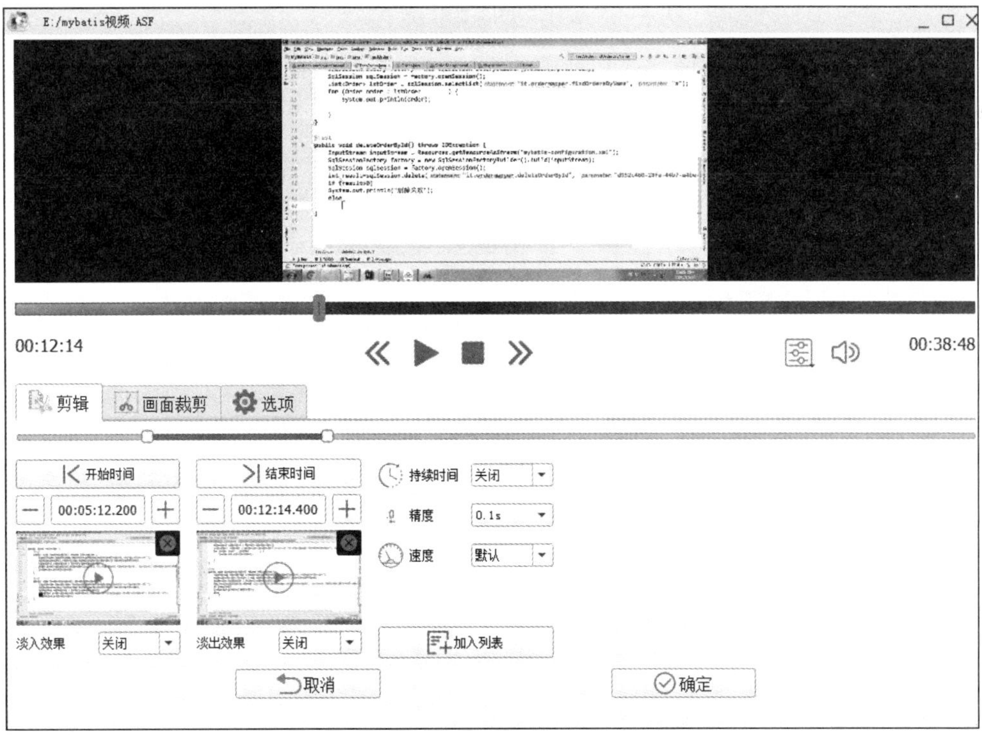

图6-21 截取原始视频的一部分

（5）完成设置之后，回到主界面，单击工具栏中的“开始”按钮进行转换，如图6-22所示。

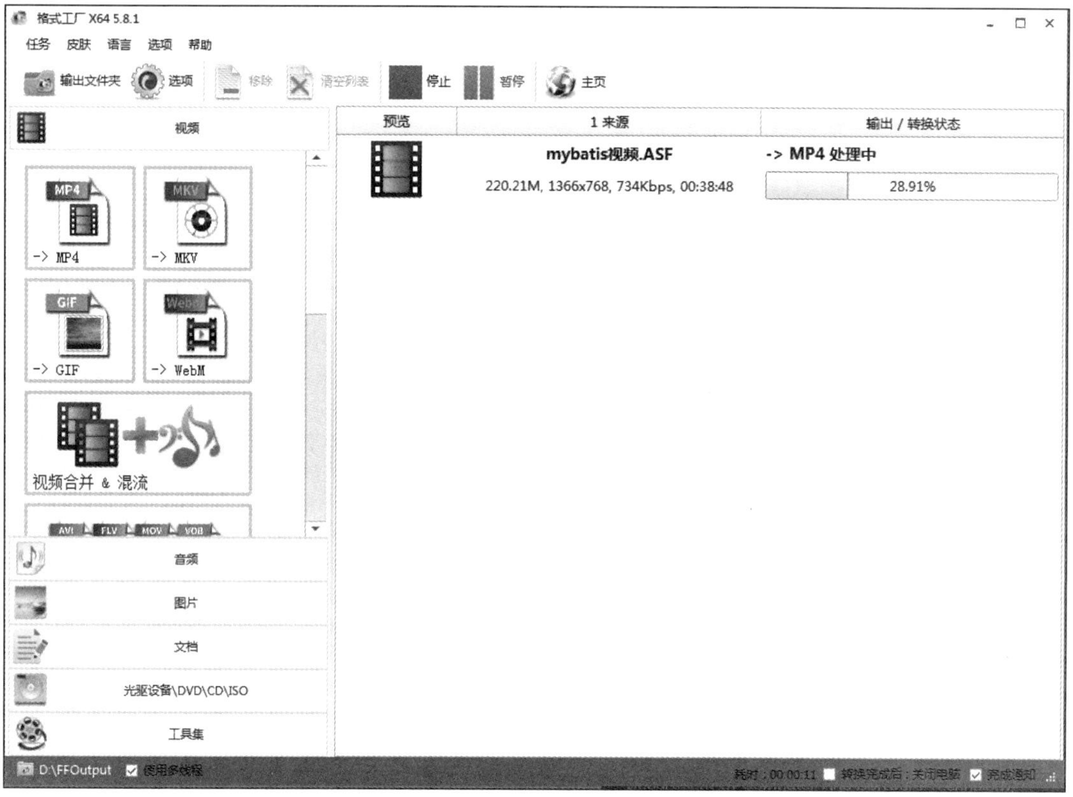

图6-22 开始转换

格式工厂除了支持视频的格式转换之外，还支持视频合并&混流、画面裁剪、快速剪辑、去除水印等功能，如图6-23所示。

图6-23 视频相关功能选项

格式工厂对音频也提供了很多友好的支持，它支持音频合并、混合等功能，如图6-24所示。

对各种文档，格式工厂提供压缩PDF、PDF合并、加密PDF、解密PDF等功能，如图6-25所示。

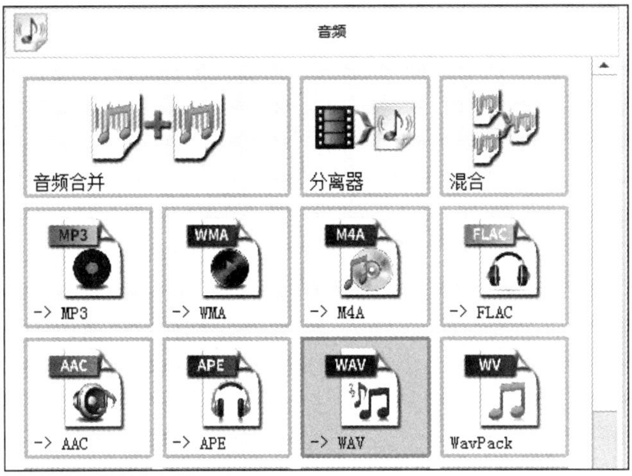

图6-24 音频相关功能选项

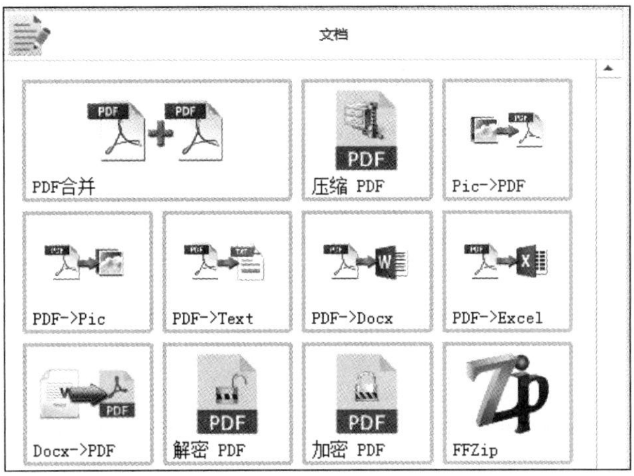

图6-25 文档相关功能选项

6.3 产品原型设计

微课 42

扫码看视频

对于产品经理来说，产品原型设计与前端和后端的工作都是紧密相关的，这就要求产品原型设计必须严谨、规范。那么如何完成产品原型设计才能让后端开发人员迅速明白设计者的思路，理解功能逻辑结构呢？我们总结了产品原型设计规范“三步走”战略。

1. 规范页面尺寸

UI（User Interface，用户界面）设计师在看到一份产品原型设计的时候，首先关注的就是页面整体的尺寸有多大和页面内容能否完全展示。

此处为了让UI设计师快速切入设计工作，而非纠结于尺寸的等比例缩放，降低原型设计理解难度，我们有必要对页面的整体尺寸进行规范化设计。

2. 在原型设计文件中增加字段说明

原型设计文件是有效帮助开发人员理解软件功能意图的说明材料。一份好的原型设计文件，应该列举出有关产品的说明，比如一个让用户输入密码的文本框，应该准确注明相关的输入限制。

3. 在原型设计文件中添加功能结构图与业务流程图

做好以上两步，紧接着就是面对后端开发人员，这时他们最需要的不是产品经理滔滔不绝的解释，而是实实在在能帮助他们理清开发逻辑的说明材料，比如功能结构图与业务流程图。

任务描述

张明同学这学期的选修课作业是制作一个手机App。课余时间他自己用Photoshop画了几页草图，同时用文字描述了每个页面上按钮的功能以及功能效果。可是他总是感觉如果借助一个工具能看到最终的项目，会比用文字、图片描述更清楚。于是他在老师的指点下利用了墨刀工具把自己的设计想法制作成一个Demo，拿给老师检查。

任务分析

张明作为刚刚接触墨刀的新手，需要从以下两个方面了解墨刀。

- 墨刀的作用。
- 墨刀的使用方法。

相关知识

6.3.1 墨刀简介

墨刀是一款在线原型设计与协同工具。借助墨刀，产品经理、设计师、开发人员、销售人员、运营人员及创业者等用户，能够快速搭建出产品原型，演示项目效果。墨刀也是协作平台，项目成员可以协作编辑、审阅。不管是产品想法展示，还是向客户收集产品反馈、向投资人进行Demo展示，或是在团队内部协作沟通、项目管理，都可以借助墨刀完成。墨刀有丰富的组件库，用户可以直接拖曳组件到工作区，方便呈现交互效果，对于工作要求较高的用户，可以明显提升工作效率。

任务实现

6.3.2 利用墨刀完成登录注册模型

（1）登录墨刀后，在左侧工具栏有一个“新建”按钮，单击后会出现多个选项，如果要设计原型，就选择“原型”，如图6-26所示。

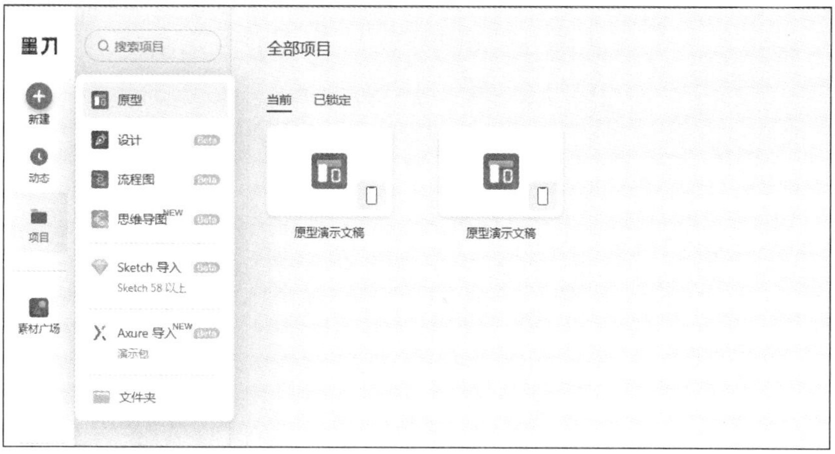

图6-26 新建原型

（2）在弹出的“模板库”新窗口中，可以选择不同的模板，根据不同型号的iPhone、iPad、网页等尺寸大小进行调整，如图6-27所示。选择好后，单击右下角的“确定”按钮，然后就进入了工具画布区域，在该区域中可以开始搭建产品原型。

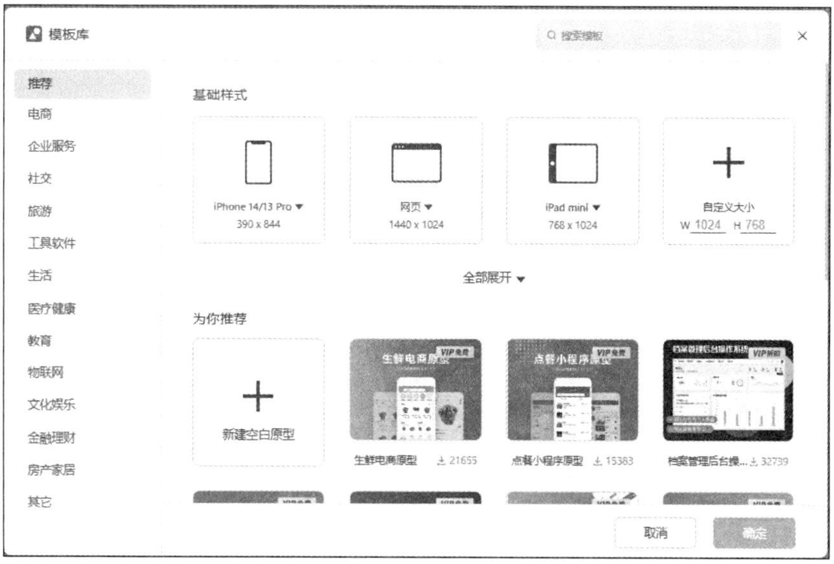

图6-27 选择原型模板

（3）在原型编辑区，墨刀提供了很多基础组件、高级动态组件、图形图表组件、图标、页面等。用户可以根据自己的需要将它们拖曳到画布上。

（4）在右侧的工具栏中列出了常用的组件，比如“文字”“线条”“按钮”等，如图6-28所示。这里直接将“文字”“按钮”“单行输入”组件拖曳到画布上，双击组件可以修改文字，在“文本”选项卡中可以修改文字的字体样式，在“外观”选项卡中可以填充按钮的背景色，如图6-29所示。

（5）由于文本框中需要输入手机号码，所以先选中该文本框，在右侧的“外观”列表中单击“键盘样式”选项，如图6-30所示，在其下拉列表中选择“数字”。这样在手机号码文本框中就只能填写数字，而不能填写其他的字符。

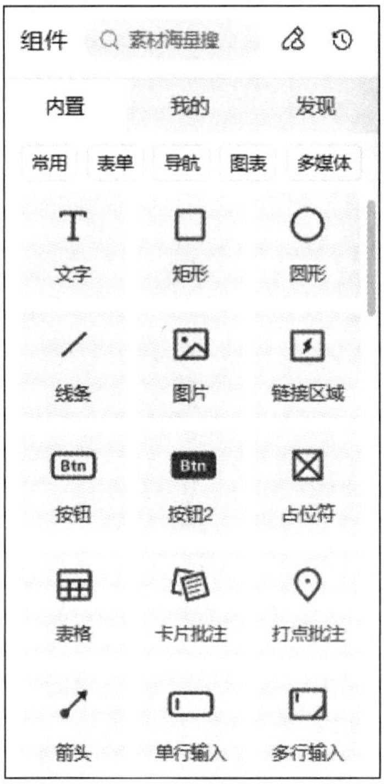

图6-28　内置常用组件

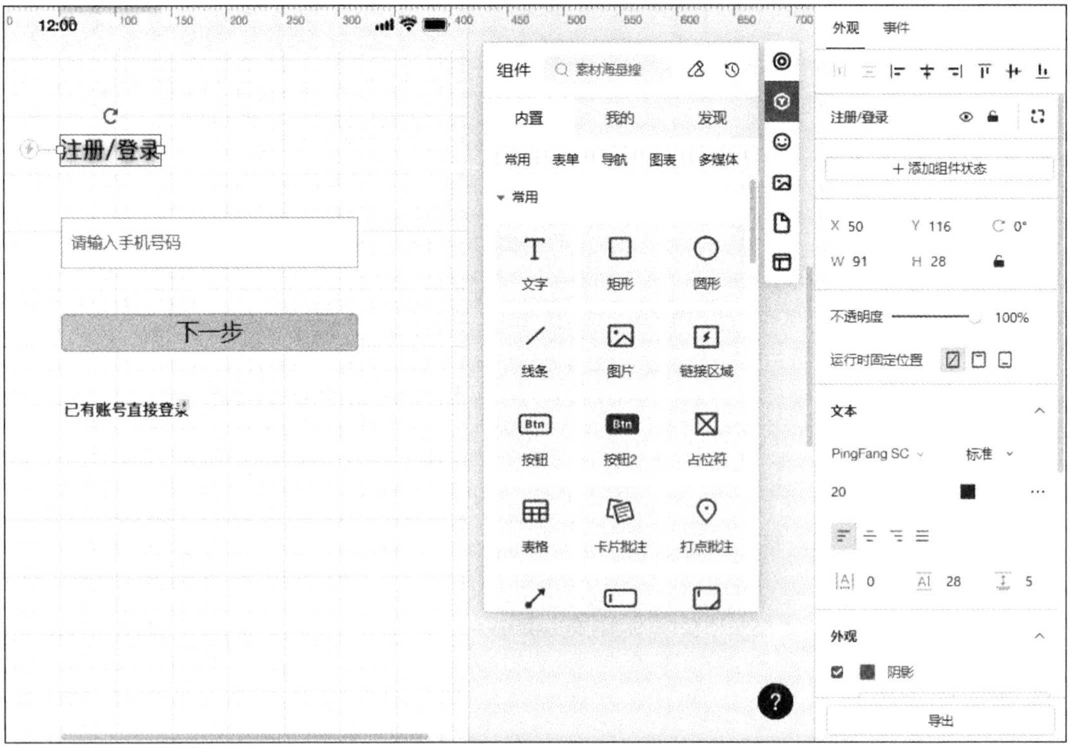

图6-29　修改文本和外观效果

（6）在画布底部添加“图片”，并在“图片”选项卡中上传一张本地图片，如图6-31所示。

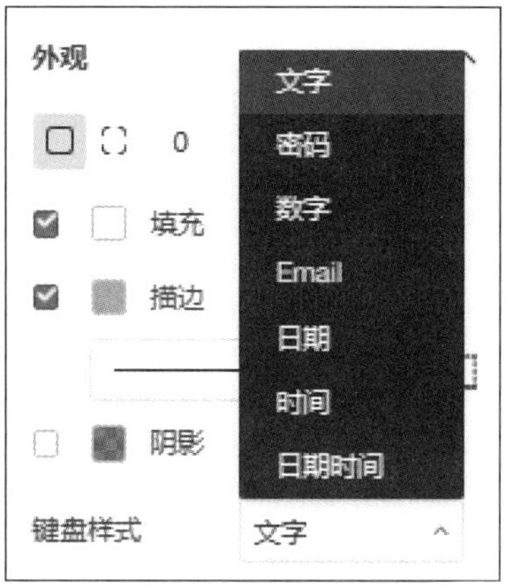

图6-30　设置键盘样式

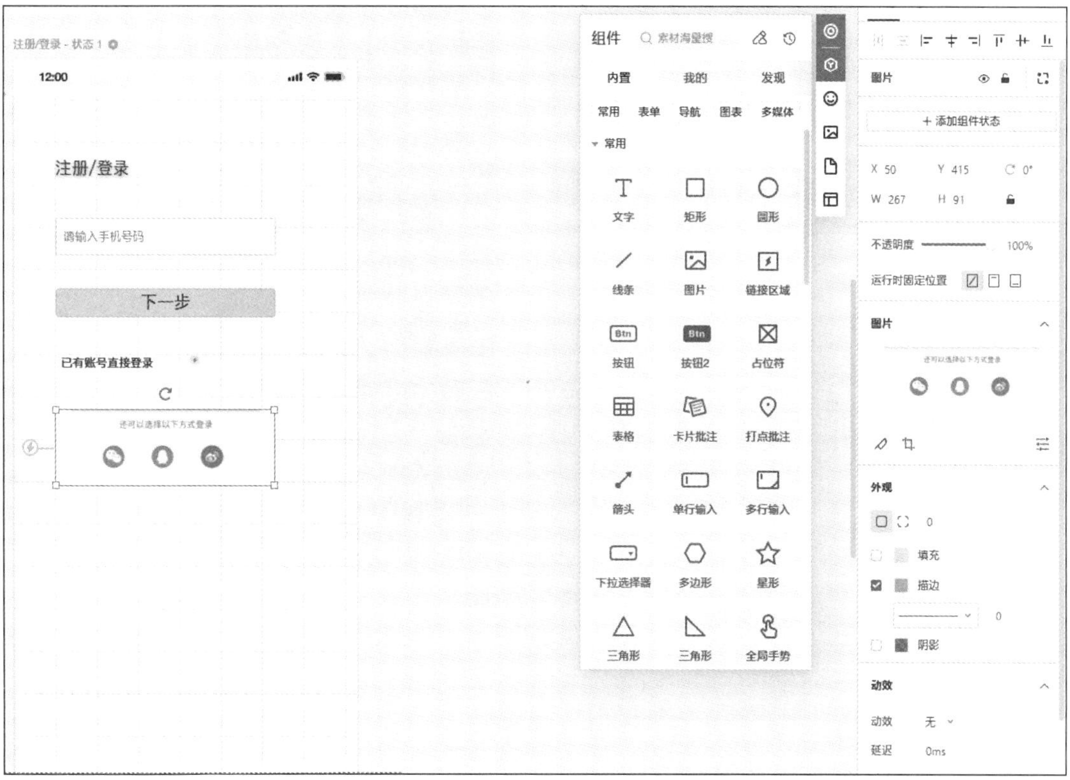

图6-31　添加图片

（7）“下一步”按钮和底部图片今后还需要在其他界面使用，所以需要把这两个组件做成母版。选中当前组件并右击，在弹出的快捷菜单中选择“转换为母版”选项，如图6-32所示。

（8）在窗口的最左边，单击图标+，完成新建页面，并将其命名为“获取验证码”。在此页面中依次添加“文本”和“矩形”组件，在“母版”选项卡中把“下一步”模板直接拖曳到页面上，如图6-33所示。

（9）新建“设置密码”页面，需要将密码框的键盘样式修改为“密码”，如图6-34所示。

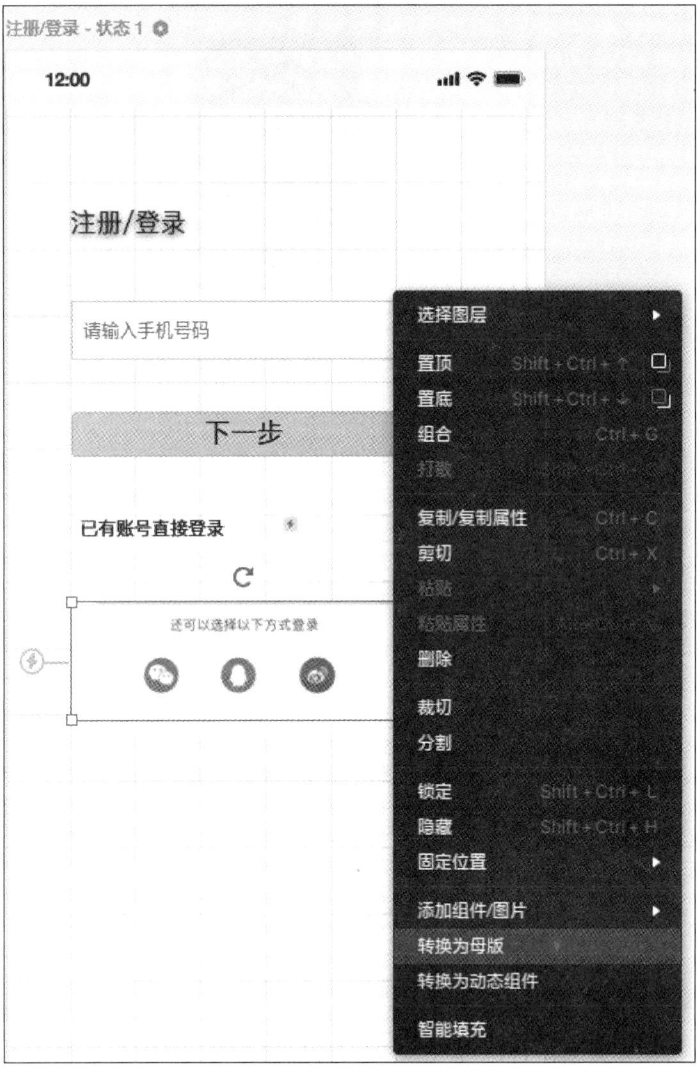

图6-32 设置母版

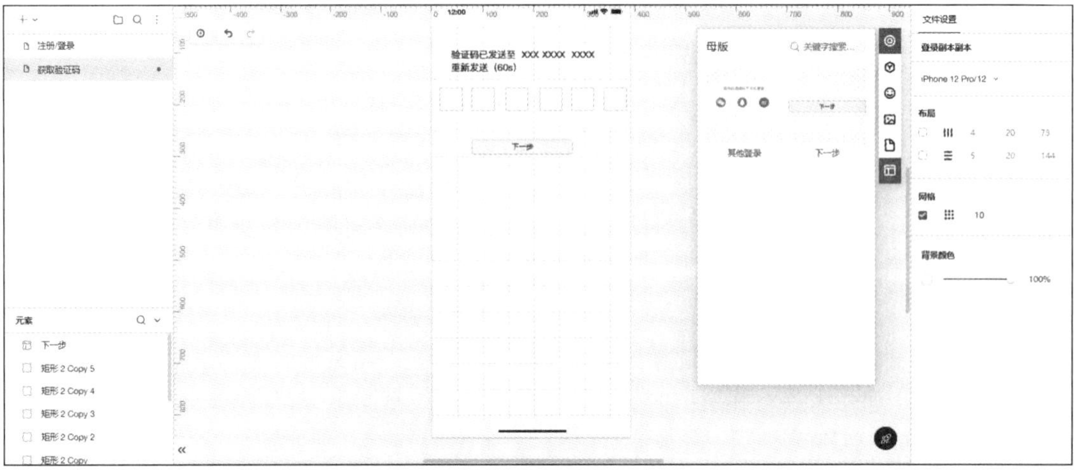

图6-33 “获取验证码”页面

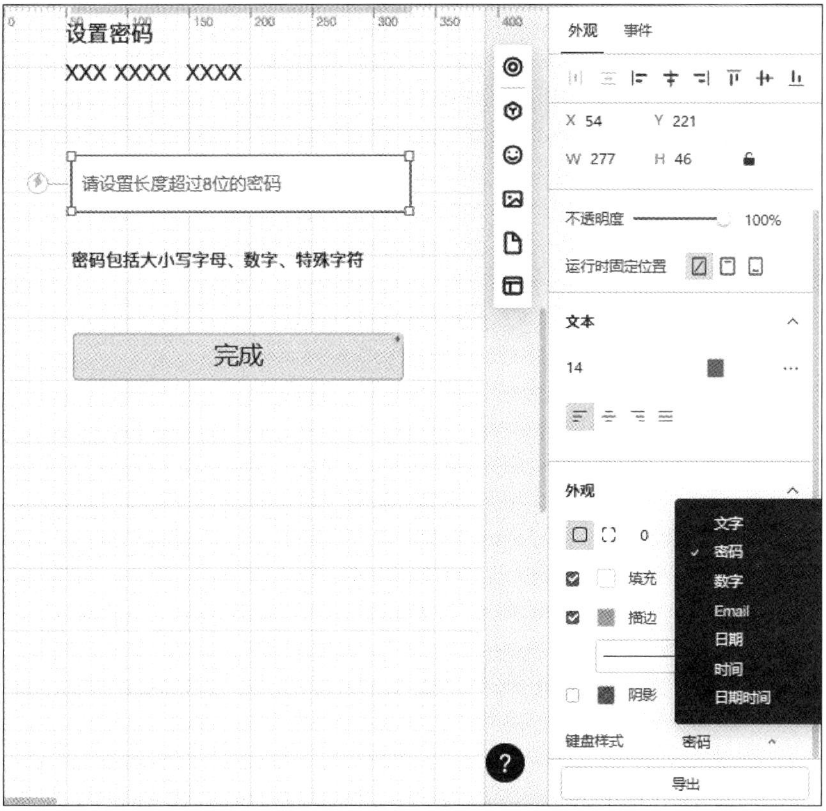

图6-34 “设置密码”页面

（10）依照前文的操作完成“账号登录”页面的设置，如图6-35所示。

图6-35 “账号登录”页面

（11）在“注册/登录”页面中，单击“下一步”按钮能够跳转到“获取验证码”页面，单击“已有账号直接登录”能够跳转到“账号登录”页面。选中“下一步”按钮，此时旁边会出现类似“闪电”的图标，按住此图标拖曳到“获取验证码”页面即可，如图6-36所示。其他页面的操作类似。

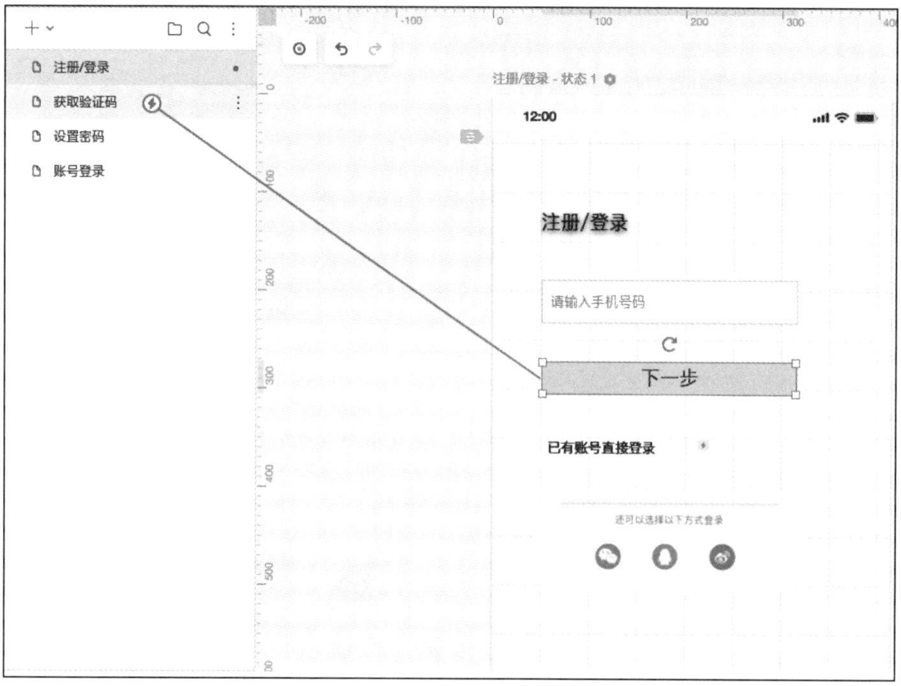

图6-36　设置链接效果

（12）设计完成，按快捷键【Ctrl+P】，就可以看到模型整体的运行效果。

6.4 输入法

本节主讲讯飞输入法。讯飞输入法是由科大讯飞推出的一款适用于智能手机、平板计算机、互联网电视等各种终端的输入法，是全球首款基于“云计算”方式实现的智能语音输入法。讯飞输入法集语音、手写、按键输入于一体，具有强大的语音识别能力，可在同一界面实现多种输入方式的流畅切换，大大提升了输入速度。此外，讯飞输入法首创“蜂巢”输入模型，独家支持拼音、手写、语音“本地+云端”立体输入引擎，使用更加方便、快捷。

任务描述

本学期马上就要结束了，回想起当初刚开学的时候，大家说着夹带方言的“普通话”，同学之间沟通起来很困难。正好张明同学新买的手机上安装了最新的讯飞输入法，利用该软件的特殊功能，在同学之间架起了沟通的“桥梁”。

任务分析

张明作为刚刚接触讯飞输入法的新手，需要从以下两个方面了解讯飞输入法。

- 讯飞输入法的作用。
- 讯飞输入法的使用方法。

相关知识

6.4.1 讯飞输入法简介

讯飞输入法集语音、手写、拼音等多种输入方式于一体，输入速率可达400字/分钟，通用语音识别率约为98%，实现中文与英文、方言与普通话、在线与离线的免切换语音输入。讯飞输入法通过人工智能核心技术研发和应用，除了支持普通话语音输入，还支持30种方言的语音输入；推出了语音实时翻译功能，支持中文与英、日、韩、俄4种语言的语音即时互译；支持藏语、维吾尔语等的语音输入。

目前讯飞输入法主要有以下三项功能。

1. 语音输入

首款通过“云计算”方式实现的智能语音输入法，识别率非常高；独家支持离线语音输入功能，不需要流量，更省钱。

实现语音流式识别，即边说边识别，能智能添加标点符号。

2. 手写输入

首创“随意写”输入，叠写、连写识别率超过98%。

可在键盘上直接手写输入，无须切换，输入更便捷。

支持多种手写输入方式，数字、英文、符号混合手写无压力。

3. 键盘输入

支持“拼音云”输入，键盘输入更准确。

任务实现

6.4.2 讯飞输入法的使用

单击讯飞输入法键盘工具栏上的语音输入按钮，开启语音输入，如图6-37所示。

用户可以使用普通话说出想输入的内容，讯飞输入法会根据语音停顿和语气词等因素，智能断句、添加标点符号以及智能结束语音输入，也可以单击“说完了”来结束语音输入。如果想取消此次语音识别可以单击右上角的取消按钮×。

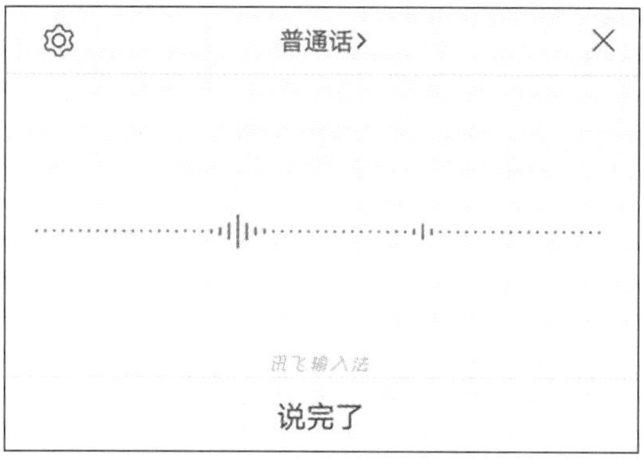

图6-37　语音输入界面

如图6-37所示的界面上方可选择语音输入的识别模式，目前支持普通话、英语、部分方言和随声译的功能。

使用讯飞输入法输入语音时可以实现语言翻译。该输入法支持随声译（中译英）、随声译（英译中）、随声译（中译日）、随声译（中译韩）等，如图6-38所示。

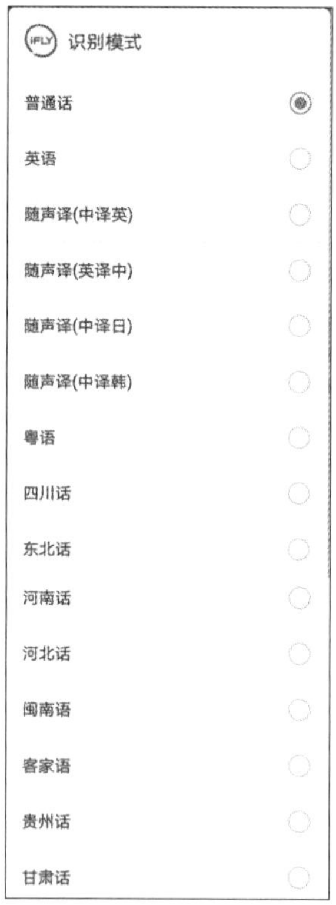

图6-38　识别模式

6.5 网页前端开发

微课 43

扫码看视频

网页前端开发是指创建Web页面或App等前端页面呈现给用户的过程，主要通过HTML（Hypertext Markup Language，超文本标记语言）、CSS（Cascading Style Sheets，串联样式表）及JavaScript以及衍生出来的各种技术、框架、解决方案，来实现互联网产品的用户界面交互。

前端开发从网页制作演变而来，名称上有很明显的时代特征。在互联网的演化进程中，网页制作是“Web 1.0”时代的产物，早期网站主要内容都是静态的，以图片和文字为主，用户使用网站的行为也以浏览为主。随着互联网技术的发展和HTML5、CSS3的应用，现代网页更加美观，交互效果显著，功能更加强大。

前端开发跟随移动互联网发展带来了大量高性能的移动应用。随着HTML5、Node.js的广泛应用，各类UI框架、JavaScript类库层出不穷，开发难度也在逐步提升。

任务描述

离放假时间越来越近了，老师在叮嘱同学们注意假期安全的同时，也给大家留了提前预习的作业，让大家自己编写一个静态网页来介绍各自的家乡。开发静态网站的工具有很多种，比如记事本、Dreamweaver、Visual Studio Code、HBuilderX等，在对比之后张明还是选择了HBuilderX这个工具来完成老师交给的任务。

任务分析

张明作为刚刚接HBuilderX的新手，需要从以下几个方面了解HBuilderX。

- HBuilderX的作用。
- HBuilderX的使用方法。

相关知识

6.5.1 HBuilderX 简介

HBuilderX是DCloud（数字天堂）推出的一款支持HTML5的前端开发集成开发环境（Integrated Development Environment，IDE），H是HTML的缩写，Builder是构造者，X是HBuilder的版本。HBuilderX主体是用Java编写的，它基于Eclipse，所以顺其自然地兼容了Eclipse的插件。快，是HBuilderX的最大优势。通过完整的语法提示和代码输入法、代码块等特性，大幅提升HTML、JavaScript、CSS的开发效率。

与其他的工具（如Sublime Text等）相比，最主要的区别在于HBuilderX封装了很多可以调用手机硬件的接口，如相机、扫描二维码、语音、地理位置等接口，可以开发更接近原生的应用，即我们不需要引用任何的JavaScript（MUI也不需要）或者CSS也可以实现相同的效果。此外，HBuilderX云打包非常简单，不需要像Cordova进行复杂的环境配置，只要单击发行、云打包即可。夜神模拟器配合HBuilderX，可以实时预览大部分功能。

任务实现

6.5.2 利用 HBuilderX 制作网页

（1）打开HBuilderX，单击“文件”→“新建”按钮，选择“项目”可以新建项目，如图6-39所示。

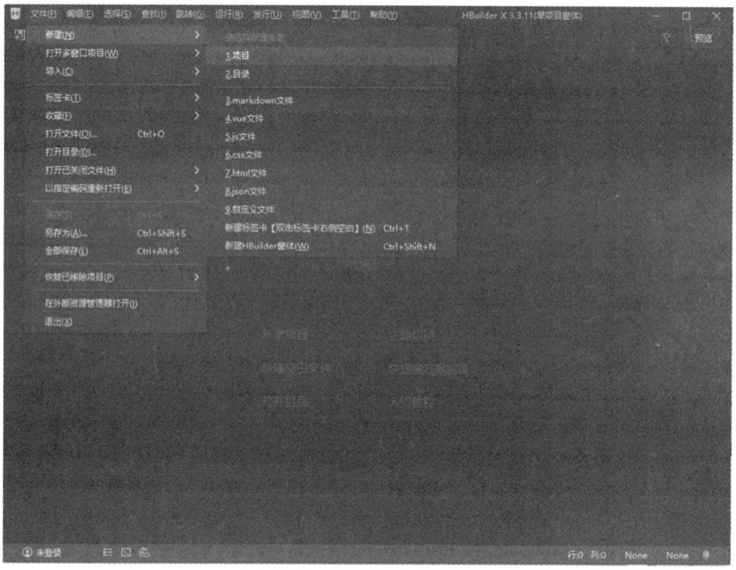

图6-39 新建项目

（2）在弹出的项目选择对话框中，输入项目名称和项目保存路径，选择“基本HTML项目”作为模板，如图6-40所示，然后单击“创建”按钮。

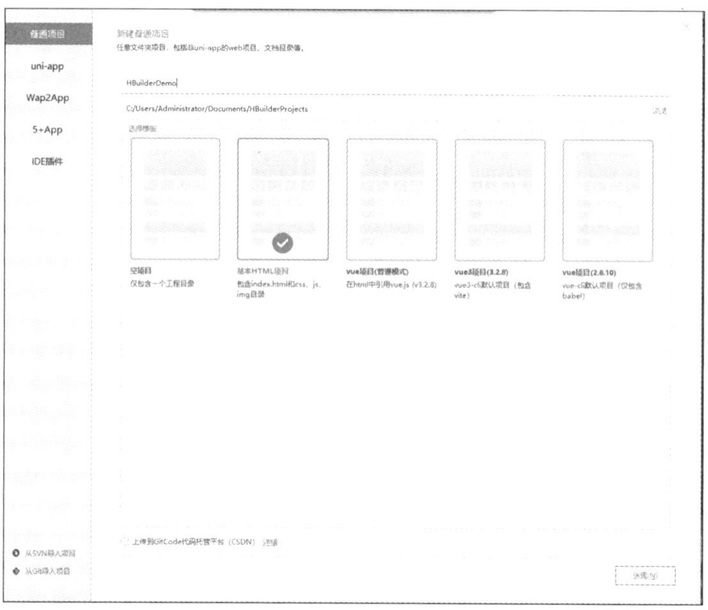

图6-40 选择项目模板

（3）在创建项目后，可以在左侧“项目树”中看到项目的文件结构，如图6-41所示。其中index.html是项目的入口文件，可以在其中编写HTML、CSS和JavaScript代码。

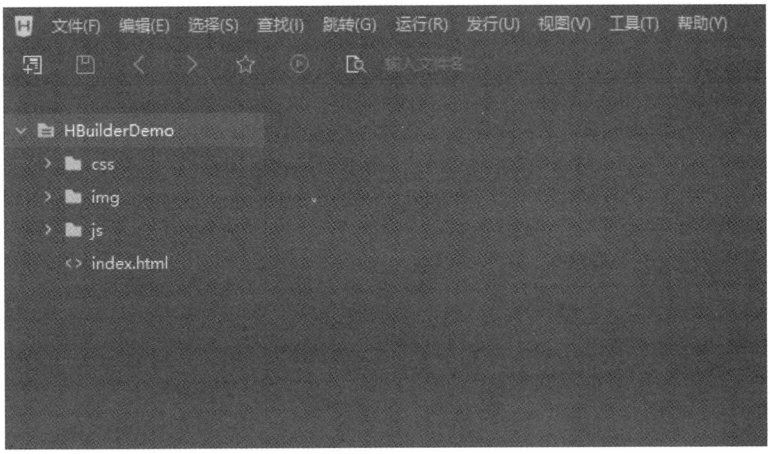

图6-41　项目的文件结构

（4）双击打开index.html，即可在该文件中进行HTML代码的编写，如图6-42所示。

图6-42　编写HTML代码

（5）在HBuilderX中，可以使用内置的Web服务器来浏览项目。依次单击“运行”→“运行到浏览器”，然后选择常用的浏览器就可以了，如图6-43所示。

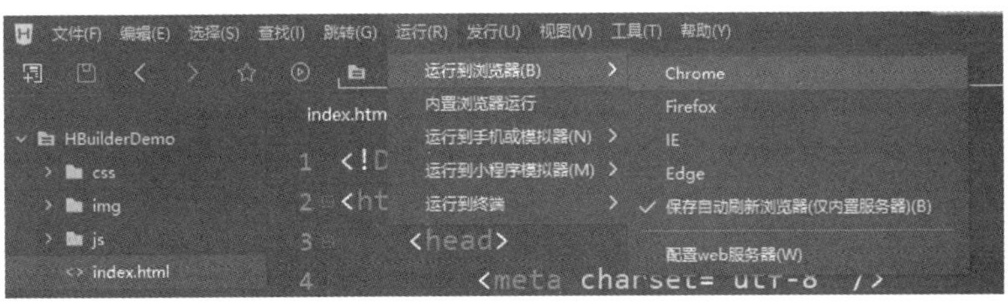

图6-43　选择内置的Web服务器

（6）这里选择使用Chrome浏览器浏览项目，效果如图6-44所示。

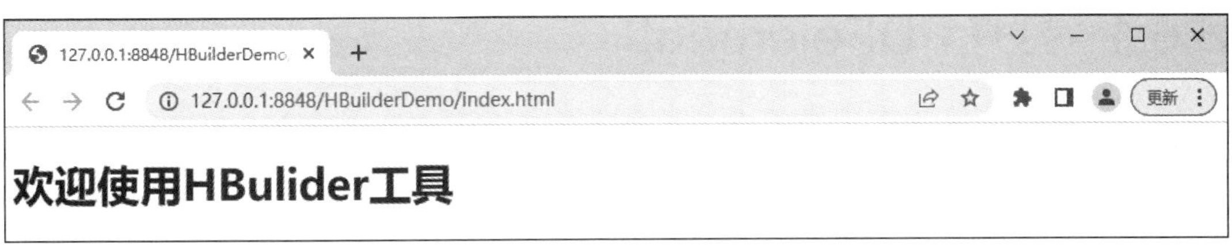

图6-44　Chrome浏览项目效果

6.6 PDF 编辑软件

现如今，PDF文件非常频繁地出现在工作和生活的各个场景之中，这种固定格式的文件可以让文件内容保持同样的效果在不同平台上展现，因此免去了不少麻烦。

在很多人的观念中，PDF文件是一种只读文件。其实不然，在很多场景中，我们需要对现有的PDF文件进行修改和编辑。但由于PDF文件的特性，我们很难对其进行修改。

市面上出现了很多PDF编辑软件，兼具了阅读和编辑PDF文件的功能，PDFelement就是其中一款。

PDFelement是万兴科技旗下的PDF编辑器，它集阅读与编辑功能于一体，它最大的亮点在于能够直接编辑文本，用户可以添加注释、填写表单、批量处理等。

除了编辑文本，PDFelement还可以添加和调整图片的大小以及修改页眉、页脚，这就像直接在Word中操作一样，对用户十分友好。

PDFelement从用户的角度出发，在兼顾、完善功能的同时保持快速响应，对于计算机本身的配置没有过高要求，是非常适合办公用户的一款软件。它支持在PDF中直接添加附件，大大减少了制作过程，可提高工作效率。同时，PDFelement特有的PDF表单工作流程能够帮助用户将Office表单变成交互式表单，也能对表单数据进行一键提取，对于常用表单的用户来说是一大利器。

任务描述

张明同学在阅读PDF文档的时候，想要对PDF文档中重要的内容进行注释，标记重点内容和撰写笔记，方便以后重新查看。于是他便找到了PDFelement这个软件进行学习。

任务分析

张明作为刚刚接触PDFelement的新手，需要从以下几个方面了解PDFelement。

- PDFelement的功能。
- PDFelement的使用方法。

相关知识

6.6.1 打开 PDFelement

（1）打开所下载的PDFelement，如图6-45所示，单击左下角后“打开PDF”按钮，选择需要进行编辑的PDF文件。

打开文件之后可以看到菜单栏中有很多的功能设置，用户可以根据使用情况来选择不同的功能。

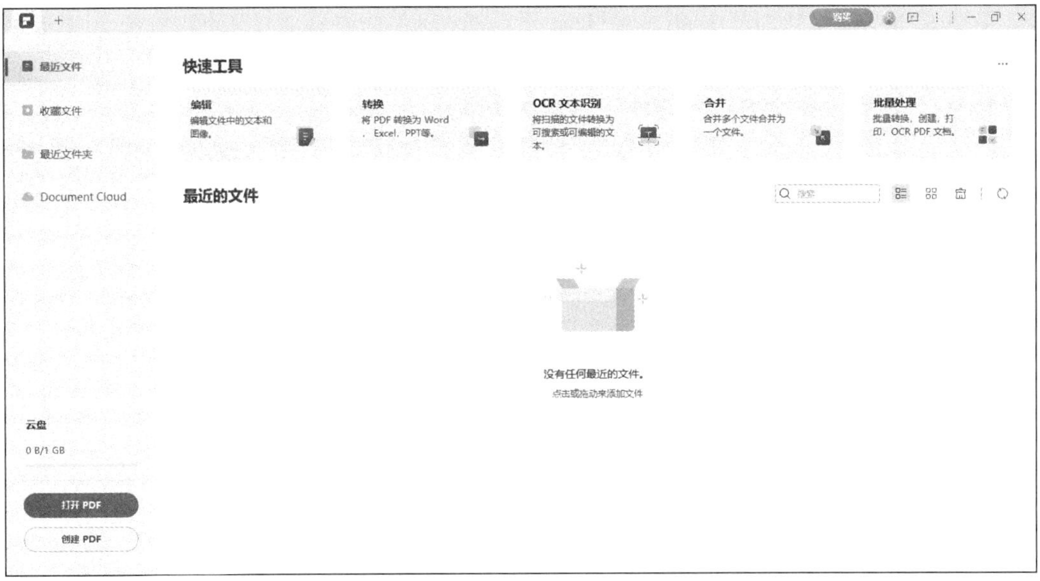

图6-45 打开文件

（2）单击菜单栏中的“编辑”，就可以进入PDF的编辑模式，“编辑”功能如图6-46所示。在编辑模式下的操作基本上和Word的操作差不多，可以对文件进行文字大小的调整、段落的编排、排版、插入不同的图片等多种操作。

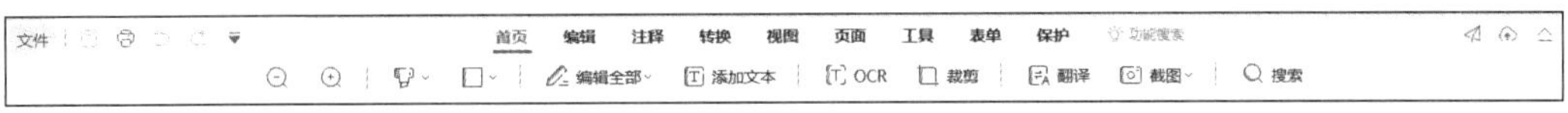

图6-46 “编辑”功能

6.6.2 文档格式转换功能

通过菜单栏的“转换”，我们可以将PDF文件转换为各种常见的格式。用户可以先使用光学字符识别（Optical Character Recognition，OCR）功能进行图片和文字的分离，再通过“转换”将PDF转换成不同格式的文档。

任务实现

6.6.3 制作 PDF 文档的注释

（1）首先安装PDF编辑软件，然后打开需要编辑的PDF文档。

（2）打开文件后选择菜单栏中的“注释”功能，该软件Windows版本的注释工具栏如图6-47所示，从左到右分别是高亮、区域高亮铅笔、橡皮擦、文本注释、打字机、文本框、文本标注等。

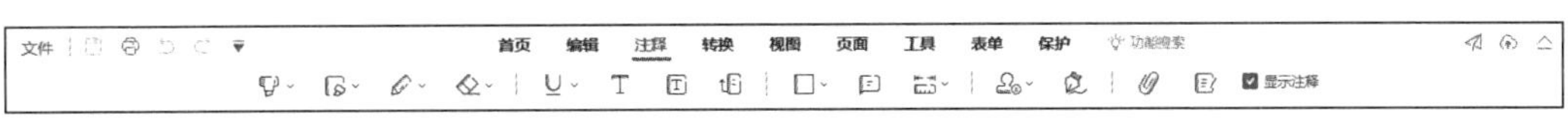

图6-47 “注释”功能

（3）高亮功能是我们常用的注释功能，笔触划过文本内容就能将文本内容用不同的颜色标注出来。Windows版本的高亮功能默认有黄、红、橙、蓝、青和紫6种颜色，选择文本后，可以选择颜色填充，效果如图6-48所示。

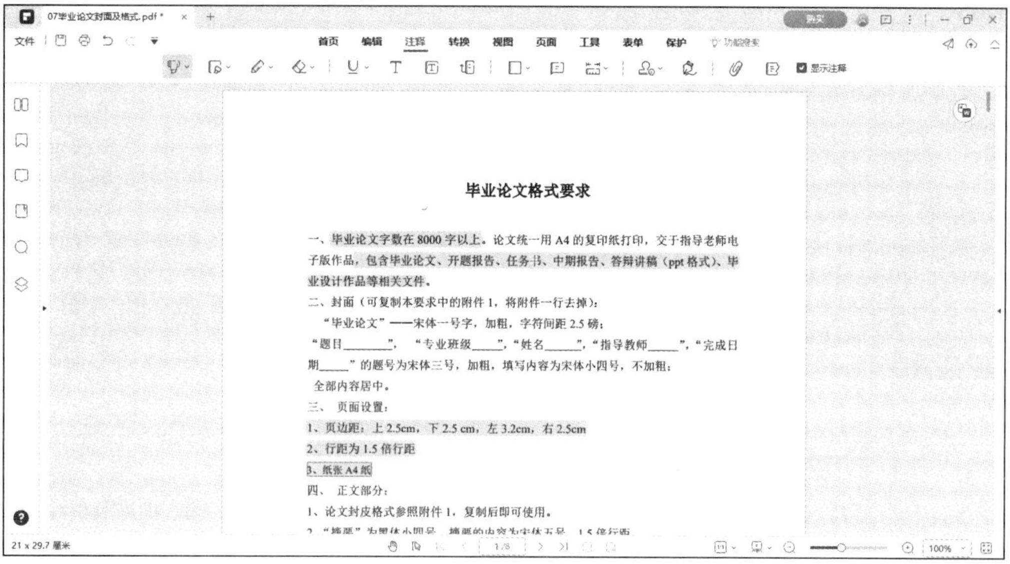

图6-48　高亮的效果

如果你不喜欢这6种颜色，右击被注释的文本，选择弹出的快捷菜单中的“属性”。在右侧的属性设置中，可以调整不同的颜色。单击“默认使用”按钮，可以将该颜色设置为默认。

和高亮功能相似，删除线、下划线、波浪线和插入也是可以这样更换颜色的。

（4）可以在文档的任意地方添加便签，可以时刻写下你的阅读感悟。打字机和文本框均可以在文档上增加文字标记，只是最后的效果不同。打字机是一个没有边框的文本注释。文本注释功能可在重点内容附近增加指向批注。选中上方工具栏中的“文本注释”，然后在文档的合适位置单击，即可插入一个文本注释，在该文本注释中可以输入需要的文字，如图6-49所示。

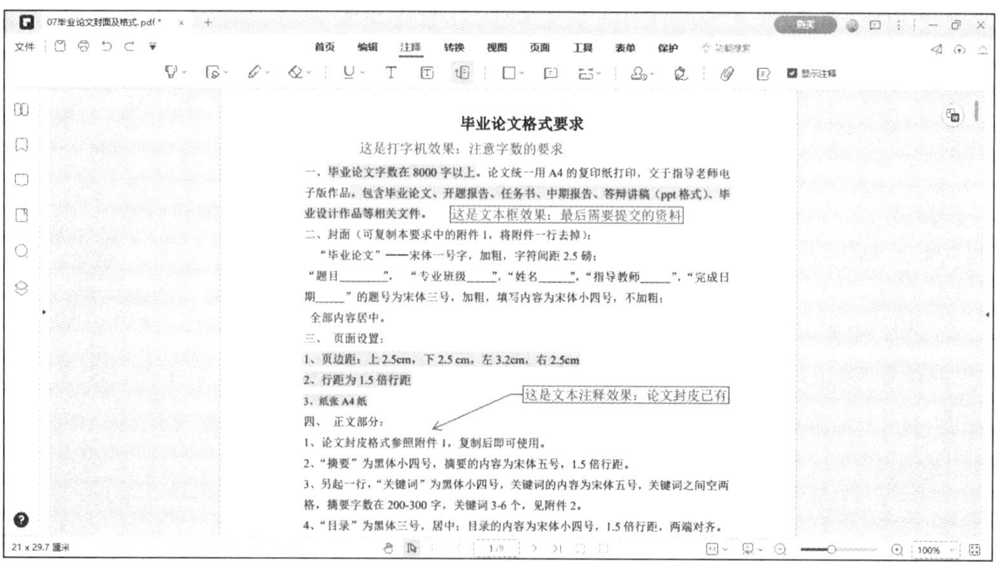

图6-49　文本注释的效果

【学习笔记】

其他常用软件的应用		
	思维导图	1. MindMaster思维导图简介 2. 制作头脑风暴思维导图
	视频编辑	1. 格式工厂简介 2. 利用格式工厂进行视频转换
	产品原型设计	1. 墨刀简介 2. 利用墨刀完成登录注册模型
	输入法	1. 讯飞输入法简介 2. 讯飞输入法的使用
	网页前端开发	1. HBuilderX简介 2. 利用HBuilderX制作网页
	PDF编辑软件	1. 打开PDFelement 2. 文档格式转换功能 3. 制作PDF文档的注释

问题与反思	

考核评价

年级：______ 专业：______ 班级：______ 学号：______ 成绩：______

一、单选题（每题10分，共50分）

1. 在思维导图中删除一个子主题的方法是选中该主题按（　　）键。

   A. 【Delete】　　B. 【Insert】

   C. 【Enter】　　D. 以上方法都不对

2. 下面哪个软件不是思维导图软件？（　　）

   A. Xmind　　B. MindMaster　　C. Powerpoint　　D. Jasmind

3. 下列选项错误的是（　　）。

   A. 一张导图只有一个中心主题

   B. 思维导图要围绕中心主题进行展开

   C. 中心主题上必须要同时添加图片，让整张导图更有色彩感

   D. 中心主题上的文字突出显示以便凸显主题

4. 格式工厂转换软件的主要功能有（　　）。

   A. 转换文件格式　　B. 合并视频文件

   C. 合并音频文件　　D. 合并音视频文件

5. 在墨刀中设计App原型时，通过以下哪个操作可以增加App中不同功能的显示界面？（　　）

   A. 添加页面　　B. 添加状态

   C. 拖动组件到页面上　　D. 在页面上添加“网页”组件

二、判断题（每题5分，共20分）

1. 在思维导图中，按住【Alt】键，就可以将子主题移动到距离分支主题较远的位置（　　）。

2. 一张思维导图中可以有多个中心主题（　　）。

3. 格式工厂软件只能进行各种视频文件的格式转换，而不能进行图片和音频文件的格式转换。（　　）。

4. 墨刀的产品分为免费版、个人版、企业版三个版本（　　）。

三、操作题（每题10分，共30分）

1. 利用MindMaster，完成计算机内部进制转换知识点的思维导图。

2. 利用墨刀，完成找回密码功能的设计。

3. 利用HBuilderX，完成注册页面的设计。